Enciclopedia de la escritura universal
Alfabetos, abyads, alfabetos silábicos y silabarios de todas las lenguas, vivas y extintas

Autor: Daniel Dinkelman
Editorial: Cineris Multifacet
Fecha de publicación: 2025
ISBN: - 979-8-89760-020-5

Copyright © 2025 por Cineris Multifacet
Reservados todos los derechos. Ninguna parte de esta publicación puede ser reproducida, almacenada en un sistema de recuperación o transmitida en ninguna forma ni por ningún medio, ya sea electrónico, mecánico, fotocopiado, grabación u otro, sin el permiso previo de la editorial.

Para consultas y permisos, por favor contactar a:
   The Mythmaster
   mythmaster@mythological.center

Diseño y Composición:
   Cineris Multifacet

Diseño de cubierta:
   Cineris Multifacet

Aviso legal:

Las opiniones expresadas en este libro son únicamente las del autor y no reflejan necesariamente la política o posición oficial de la editorial. La editorial no se hace responsable de ningún error u omisión en el contenido..

Fabricado en el país de adquisición

Primera edición: 2025

ISBN-13: - 979-8-89760-020-5

19   54   95

Enciclopedia de la escritura universal

Alfabetos, abyads, alfabetos silábicos y silabarios de todas las lenguas, vivas y extintas

Prefacio

Como un viajero apasionado y entusiasta de los idiomas, siempre me ha fascinado la increíble diversidad de sistemas de escritura que se utilizan en todo el mundo. Desde las intrincadas escrituras del sur de Asia hasta los alfabetos únicos del sudeste asiático y los sistemas logográficos del este de Asia, cada sistema de escritura alberga una riqueza de patrimonio cultural y belleza lingüística. Sin embargo, a pesar de mi profundo interés en este tema, me costaba encontrar un recurso integral que me ayudara a decodificar y comprender rápidamente las diversas escrituras que encontraba durante mis viajes.

Frustrado por la falta de un libro de referencia adecuado, decidí crear el recurso que estaba buscando: la *Encyclopedia of World Writing Systems* (Enciclopedia de los sistemas de escritura del mundo). Este libro es el resultado de años de investigación, colaboración con expertos y experiencia de primera mano con sistemas de escritura de muchos rincones del mundo.

En un mundo cada vez más conectado, la capacidad de comprender y comunicarse a través de las fronteras lingüísticas nunca ha sido tan importante. Si bien existen muchas tecnologías nuevas y fantásticas que ayudan en la traducción en tiempo real, creo firmemente en el valor de tener un libro de referencia confiable y tradicional para ayudar a descifrar las escrituras que uno encuentra en situaciones del mundo real.

La *Encyclopedia of World Writing Systems* abarca más de 100 sistemas de escritura diferentes, que van desde los conocidos alfabetos latino y cirílico hasta sistemas menos conocidos pero igualmente fascinantes como la escritura meroítica del antiguo Sudán y la escritura Pahawh Hmong del sudeste asiático. Cada entrada incluye un breve contexto histórico y cultural, seguido de una descripción detallada de los glifos (letras) de la escritura, sus pronunciaciones IPA y vocabulario de muestra en los idiomas que el sistema de escritura se utiliza para escribir.

Ya sea que sea un compañero de viaje, un entusiasta de los idiomas o simplemente alguien con curiosidad por la increíble diversidad de los sistemas de escritura humanos, espero que esta enciclopedia sirva como un recurso y compañero invaluable en su viaje de descubrimiento.

Quiero extender mi agradecimiento a usted, el lector/viajero/lingüista, por obtener una copia de esta enciclopedia. Su apoyo significa mucho para mí, y espero sinceramente que este libro enriquezca su comprensión y apreciación de los sistemas de escritura del mundo. Si encuentra este libro útil, le estaría increíblemente agradecido si pudiera tomarse un momento para dejar una reseña en la plataforma donde lo adquirió.

Gracias una vez más por acompañarme en esta emocionante exploración de los sistemas de escritura del mundo. Que esta enciclopedia sea un compañero constante y una fuente de inspiración en sus aventuras lingüísticas.

¡Feliz exploración!
Daniel Dinkelman
Autor de la *Enciclopedia de la escritura universal*

Sistemas de escritura:

Adlam 1

Albanés Caucásico 5

Árabe 9

Árabe del Norte Antiguo 13

Árabe del Sur Antiguo 17

Armenio 21

Avestan 25

Balinés 29

Bamum 33

Bangla (Bengali) 37

Batak 41

Baybayin 45

Bereber (Tifinagh) 49

Birmano 53

Buguinés (Lontara) 57

Buhid 61

Cario 65

Cham 69

Cherokee 73

Chino 79

Cingalés 83

Cirílico 87

Copto 91

Silabario Chipriota 95

Deseret 99

Devanagari 103

Jeroglíficos Egipcios 107

Elbasan 111

Escrituras Silábicas Aborígenes Canadienses 115

Etíope (Ge'ez) 119

Fenicio 123

Georgiano (Mkhedruli, Nuskhuri, Asomtavruli) 127

Gótico 131

Grantha 135

Griego 139

Gujarati 143

Gurmukhi 149

Hangul (Coreano) 153

Hanunó'o 157

Hebreo 161

Húngaro Antiguo 165

Ideogramas de Lineal B 169

Itálico Antiguo 173

Japonés (Hiragana) 177

Japonés (Kanji) 181

Japonés (Katakana) 185

Japonés (Romaji) 189

Javanés 193

Jemer 197

Kannada 205

Kayah Li 209

Kharoshthi..................213

Khojki........................217

Khudawadi..................221

Lao............................225

Latin..........................229

Lepcha.......................233

Licio..........................237

Lidio..........................241

Limbu........................245

Silabario de Lineal B....249

Lisu...........................253

Makasar.....................257

Malayalam..................261

Mandaico...................265

Marchen.....................269

Meitei Mayek..............273

Mende Kikakui............277

Jeroglíficos Meroíticos..281

Meroítico Cursivo 285

Modi 289

Mongol 293

N'Ko 297

Newa (Pracalit)................................301

Odia (Oriya) 305

Ogham 309

Ol Chiki (Santali) 313

Orkhon 317

Osage..321

Osmanya 325

Pahawh Hmong 329

Pahlavi Inscriptional......................333

Pahlavi Salterio 337

Parto Inscriptional.........................341

Pau Cin Hau....................................345

Pérmico Antiguo............................349

Persa Antiguo 353

Rejang 357

Rohingya Hanifi 361

Rúnico.....................................365

Samaritano 369

Saurashtra.................................373

Shaviano 377

Siddham 381

Sundanés..................................387

Sylheti Nagari 391

Siríaco....................................395

Tagbanwa 399

Tai Ahom 403

Tai Le 407

Tai Lue (Nuevo Tai Lue)..................411

Tai Tham 415

Tai Viet....................................419

Takri 423

Tamil 427

Telugu	431
Thaana	437
Thai	443
Tibetano	447
Tirhuta (Maithili)	451
Turco Antiguo	457
Ugaritico	461
Uigur	465
Vai	469
Warang Citi	473
Yi	477

ગુજરાતી

ENCICLOPEDIA DE LA ESCRITURA UNIVERSAL

Adlam

Adlam es una escritura utilizada para escribir el idioma fulani, también conocido como pulaar o fulfulde, que es hablado por el pueblo fulani en varios países de África Occidental, incluyendo Guinea, Nigeria, Senegal y Malí. La escritura fue creada por Ibrahima Barry y Abdoulaye Barry en 1989.

Aquí están las letras de la escritura Adlam, junto con sus transliteraciones al alfabeto romano, pronunciaciones IPA y palabras de ejemplo:

1. 𞤀 - A - /a/ - 𞤀𞤣𞤢𞤥𞤢 (adama) - humano
2. 𞤄 - B - /b/ - 𞤄𞤢𞤤𞤣𞤫 (balde) - apellido
3. 𞤅 - Mb - /ᵐb/ - 𞤃𞤦𞤭𞤯𞤭 (mbiɗi) - leche
4. 𞤚 - T - /t/ - 𞤚𞤢𞤤𞤭𞤦𞤢𞤯𞤫 (talibaaɗe) - estudiantes
5. 𞤔 - J - /ɟ/ - 𞤔𞤭𞤶𞤢 (jija) - abuela
6. 𞤐 - Nj - /ⁿɟ/ - 𞤐𞤶𞤢𞤥𞤫 (njame) - camello
7. 𞤕 - C - /tʃ/ - 𞤕𞤵𞤩𞤮𞤤 (cuɓol) - zapato
8. 𞤁 - D - /d/ - 𞤁𞤫𞤱𞤮 (dewo) - casa
9. 𞤘 - Nd - /ⁿd/ - 𞤐𞤣𞤵𞤯𞤵 (nduɗu) - bosque
10. 𞤔 - J - /dʒ/ - 𞤔𞤮𞤮𞤧𞤮𞤲 (jooson) - cuarenta
11. 𞤈 - R - /r/ - 𞤈𞤭𞤱𞤮 (riwo) - pez
12. 𞤒 - Y - /j/ - 𞤒𞤢𞤢𞤴𞤫 (yaaye) - madre
13. 𞤑 - Ñ - /ɲ/ - 𞤑𞤢𞤥𞤪𞤭 (ñamri) - ganado
14. 𞤓 - G - /g/ - 𞤘𞤭𞤣𞤮 (gido) - casa
15. 𞤕 - Ng - /ŋ/ - 𞤐𞤺𞤢𞤤𞤢𞥄𞤶𞤭 (ngalāji) - estudiante
16. 𞤆 - F - /f/ - 𞤊𞤮𞤣𞤫𞤪𞤫 (fodere) - ropa

ENCICLOPEDIA DE LA ESCRITURA UNIVERSAL

17. 𞤄 - V - /v/ - 𞤂𞤵𞤪𞤄 (velo) - bicicleta
18. 𞤖 - H - /h/ - 𞤀𞤤𞤪𞤄 (hordo) - cabeza
19. 𞤖 - X - /χ/ - 𞤧𞤢𞤢𞤧𞤖 (xaasa) - arena
20. 𞤑 - K - /k/ - 𞤢𞤪𞤭𞤑 (kira) - camino
21. 𞤂 - L - /l/ - 𞤵𞤯𞤫𞤪𞤂 (lesɗu) - cuchillo
22. 𞤃 - M - /m/ - 𞤮𞤪𞤢𞤃 (maro) - arroz
23. 𞤐 - N - /n/ - 𞤮𞤺𞤲𞤲𞤢𞤐 (naŋngo) - vaca
24. 𞤅 - S - /s/ - 𞤵𞤣𞤢𞤪𞤭𞤅 (siradu) - calle
25. 𞤛 - Ṣ, Sh - /ʃ/ - 𞤂𞤢𞤯𞤪𞤮𞤛 (ṣorɗal) - calcetines
26. 𞤏 - W - /w/ - 𞤫𞤯𞤲𞤱𞤢𞤏 (wawnde) - mono
27. 𞤙 - O - /o/ - 𞤫𞤪𞤭𞤧𞤙 (osire) - caballo
28. 𞤉 - E - /e/ - 𞤫𞤯𞤲𞤢𞤢𞤸𞤫𞤤𞤉 (elehaande) - estudiante
29. 𞤋 - I - /i/ - 𞤫𞤧𞤭𞤋 (ise) - tú

La escritura Adlam también incluye signos diacríticos para marcar la duración y el tono de las vocales. La escritura se escribe de derecha a izquierda.

ENCICLOPEDIA DE LA ESCRITURA UNIVERSAL

ENCICLOPEDIA DE LA ESCRITURA UNIVERSAL

Albanés Caucásico

La escritura albanesa caucásica, también conocida como escritura antigua udi, se utilizaba para escribir el idioma albanés caucásico, un idioma caucásico nororiental extinto que se hablaba en el antiguo reino de Albania caucásica (que no debe confundirse con el país moderno de Albania). El reino estaba ubicado en el actual Azerbaiyán y el sur de Daguestán, Rusia. La escritura estuvo en uso desde el siglo V hasta el siglo XII d.C.

Se cree que la escritura albanesa caucásica se derivó de la escritura aramea y consta de 52 letras. La escritura se escribe de izquierda a derecha, con espacios entre las palabras.

Aquí hay algunos ejemplos de letras albanesas caucásicas, junto con sus transliteraciones y pronunciaciones tentativas:

1. Ձ - a - /a/
2. Ƅ - b - /b/
3. Ç - g - /g/
4. Ҁ - d - /d/
5. Ɉ - e - /e/
6. ʖ - z - /z/
7. Ⲉ - ē - /eː/
8. Ҏ - ž - /ʒ/
9. Ɔ - t' - /t'/
10. Ɫ - ṭ - /tˤ/
11. ⅂ - ẏ - /j/

ENCICLOPEDIA DE LA ESCRITURA UNIVERSAL

12. Ʌ - ž - /ʒ/
13. Ч - i - /i/
14. Ь - l - /l/
15. ꓶ - x - /x/
16. ⊥ - c - /ts/
17. ꝗ - k - /k/

Debido al número limitado de textos albaneses caucásicos sobrevivientes y la falta de una comprensión completa del idioma, es difícil proporcionar palabras de ejemplo con certeza. Sin embargo, algunos estudiosos han intentado reconstruir partes del idioma basándose en la evidencia disponible.

La escritura y el idioma albanés caucásico son importantes para comprender la diversidad lingüística y cultural de la antigua región del Cáucaso. La escritura se utilizaba principalmente para textos religiosos, y algunos de los ejemplos sobrevivientes más importantes son traducciones de escrituras cristianas y textos litúrgicos.

En el siglo XX, las excavaciones arqueológicas y el trabajo académico han arrojado más luz sobre la escritura y el idioma albanés caucásico, pero aún queda mucho por conocer debido a la limitada evidencia disponible.

ENCICLOPEDIA DE LA ESCRITURA UNIVERSAL

ENCICLOPEDIA DE LA ESCRITURA UNIVERSAL

العربية

Árabe

La escritura árabe, un sistema de escritura abyad, se utiliza principalmente para escribir el idioma árabe, que es la lengua litúrgica del Islam. También se utiliza para escribir varios otros idiomas, incluyendo persa (farsi), urdu, pashto, kurdo, uigur, mandinka, kazajo y kirguís, entre otros. La escritura árabe se escribe de derecha a izquierda.

Aquí están las letras de la escritura árabe, junto con sus transliteraciones al alfabeto romano, pronunciaciones IPA y palabras de ejemplo en árabe:

1. ا - Alif - /aː/ - أَسَد (asad) - león
2. ب - Bāʾ - /b/ - بَيْت (bayt) - casa
3. ت - Tāʾ - /t/ - تُفَّاح (tuffāḥ) - manzana
4. ث - Thāʾ - /θ/ - ثَوْب (thawb) - prenda
5. ج - Jīm - /d͡ʒ/ - جَمَل (jamal) - camello
6. ح - Ḥāʾ - /ħ/ - حُوت (ḥūt) - ballena
7. خ - Khāʾ - /x/ - خَبَر (khabar) - noticia
8. د - Dāl - /d/ - دَار (dār) - casa
9. ذ - Dhāl - /ð/ - ذِئْب (dhiʾb) - lobo
10. ر - Rāʾ - /r/ - رَجُل (rajul) - hombre
11. ز - Zāy - /z/ - زَهْرَة (zahrah) - flor
12. س - Sīn - /s/ - سَمَك (samak) - pez
13. ش - Shīn - /ʃ/ - شَمْس (shams) - sol
14. ص - Ṣād - /sˤ/ - صَحْرَاء (ṣaḥrāʾ) - desierto
15. ض - Ḍād - /dˤ/ - ضَوْء (ḍawʾ) - luz
16. ط - Ṭāʾ - /tˤ/ - طَائِر (ṭāʾir) - pájaro

ENCICLOPEDIA DE LA ESCRITURA UNIVERSAL

17. ظ - Ẓā' - /ðˤ/ - ظِلّ (ẓill) - sombra
18. ع - ʿAyn - /ʕ/ - عَيْن (ʿayn) - ojo
19. غ - Ghayn - /ɣ/ - غَيْم (ghaym) - nubes
20. ف - Fā' - /f/ - فَرَس (faras) - caballo
21. ق - Qāf - /q/ - قَلَم (qalam) - pluma
22. ك - Kāf - /k/ - كِتَاب (kitāb) - libro
23. ل - Lām - /l/ - لَيْل (layl) - noche
24. م - Mīm - /m/ - مِفْتَاح (miftāḫ) - llave
25. ن - Nūn - /n/ - نَهْر (nahr) - río
26. ه - Hā' - /h/ - هِلَال (hilāl) - creciente
27. و - Wāw - /w/, /u:/ - وَرْدَة (wardah) - flor
28. ي - Yā' - /j/, /i:/ - يَد (yad) - mano

    La escritura árabe también incluye signos diacríticos para marcar las vocales cortas y otras características fonéticas, que normalmente solo se utilizan en textos religiosos o con fines didácticos. La escritura incluye varias ligaduras y variantes contextuales de las letras, dependiendo de su posición dentro de una palabra.

ENCICLOPEDIA DE LA ESCRITURA UNIVERSAL

ENCICLOPEDIA DE LA ESCRITURA UNIVERSAL

אתשתאעע

Árabe del Norte Antiguo

Árabe del norte antiguo es un grupo de alfabetos utilizados en la parte norte de la península arábiga, principalmente entre el siglo VI a. C. y el siglo IV d. C. Estos alfabetos se utilizaron para escribir varios idiomas árabes del norte antiguos, como el taymanítico, el dadanítico, el dumaitítico, el safaítico y el hismaítico. Los alfabetos árabes del norte antiguos se derivan del alfabeto protosinaítico y están estrechamente relacionados con el alfabeto árabe del sur.

El alfabeto árabe del norte antiguo más conocido es el alfabeto safaítico, que fue utilizado por pueblos nómadas en las regiones desérticas de basalto del sur de Siria, el noreste de Jordania y el norte de Arabia Saudita. Las inscripciones safaíticas suelen ser breves y, a menudo, constan de nombres personales, genealogías y declaraciones concisas.

Aquí hay algunas de las letras árabes del norte antiguo (safaítico), sus transliteraciones, pronunciaciones aproximadas y ejemplos de palabras:

1. ʼ - ʼ - /ʔ/ - (ʼl) - "el"
2. ʼ - b - /b/ - (bnyt) - "niña"
3. ʼ - g - /g/ - (glt) - "cría de camello"
4. ʼ - d - /d/ - (dṡr) - "él escribió"
5. ʼ - h - /h/ - (hbl) - "él acampó"
6. ʼ - w - /w/ - (wgt) - "y él encontró"
7. ʼ - z - /z/ - (zn) - "bueno"

8.) - ḥ - /ħ/ - ⵯⵔⵍ) (ḥgwh) - "él realizó la peregrinación Hajj"
9. ⵏ - ṭ - /tˁ/ - ⵐⵏ (ṭb) - "él se complació"
10. X - y - /j/ - ⵢⵔX (ywz) - "él emigró"
11. ⵟ - k - /k/ - ⵐⵑⵟ (kdb) - "él mintió"
12. ⵟ - l - /l/ - ⵯⵟ (lh) - "a él"
13. ⵣ - m - /m/ - ⵏⵔⵣ (mwt) - "muerte"
14. ⵍ - n - /n/ - ⵐⵓⵍ (nṣb) - "él instaló"
15. ⵕ - s - /s/ - ⵓⵣⵕ (smḍ) - "él escuchó"
16. ✤ - ʿ - /ʕ/ - ⵑⵐ✤ (ʿbd) - "esclavo"
17. ⵓ - p - /f/ - ⵕⵔⵓ (pws) - "jinete"
18. ⵟ - ṣ - /sˁ/ - ⵏⵑⵟ (ṣdt) - "lado"
19. ○ - q - /q/ - ⵟⵔⵐ○ (qbwl) - "él aceptó"
20. ⵉ - r - /r/ - ⵯⵓⵉ (rṣh) - "él se complació con"
21. ⵰ - š - /ʃ/ - ⵕⵣ⵰ (šms) - "sol"
22. ⵗ - t - /t/ - ⵓⵍⵣⵗ (tmnḍ) - "él esperó"

Ejemplos de palabras en safaítico escritas en alfabeto árabe del norte antiguo:

1. ⵐⵯⵕⵉⵓⵟ - l-prs-h-d - "para su jinete"
2. ⵟⵉⵐⵔⵯⵔ - w-h-w-brk - "y él bendijo"
3. ⵐⵐⵯⵕⵓⵍⵐ - b-n-ps-h-db - "por Nfs hijo de Db"

Las inscripciones árabes del norte antiguo proporcionan información valiosa sobre los idiomas, los nombres personales y las declaraciones breves de los antiguos pueblos nómadas del norte de Arabia. Ofrecen información sobre sus estructuras sociales, prácticas religiosas y vida cotidiana. El estudio de estas inscripciones ha contribuido a nuestra comprensión del panorama lingüístico y cultural de la Arabia preislámica.

ENCICLOPEDIA DE LA ESCRITURA UNIVERSAL

Árabe del Sur Antiguo

Árabe del sur antiguo es un grupo de alfabetos estrechamente relacionados utilizados para escribir los idiomas árabes del sur antiguos, que incluyen el sabeo, el qatabanítico, el hadramítico y el minaeo. Estos idiomas se hablaban en la parte sur de la península arábiga, principalmente en el actual Yemen, entre el siglo VIII a. C. y el siglo VI d. C. Los alfabetos se derivan del alfabeto protosinaítico y se escriben de derecha a izquierda.

El alfabeto árabe del sur antiguo más conocido es el alfabeto sabeo, que se utilizaba para escribir el idioma sabeo, el idioma del reino de Saba (Sheba). Las inscripciones sabeas se encuentran en diversos materiales, incluyendo piedra, bronce y palos de madera.

Aquí hay algunas de las letras árabes del sur antiguo (sabeo), sus transliteraciones, pronunciaciones aproximadas y ejemplos de palabras:

1. 𐩱 - ʾ - /ʔ/ - 𐩱𐩩𐩢 (ytʾ) - "él vino"
2. 𐩨 - b - /b/ - 𐩨𐩺𐩩 (byt) - "casa"
3. 𐩩 - t - /t/ - 𐩩𐩣𐩺𐩨 (tmyb) - "él hizo el bien"
4. 𐩻 - ṯ - /θ/ - 𐩷𐩺𐩨 (ṯyb) - "bueno"
5. 𐩯 - s₂ - /s/ - 𐩺𐩨𐩱 (s₂bʾ) - "ejército"
6. 𐩠 - h - /h/ - 𐩠𐩡𐩩 (hlt) - "ser"
7. 𐩢 - ḥ - /ħ/ - 𐩢𐩩𐩩 (ḥtt) - "otorgar"
8. 𐩭 - ḫ - /x/ - 𐩭𐩭𐩭 (ḫḫḫ) - "dedicar"
9. 𐩵 - d - /d/ - 𐩵𐩺𐩡 (dyl) - "elevar"

ENCICLOPEDIA DE LA ESCRITURA UNIVERSAL

10. X - ḏ - /ð/ - ∏1X (ḏbd) - "hacer una ofrenda"
11. ħ - r - /r/ - ⊙ʔħ (ryh) - "irrigar"
12. ħ - z - /z/ - ∏ʔħ (zyd) - "aumentar"
13. ᛐ - s₁ - /s/ - ∏⊙ᛐ (s₁hm) - "nombre"
14. Ψ - š - /ʃ/ - ħ⊙Ψ (šhr) - "mes"
15. ⩞ - ṣ - /sˤ/ - ∏1⩞ (ṣbm) - "erigir"
16. X̌ - ṭ - /tˤ/ - 1ħX̌ (ṭrb) - "purificar"
17. ◊ - ẓ - /zˤ/ - ʔ1◊ (ẓby) - "comprar"
18. ħ - ʕ - /ʕ/ - ħ⧞⩞ħ (ʕṭtr) - "Athtar" (deidad)
19. ○ - ġ - /ɣ/ - ⊙ᛐ○ (ġs₁h) - "destruir"
20. ⊟ - ṯ̣ - /θˤ/ - ⊙ᛐ⊟ (ṯ̣s₁h) - "compensar"
21. ⅂ - y - /j/ - Y⅂⊙ʔ (yhyʾ) - "Yahya" (nombre personal)
22. ⊁ - k - /k/ - ħʔ1⊁ (kbyr) - "grande"
23. ∏ - l - /l/ - ∏⊙∏ᛐ (s₁lhl) - "consagrar"
24. ▥ - m - /m/ - 1∏▥ (mdb) - "altar"
25. X̃ - ḏ̃ - /ðˤ/ - Y1X̃ (ḏ̃bʾ) - "campaña"
26. ⊦ - n - /n/ - ⅂Ψ⊦ (nty) - "dar"
27. ʔ - h - /h/ - ⊁ħ⊙ʔ (hhrk) - "bendecir"
28. ⧖ - s₃ - /ʃ/ - ħ⊙⧖ (s₃hr) - "estar presente"
29. ħ - f - /f/ - ʔ∏ħ (fdy) - "redimir"

Ejemplos de palabras en sabeo escritas en el alfabeto árabe del sur antiguo:

1. 𐩠𐩼𐩵𐩠 - ʿṯtr - "Athtar" (deidad)
2. 𐩠𐩫𐩠𐩡𐩠 - hs₁lhl - "él consagró"
3. 𐩨𐩲𐩡𐩺 - bʿly - "ciudadano de"

Las inscripciones árabes del sur antiguo proporcionan información valiosa sobre los idiomas, la historia, la religión y la cultura de la Arabia del Sur antigua. Ofrecen información sobre la estructura política, las relaciones comerciales y la vida cotidiana de los reinos y las comunidades de la región. El estudio de estas inscripciones ha contribuido en gran medida a nuestra comprensión de la península arábiga preislámica.

ENCICLOPEDIA DE LA ESCRITURA UNIVERSAL

Հայերեն

ENCICLOPEDIA DE LA ESCRITURA UNIVERSAL

Armenio

La escritura armenia, también conocida como el alfabeto armenio, fue creada por San Mesrop Mashtots en el 405 d.C. Se utiliza principalmente para escribir el idioma armenio, que es el idioma oficial de Armenia y también es hablado por la diáspora armenia en todo el mundo. La escritura armenia se escribe de izquierda a derecha.

Aquí están las letras de la escritura armenia, junto con sus transliteraciones al alfabeto romano, pronunciaciones IPA y palabras de ejemplo en armenio:

1. Ա ա - Ayb - /ɑ/ - այբուբեն (aybowben) - alfabeto
2. Բ բ - Ben - /b/ - բանան (banan) - plátano
3. Գ գ - Gim - /g/ - գիրք (girk') - libro
4. Դ դ - Da - /d/ - դուռ (dowr) - puerta
5. Ե ե - Yech - /ɛ/, /jɛ/ - երկինք (yerkink') - cielo
6. Զ զ - Za - /z/ - զանգակ (zangak) - campana
7. Է է - E - /ɛ/ - էջ (ēj) - página
8. Ը ը - Ët' - /ə/ - ընկեր (ënker) - amigo
9. Թ թ - T'o - /tʰ/ - թուղթ (t'owġt') - papel
10. Ժ ժ - Žē - /ʒ/ - ժամ (žam) - hora
11. Ի ի - Ini - /i/ - իշխան (ishkhan) - príncipe
12. Լ լ - Liwn - /l/ - լուսին (lowsin) - luna
13. Խ խ - Xē - /χ/ - խաղող (xaġoġ) - uva
14. Ծ ծ - Ca - /ts/ - ծառ (caṙ) - árbol

21

15. Կ կ - Ken - /k/ - կաթ (katʻ) - leche
16. Հ հ - Ho - /h/ - հաց (hacʻ) - pan
17. Ձ ձ - Ja - /dz/ - ձի (ji) - caballo
18. Ղ ղ - Ġat - /ʁ/ - ղեկ (ġek) - timón
19. Ճ ճ - Čʻë - /tʃ/ - ճանապարհ (čanaparh) - camino
20. Մ մ - Men - /m/ - մայր (mayr) - madre
21. Յ յ - Yi - /j/ - յոյս (hoys) - esperanza
22. Ն ն - Now - /n/ - նապաստակ (napastak) - conejo
23. Շ շ - Ša - /ʃ/ - շուն (shown) - perro
24. Ո ո - Vo - /ʋ/, /o/ - ոսկի (voski) - oro
25. Չ չ - Čʻa - /tʃʰ/ - չար (čʻar) - mal
26. Պ պ - Pē - /p/ - պանիր (panir) - queso
27. Ջ ջ - Jē - /dʒ/ - ջուր (jowr) - agua
28. Ռ ռ - ˙Ra - /r/ - ռադիո (ṙadio) - radio
29. Ս ս - Sē - /s/ - սեղան (seġan) - mesa
30. Վ վ - Vew - /v/ - վարդ (vard) - rosa
31. Տ տ - Tiwn - /t/ - տուն (town) - casa
32. Ր ր - Rē - /ɾ/ - րոպե (ropē) - minuto
33. Ց g - Cʻo - /tsʰ/ - ցորեն (cʻoren) - trigo
34. Ւ ւ - Owk - /u/ - ւիրուս (virus) - virus
35. Փ փ - Pʻiwr - /pʰ/ - փիղ (pʻiġ) - elefante
36. Ք ք - Kʻē - /kʰ/ - քաղաք (kʻaġakʻ) - ciudad
37. O o - Ō - /o/ - օդ (ōd) - aire
38. Ֆ ֆ - Fē - /f/ - ֆուտբոլ (fowtbol) - fútbol

La escritura armenia también incluye dos ligaduras: և (yev) y ՈՒ ու (ow).

ENCICLOPEDIA DE LA ESCRITURA UNIVERSAL

ܫܣܥܣܣܣ

Avestan

La escritura avéstica se utiliza para escribir el idioma avéstico, que es una antigua lengua indoirania que se hablaba en la parte oriental de la meseta iraní, principalmente asociada con los textos religiosos zoroástricos, el Avesta. La lengua ya no se habla, pero los textos religiosos escritos en avéstico todavía son utilizados por las comunidades zoroástricas.

La escritura avéstica es un abyad, lo que significa que se compone principalmente de consonantes, con las vocales indicadas a través de signos diacríticos opcionales. Se escribe de derecha a izquierda.

Aquí están las letras de la escritura avéstica en su orden tradicional, junto con sus transliteraciones al alfabeto romano, pronunciaciones IPA y palabras de ejemplo en avéstico:

1. ᚎ - a - /a/ - ᚎᚎᚎ (aša) - verdad
2. ᚎ - ā - /ɑː/ - ᚎᚎᚎᚎ (ātar) - fuego
3. ᚎ - å - /ɒː/ - ᚎᚎᚎᚎᚎ (åŋuuāin) - a través de la boca
4. ᚎ - i - /i/ - ᚎᚎᚎ (iða) - aquí
5. ᚎ - ī - /iː/ - ᚎᚎ (šīn) - bueno
6. ᚎ - u - /u/ - ᚎᚎ (ūra) - proteger
7. ᚎ - ū - /uː/ - ᚎᚎᚎ (ahūn) - señor
8. ᚎ - k - /k/ - ᚎᚎᚎᚎ (kūtūn) - dónde
9. ᚎ - x - /x/ - ᚎᚎᚎᚎᚎ (xafstra) - mal
10. ᚎ - xᵛ - /xʷ/ - ᚎᚎᚎ (axᵛa) - uno

11. ꓘ - g - /g/ - ꓘꓯꓲꓲꓯ (gaiia) - vida
12. ɣ - ɣ - /ɣ/ - ꓯɣꓯ (aɣa) - malo
13. c - c - /tʃ/ - cꓲðꓲ (ciði) - cómo
14. j - j - /d͡ʒ/ - jꓯnꓔꓯ (janta) - él fue
15. t - t - /t/ - ꓯꓔꓯꓣ (atar) - a través
16. ϑ - ϑ - /θ/ - θūnāꓲn (θūnāin) - a través de ti
17. d - d - /d/ - dꓣꓯoꓬꓔꓯ (draošta) - saludable
18. ð - ð - /ð/ - ðꓯmꓯn (ðaman) - criatura
19. ṭ - ṭ - /t/ - ꓔꓣꓯꓲꓔꓲꓯ (traitiiā) - el tercero
20. p - p - /p/ - pꓯꓲꓔꓲ (paiti) - hacia
21. f - f - /f/ - fꓣꓯðꓯꓲꓲꓯ (fraðaiia) - para promover
22. b - b - /b/ - bꓯꓣꓯðꓯ (baraða) - soportar
23. β - β - /β/ - ꓘꓯꓲꓲꓯ (gaiia) - vida
24. n - n - /n/ - ꓯðꓯnꓯꓔ (aðanat) - él recibió
25. ŋ - ŋ - /ŋ/ - ꓯŋjꓯn (aŋjan) - ellos golpean
26. m - m - /m/ - mꓯnꓯ (mana) - de mí
27. ẏ - ẏ - /j/ - ẏꓯðꓯ (ẏada) - cuando
28. r - r - /r/ - rꓯðꓯ (raða) - generoso
29. l - l - /l/ - lꓯṇꓔꓯ (laṇta) - él mintió
30. v - v - /β/ - vꓯꓣ (var) - elegir
31. s - s - /s/ - spꓯðꓯ (spaða) - ejército
32. z - z - /z/ - zꓯmꓲ (zami) - tierra
33. š - š - /ʃ/ - šꓲðꓲ (šiði) - entonces
34. ṣ̌ - ṣ̌ - /ʒ/ - ꓯṣ̌ꓯun (ašaun) - justo
35. h - h - /h/ - hꓯmꓯ (hama) - mismo
36. ŋᵛ - ŋᵛ - /ŋʷ/ - ŋᵛꓣꓯðꓯ (ŋᵛraða) - él habló

La escritura avéstica también incluye varios signos diacríticos para indicar las vocales y otras características fonéticas.

Aunque el avéstico ya no es una lengua hablada, la escritura y los textos avésticos siguen teniendo gran importancia para las comunidades zoroástricas, particularmente en Irán e India, donde se originó y todavía se practica el zoroastrismo. El estudio del avéstico y su escritura sigue siendo un área importante de investigación para los estudiosos de las lenguas, la historia y la religión iraníes.

ENCICLOPEDIA DE LA ESCRITURA UNIVERSAL

ᮠᮠᮥᮛᮀ

Balinés

La escritura balinesa, conocida como Aksara Bali o Hanacaraka, se utiliza para escribir el idioma balinés, que es hablado por alrededor de 3,3 millones de personas en la isla indonesia de Bali. La escritura también se utiliza para escribir sánscrito, javanés antiguo y, ocasionalmente, sasak. El balinés es un sistema de escritura abugida, donde cada consonante tiene una vocal inherente /a/, que se puede cambiar o silenciar agregando signos diacríticos. La escritura se escribe de izquierda a derecha.

Aquí están las letras de la escritura balinesa, junto con sus transliteraciones al alfabeto romano, pronunciaciones IPA y palabras de ejemplo en balinés:

1. ᬳ - ha - /ha/ - ᬳᬢᬶ (hati) - corazón
2. ᬦ - na - /na/ - ᬦᬵᬫ (nama) - nombre
3. ᬘ - ca - /tʃa/ - ᬘᬮᬶᬂ (caling) - anzuelo
4. ᬭ - ra - /ra/ - ᬭᬫ (rama) - padre
5. ᬓ - ka - /ka/ - ᬓᬧᬶ (kapi) - café
6. ᬤ - da - /da/ - ᬤᬾᬯ (dewa) - dios
7. ᬢ - ta - /ta/ - ᬢᬾᬂᬓᬸᬓ᭄ (tengkuk) - nuca
8. ᬲ - sa - /sa/ - ᬲᬵᬫ (sama) - mismo
9. ᬯ - wa - /wa/ - ᬯᬾᬂᬓᬸᬦᬿᬲ᭄ᬢᬸ (wengku nyastu) - ocho

ENCICLOPEDIA DE LA ESCRITURA UNIVERSAL

10. ᬮ - la - /la/ - ᬮᬫ᭄ᬧᬸ (lampu) - lámpara

11. ᬫ - ma - /ma/ - ᬫᬸᬜ᭄ᬘᬓ᭄ (muncak) - pico

12. ᬕ - ga - /ga/ - ᬕᬫ᭄ᬩᬃ (gambar) - imagen

13. ᬩ - ba - /ba/ - ᬩᬧ (bapa) - padre

14. ᬗ - nga - /ŋa/ - ᬗᬭᬂ (ngarang) - componer

15. ᬧ - pa - /pa/ - ᬧᬶᬲᬂ (pisang) - plátano

16. ᬚ - ja - /dʒa/ - ᬚᬮᬦ᭄ (jalan) - camino

17. ᬬ - ya - /ja/ - ᬬᬲ (yasa) - servicio

18. ᬜ - nya - /ɲa/ - ᬜᬫ᭄ᬩᬂ (nyambang) - visitar

19. ᬫ - ma - /ma/ - ᬫᬸᬜ᭄ᬘᬓ᭄ (muncak) - pico

La escritura balinesa también incluye varios signos diacríticos para modificar las vocales y las consonantes finales, así como signos de puntuación y números.

Aquí hay algunos ejemplos de signos diacríticos:

- ◌ᬶ (tedong) - modifica la vocal inherente a /i/

- ◌ᬸ (ulu) - modifica la vocal inherente a /u/

- ◌ᬾ (suku) - modifica la vocal inherente a /e/ o /ə/

- ◌ᭀ (taling) - modifica la vocal inherente a /o/ o /ɔ/

- ◌ꦴ (pepet) - silencia la vocal inherente
- ◌ͦ (cecek) - consonante final /ŋ/
- ʕ (bisah) - consonante final /h/

ENCICLOPEDIA DE LA ESCRITURA UNIVERSAL

باحذ۰۶ل

Bamum

La escritura bamum, también conocida como Shu Mom o A-ka-u-ku, es un sistema de escritura silábico utilizado para escribir el idioma bamum, que es hablado por el pueblo bamum en la Región Oeste de Camerún. La escritura fue desarrollada por el rey Ibrahim Njoya a finales del siglo XIX y principios del siglo XX, y ha sufrido varias revisiones a lo largo del tiempo.

La escritura bamum se escribe de izquierda a derecha y consta de más de 500 caracteres, cada uno representando una sílaba o un sonido en el idioma bamum. Debido a la gran cantidad de caracteres, proporcionar una lista completa con pronunciaciones y palabras de ejemplo sería bastante extenso. Sin embargo, aquí hay algunos ejemplos de caracteres bamum, junto con sus valores fonéticos aproximados:

1. ʊ - /ə/
2. И - /u/
3. ō - /i/
4. ʏ - /e/
5. ˌɒ - /o/
6. ᵺ - /ɛ/
7. ᵽ - /ɔ/
8. ㅅ - /m/
9. ˥ - /k/
10. ⱷ - /s/

Palabras de ejemplo en bamum:

1. ꛂꛋ (ə-na) - madre
2. ꛈꛋ (u-na) - niño
3. ꛃꛌ (i-ɛ) - ver
4. ꛅꛍ (e-m) - beber
5. ꛆꛋ (o-si) - comer

La escritura bamum tiene una rica historia e importancia cultural para el pueblo bamum. Se utilizaba para diversos fines, incluyendo el mantenimiento de registros, la correspondencia y la creación de textos religiosos e históricos. El desarrollo de la escritura también estuvo estrechamente ligado a las reformas políticas y culturales iniciadas por el rey Ibrahim Njoya.

En tiempos recientes, se han realizado esfuerzos para preservar y promover la escritura bamum, incluyendo su inclusión en el estándar Unicode, que permite su uso en la comunicación digital. Sin embargo, el uso de la escritura ha disminuido con el paso de los años, y muchos hablantes de bamum ahora utilizan el alfabeto latino para escribir su idioma.

A pesar de los desafíos, la escritura bamum sigue siendo un símbolo importante de la identidad cultural bamum y un testimonio de la creatividad y el ingenio del rey Ibrahim Njoya y el pueblo bamum.

ENCICLOPEDIA DE LA ESCRITURA UNIVERSAL

ENCICLOPEDIA DE LA ESCRITURA UNIVERSAL

বাংলা

Bangla (Bengali)

La escritura bengalí, también conocida como escritura bangla, se utiliza principalmente para escribir el idioma bengalí, que es el idioma oficial y más hablado en Bangladesh, así como un idioma oficial en los estados indios de Bengala Occidental, Tripura y Assam. La escritura también se utiliza para escribir otros idiomas, como asamés, meitei y bishnupriya manipuri. El bengalí es un sistema de escritura abugida, donde cada consonante tiene una vocal inherente /ɔ/, que se puede cambiar o silenciar agregando signos diacríticos. La escritura se escribe de izquierda a derecha.

Aquí están las letras de la escritura bengalí, junto con sus transliteraciones al alfabeto romano, pronunciaciones IPA y palabras de ejemplo en bengalí:

1. অ - a - /ɔ/ - অলস (alasa) - perezoso
2. আ - ā - /a/ - আম (āma) - mango
3. ই - i - /i/ - ইলিশ (iliśa) - ilisha (pez)
4. ঈ - ī - /i/ - ঈগল (īgala) - águila
5. উ - u - /u/ - উট (uṭa) - camello
6. ঊ - ū - /u/ - ঊষা (ūṣā) - amanecer
7. ঋ - ṛ - /ri/ - ঋতু (ṛtu) - estación
8. এ - e - /e/ - এক (eka) - uno
9. ঐ - ai - /oi/ - ঐরাবত (airābata) - Airavata (elefante mitológico)
10. ও - o - /o/ - ওল (ola) - teja

11. ঐ - au - /ou/ - ঔষধ (auṣadha) - medicina
12. ক - ka - /k/ - কলম (kalama) - pluma
13. খ - kha - /kʰ/ - খরগোশ (kharagōśa) - conejo
14. গ - ga - /g/ - গরু (garu) - vaca
15. ঘ - gha - /gʱ/ - ঘোড়া (ghōṛā) - caballo
16. ঙ - ṅa - /ŋ/ - ঙ (০a) - (utilizado en consonantes conjuntas)
17. চ - ca - /tʃ/ - চা (cā) - té
18. ছ - cha - /tʃʰ/ - ছাতা (chātā) - paraguas
19. জ - ja - /dʒ/ - জল (jala) - agua
20. ঝ - jha - /dʒʱ/ - ঝড় (jhaṛa) - tormenta
21. ঞ - ña - /n/ - ঞ (ña) - (utilizado en consonantes conjuntas)
22. ট - ṭa - /ṭ/ - টমেটো (ṭameṭō) - tomate
23. ঠ - ṭha - /ṭʰ/ - ঠোঁট (ṭhōṭa) - labios
24. ড - ḍa - /ḍ/ - ডাব (ḍāba) - coco
25. ঢ - ḍha - /ḍʱ/ - ঢাক (ḍhāka) - tambor
26. ণ - ṇa - /n/ - পাণি (pāṇi) - agua
27. ত - ta - /t/ - তরমুজ (taramuja) - sandía
28. থ - tha - /tʰ/ - থালা (thālā) - plato
29. দ - da - /d/ - দুধ (dudha) - leche
30. ধ - dha - /dʱ/ - ধান (dhāna) - arroz
31. ন - na - /n/ - নারিকেল (nārikēla) - coco
32. প - pa - /p/ - পাখি (pākhi) - pájaro
33. ফ - pha - /pʰ/ - ফল (phala) - fruta

34. ব - ba - /b/ - বই (ba'i) - libro
35. ভ - bha - /bʱ/ - ভালুক (bhāluka) - oso
36. ম - ma - /m/ - ময়ূর (mayūra) - pavo real
37. য - ya - /dʒ/ - যমুনা (yamunā) - río Yamuna
38. র - ra - /r/ - রবি (rabi) - sol
39. ল - la - /l/ - লবণ (labaṇa) - sal
40. শ - śa - /ʃ/ - শিম (śima) - haba
41. ষ - ṣa - /ʃ/ - ষাঁড় (ṣāṛa) - toro
42. স - sa - /s/ - সাপ (sāpa) - serpiente
43. হ - ha - /ɦ/ - হাত (hāta) - mano
44. ড় - ṛa - /ɽ/ - পাড়া (pāṛā) - localidad
45. ঢ় - ṛha - /ɽ/ - গাঢ় (gāṛha) - profundo
46. য় - ẏa - /y/ - সময় (samaẏa) - tiempo
47. ৎ - t - /t/ - উৎস (utsa) - manantial
48. ○ং - ṁ - /ŋ/ - সং (saṁ) - (utilizado para la nasalización)
49. ○ঃ - ḥ - /ɦ/ - দুঃখ (duḥkha) - tristeza
50. ○ঁ - ' - /∅/ - ন্যায় (n'āẏa) - justicia

La escritura también incluye 11 signos diacríticos vocálicos, así como varias consonantes conjuntas y símbolos adicionales para puntuación y números.

ENCICLOPEDIA DE LA ESCRITURA UNIVERSAL

Batak

La escritura batak se utiliza para escribir los idiomas batak, que son hablados por el pueblo batak del norte de Sumatra, Indonesia. Los idiomas batak incluyen toba, karo, mandailing, simalungun, pakpak y angkola. La escritura batak es un sistema de escritura abugida, donde cada consonante tiene una vocal inherente /a/, que se puede cambiar o silenciar agregando signos diacríticos. La escritura se escribe de izquierda a derecha.

Aquí están las letras de la escritura batak, junto con sus transliteraciones al alfabeto romano, pronunciaciones IPA y palabras de ejemplo en batak toba:

1. ᯘ - a - /a/ - ᯘᯔ (ama) - padre
2. ᯂ - ha - /ha/ - ᯂᯞᯠ (halak) - persona
3. ᯝ - ba - /ba/ - ᯝᯗᯮ (batu) - piedra
4. ᯇ - pa - /pa/ - ᯇᯔᯗᯰ (pamatang) - cuerpo
5. ᯉ - na - /na/ - ᯉᯔ (nama) - nombre
6. ᯋ - wa - /wa/ - ᯋᯒᯪ (wari) - día
7. ᯗ - ta - /ta/ - ᯗᯮ (tu) - a
8. ᯂ - da - /da/ - ᯂᯞᯉ (dalan) - camino
9. ᯒ - ra - /ra/ - ᯒᯂ (raha) - sangre
10. ᯔ - ma - /ma/ - ᯔᯗ (mata) - ojo
11. ᯩ - ga - /ga/ - ᯩᯑᯰ (gadong) - yuca
12. ᯐ - ja - /dʒa/ - ᯐᯞ (jala) - red
13. ᯂ - da - /da/ - ᯂᯉ (dan) - y

ENCICLOPEDIA DE LA ESCRITURA UNIVERSAL

14. ᔕ - na - /na/ - ᔕ<xʊ (napu ran) - en el pasado
15. ᐳ - sa - /sa/ - ᐳ≐ (sada) - uno
16. ⎯ - ya - /ja/ - ⎯ᓍ (yaha) - jengibre
17. Ō - nga - /ŋa/ - Ō≐ʊo (ngaran) - nombre
18. ᔕ - la - /la/ - ᔕx (laut) - mar
19. ᔢ - ka - /ka/ - ᔢʊx (karu) - saco
20. ᵴ - ca - /t͡ʃa/ - ᵴᗕo (coman) - solo
21. ᔕ - nda - /nda/ - ᔕᔕo (ndolan) - jugar
22. ⊙ - mba - /mba/ - ⊙ᔕxᐳ⎯ (manunsay) - trasplantar
23. ᔕ - bba - /bba/ - ᔕᔕx (bbatu) - piedra
24. ᔕ - nna - /nna/ - ᔕ (nna) - (utilizado en consonantes conjuntas)
25. ᔕ - nya - /ɲa/ - ᔕ (nya) - (utilizado en consonantes conjuntas)
26. ō - i - /i/ - ōᔢo (ikan) - pez
27. Ox - u - /u/ - Oxʊxᔢ (uruk) - persona
28. ō - e - /ɛ/ - ō⊙ (ema) - madre
29. ō̄ - o - /ɔ/ - ō⊙<ᔕ (ompat) - cuatro
30. O> - ə - /ə/ - O>ʊ< (ərəp) - dormir

ENCICLOPEDIA DE LA ESCRITURA UNIVERSAL

La escritura batak también incluye varios signos diacríticos para modificar las vocales y las consonantes finales, así como signos de puntuación y números. Algunos signos diacríticos notables incluyen:

- ó (pangolat) - consonante final /ŋ/
- ó⃗ (sihora) - consonante final /h/
- ǫ (pangolat) - consonante final /k/

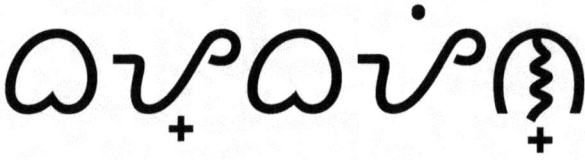

Baybayin

La escritura baybayin, también conocida como alibata, es un antiguo sistema de escritura utilizado en Filipinas antes de la llegada de los españoles en el siglo XVI. Se utilizaba para escribir tagalo, bicol, bisaya, ilocano, kapampangan, pangasinán y otros idiomas de Filipinas. Aunque ya no se usa ampliamente, hay esfuerzos para revivir la escritura y promover su uso. La escritura baybayin es un sistema de escritura abugida, donde cada consonante tiene una vocal inherente /a/, que se puede cambiar o cancelar agregando signos diacríticos. La escritura se escribe de izquierda a derecha.

Aquí están las letras de la escritura baybayin, junto con sus transliteraciones al alfabeto romano, pronunciaciones IPA y palabras de ejemplo en tagalo:

1. ᜃ - ka - /ka/ - ᜃᜎᜒ (kali) - cavar
2. ᜄ - ga - /ga/ - ᜄᜋᜓᜆ᜔ (gamot) - medicina
3. ᜅ - nga - /ŋa/ - ᜅᜌᜓᜈ᜔ (ngayon) - ahora
4. ᜆ - ta - /ta/ - ᜆᜂ (tao) - persona
5. ᜇ - da - /da/ - ᜇᜄᜆ᜔ (dagat) - mar
6. ᜈ - na - /na/ - ᜈᜅᜒᜆ᜔ (nangit) - pegar
7. ᜉ - pa - /pa/ - ᜉᜃᜒ (paki) - por favor
8. ᜊ - ba - /ba/ - ᜊᜎᜒᜃ᜔ (balik) - regresar
9. ᜋ - ma - /ma/ - ᜋᜅ᜔ (mang) - pedir
10. ᜌ - ya - /ja/ - ᜌᜃᜉ᜔ (yakap) - abrazo
11. ᜎ - la - /la/ - ᜎᜅᜒᜆ᜔ (langit) - cielo
12. ᜏ - wa - /wa/ - ᜏᜎ (wala) - ninguno

ENCICLOPEDIA DE LA ESCRITURA UNIVERSAL

13. ᜐ - sa - /sa/ - ᜐᜋ (sama) - mismo
14. ᜑ - ha - /ha/ - ᜑᜈ᜔ᜇᜓᜄ᜔ (handog) - ofrecer
15. ̇ - i - /i/ - ᜁᜎᜅ᜔ (ilang) - perder
16. . - u - /u/ - ᜂᜎᜆ᜔ (ulat) - gusano
17. ᜋ - m - /m/ - ᜋ᜔ᜊᜓᜑᜌ᜔ (mbuhay) - vida
18. ᜈ - n - /n/ - ᜈ᜔ᜇᜒ (ndi) - no

La escritura baybayin también incluye tres signos diacríticos vocálicos:

* ̇ (kudlit) - cambia la vocal inherente a /i/
* . (huldit) - cambia la vocal inherente a /u/
* ᜵ (pamudpod) - cancela la vocal inherente

Además, existe un signo diacrítico llamado "virama" o "patuldok" (᜔) que indica que la consonante debe pronunciarse sin la vocal inherente.

Aquí hay un ejemplo de una palabra que usa el pamudpod:

* ᜊᜎᜆ᜔ (bəlat) - cicatriz

ENCICLOPEDIA DE LA ESCRITURA UNIVERSAL

ENCICLOPEDIA DE LA ESCRITURA UNIVERSAL

+ΣͰΣIoϞ

Bereber (Tifinagh)

La escritura bereber, también conocida como tifinagh, se utiliza para escribir los idiomas bereberes, que son hablados por el pueblo bereber en todo el norte de África, principalmente en Marruecos, Argelia, Libia, Túnez, el norte de Malí y el norte de Níger. La escritura tifinagh moderna, llamada neo-tifinagh, se estandarizó en el siglo XX y se utiliza en varios contextos, incluyendo la educación y la señalización pública. La escritura se escribe de izquierda a derecha.

Aquí están las letras de la escritura neo-tifinagh, junto con sus transliteraciones al alfabeto romano, pronunciaciones IPA y palabras de ejemplo en bereber cabilio:

1. ⵙ - ya - /a/ - ⵙⵍⵙⵙⵙ (adrar) - montaña
2. ⴱ - yab - /b/ - ⴱⵙⴱⵙ (baba) - padre
3. ⵅ - yag - /g/ - ⵙⵅⵙⵍⵥⵙ (agadir) - muro
4. ⵅʷ - yagw - /gʷ/ - ⵙⵅʷⵛⵙⵇ (agwmaṛ) - caballo
5. ⵍ - yad - /d/ - ⵙⵍⵙⵙ (adar) - pie
6. ⴻ - yaḍ - /ðˤ/ - ⵙⴻⵙⵇ (aḍaṛ) - raíz
7. ⵓ̊ - ye - /ɛ/ - ⵥⵏ⁰ⵏ (ilel) - nacer
8. ⵂ - yaf - /f/ - ⵙⵂ⁰ⵙ (afus) - mano
9. ⵔ - yak - /k/ - ⵙⵔⵙⵏ (akal) - suelo
10. ⵔʷ - yakw - /kʷ/ - ⵜⵥⵔʷⵍⵥ (tikwni) - cuscús
11. ⵀ - yah - /h/ - ⵙⵀⵥⵏ (ahil) - familia
12. ⵃ - yaḥ - /ħ/ - ⵙⵃ⁰ⵏⵥ (aḥuli) - oveja

13. ᖷ - yaɛ - /ʕ/ - ✝oᖷQoΘ✝ (taɛṛabt) - árabe
14. X - yax - /χ/ - oXoᑎ (axam) - casa
15. ⵥ - yaq - /q/ - ⵥⵥⴻl (qqen) - atar
16. ⴻ - yi - /i/ - ⴻΛ (id) - noche
17. I - yaj - /ʒ/ - oIΛoO (ajdar) - águila
18. ᴎ - yal - /l/ - ᴎoᑎ (lam) - reunir
19. ᑎ - yam - /m/ - oᑎol (aman) - agua
20. l - yan - /n/ - lⴻΘ (nis) - pasar la noche
21. ⴻ - yu - /u/ - ⴻᴎ (ul) - corazón
22. O - yar - /r/ - ⴻOⴻ (iri) - cuello
23. Q - yaṛ - /rˤ/ - Qⴻᴧ (ruḫ) - alma
24. Ɣ - yaɣ - /ʁ/ - oɄⴻᴎ (aɣul) - administrador
25. ⊙ - yas - /s/ - o⊙ⴻℋ (asif) - río
26. Ø - yaṣ - /sˤ/ - Øⴻ✝ (ṣut) - ayunar
27. ᑕ - yash - /ʃ/ - oᑕᑕⴻ (ashshu) - hoy
28. ✝ - yat - /t/ - ✝oℋⴻⵕ✝ (tafukt) - sol
29. E - yaṭ - /tˤ/ - EEⴻQ (ṭṭiṛ) - volar
30. ᑌ - yaw - /w/ - oᑌoᴎ (awal) - discurso
31. ⵚ - yay - /j/ - oⵚⵚⴻO (ayyur) - luna
32. ⵣ - yaz - /z/ - oⵣoO (azar) - raíz
33. ⵥ - yaẓ - /zˤ/ - ✝ⴻⵥⵥᑎ✝ (tuzẓmt) - pelo

50

ENCICLOPEDIA DE LA ESCRITURA UNIVERSAL

La escritura neo-tifinagh también incluye algunas letras adicionales para vocales y consonantes que se encuentran en otros idiomas o dialectos bereberes:

1. ⵯ - w - /ʷ/ - (marca de labialización)
   ⵰ yaẓ̌ - /ʒˤ/ - oⵔⵛoE (aẓ̌lmaḍ) - pez
2. I - yaj - /ʒ/ - oIⴰoO (ajdar) - águila
3. Δ - yav - /v/ - oΔOƐⵔ (avril) - abril (préstamo del francés)
4. ⵹ - yo - /o/ - ⵹EⵔⵔƐ (oṭlli) - ¡sube!
5. ⵣ - yu - /ʊ/ - o⵪ⴰo (auda) - oración

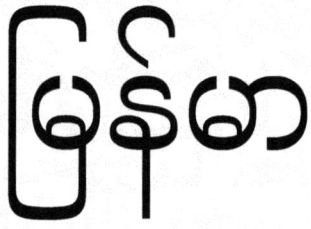

Birmano

La escritura birmana, también conocida como escritura de Myanmar, se utiliza para escribir el idioma birmano, que es el idioma oficial de Myanmar (anteriormente Birmania). También se utiliza para escribir otros idiomas que se hablan en Myanmar, como shan, mon y karen. La escritura es un abugida, donde cada consonante tiene una vocal inherente /a/, que se puede alterar o silenciar agregando signos diacríticos. La escritura se escribe de izquierda a derecha.

Aquí están las letras de la escritura birmana, junto con sus transliteraciones al alfabeto romano, pronunciaciones IPA y palabras de ejemplo en birmano:

1. က - ka - /ka/ - ကလေး (kalé) - niño

2. ခ - kha - /kʰa/ - ခဲ (khè) - tiza

3. ဂ - ga - /ga/ - ဂုဏ် (gòuN) - honor

4. ဃ - gha - /ga/ - ဃမူန (gha mú na) - ira

5. င - nga - /ŋa/ - ငါး (ngá) - pez

6. စ - ca - /sa/ - စာ (cà) - carta, escritura

7. ဆ - cha - /sʰa/ - ဆန် (chaN) - arroz

8. ဇ - ja - /za/ - ဇွန်း (zwún) - cuchara

9. ဈ - jha - /za/ - ဈေး (zé) - mercado

10. ည - nya - /ɲa/ - ညီ (nyì) - hermano menor

11. ဋ - tta - /ta/ - ဋီကာ (ṭì kà) - comentario

12. ဌ - ttha - /tʰa/ - ဌာန (ṭhàɴ) - departamento

13. ဍ - dda - /da/ - ဍပနာ (ḍà pà nà) - ejemplo

14. ဎ - ddha - /da/ - ဎီကာ (ḍì kà) - comentario

15. ဏ - nna - /na/ - ဏသာ (ṇa sà) - regla, ley

16. တ - ta - /ta/ - တန်း (táɴ) - clase, grado

17. ထ - tha - /tʰa/ - ထမင်း (tháɴ) - arroz, comida

18. ဒ - da - /da/ - ဒဏ္ဍာရီ (dàɴḍàrì) - museo

19. ဓ - dha - /da/ - ဓတ် (dhàʔ) - elemento

20. န - na - /na/ - နာမည် (nàmè) - nombre

21. ပ - pa - /pa/ - ပန်း (páɴ) - flor

22. ဖ - pha - /pʰa/ - ဖိနပ် (phé nàʔ) - zapato

23. ဗ - ba - /ba/ - ဗူး (bú) - contenedor

24. ဘ - bha - /ba/ - ဘာသာ (bàthà) - idioma

25. မ - ma - /ma/ - မျောက် (myaù?) - mono

26. ယ - ya - /ja/ - ယမင်း (ya mìɴ) - medicina

27. ရ - ra - /ja/ - ရုပ် (yòu?) - imagen

28. လ - la - /la/ - လူ (lù) - persona

29. ဝ - wa - /wa/ - ဝါး (wá) - bambú

30. သ - tha - /θa/ - သစ်သား (thì? thá) - madera

31. ဟ - ha - /ha/ - ဟင်း (híɴ) - curry

32. ဠ - lla - /la/ - ဠေးလာ (l̥é là) - azafrán

33. အ - a - /ʔa/ - အမျိုး (ămyó) - tipo, clase

La escritura birmana también incluye varios signos diacríticos para vocales, tonos y consonantes finales, así como números y signos de puntuación. La escritura tiene varias consonantes apiladas y ligaduras, lo que puede hacer que sea complejo de aprender y escribir.

ENCICLOPEDIA DE LA ESCRITURA UNIVERSAL

Buguinés (Lontara)

La escritura buguinesa, también conocida como lontara, es un sistema de escritura utilizado para escribir el idioma buguinés, que es hablado por el pueblo buguinés, principalmente en la isla de Célebes en Indonesia. La escritura se deriva de la escritura brahmi y está relacionada con otras escrituras indonesias como la balinesa y la javanesa. La escritura buguinesa es un abugida, lo que significa que las consonantes tienen un sonido vocálico inherente que se puede alterar o silenciar mediante el uso de signos diacríticos.

Aquí están las letras de la escritura buguinesa en su orden tradicional, junto con sus transliteraciones al alfabeto romano, pronunciaciones IPA y palabras de ejemplo en buguinés:

1. ⁄⁄ - ka - /ka/ - ⁄⁄ (kana) - allí
2. ᨁ - ga - /ga/ - ᨁᨕ (galanna) - sal
3. ᨂ - nga - /ŋa/ - ᨂᨕ (ngala) - tomar
4. ᨃ - ngka - /ŋka/ - ᨃᨁ (ngkanne) - antes
5. ᨄ - pa - /pa/ - ᨄᨕ (pala) - nuez moscada
6. ᨅ - ba - /ba/ - ᨅ (banana) - lavar
7. ᨆ - ma - /ma/ - ᨆ (manu) - pollo
8. ᨇ - mpa - /mpa/ - ᨇᨕ (mpalu) - golpear
9. ᨈ - ta - /ta/ - ᨈ (tana) - tierra
10. ᨉ - da - /da/ - ᨉᨆ (dua) - dos
11. ᨊ - na - /na/ - ᨊᨆ (nama) - nombre

ENCICLOPEDIA DE LA ESCRITURA UNIVERSAL

12. ⌢ - nra - /nra/ - ⌢⌢ (nrasa) - sentir
13. ⌢ - ca - /ca/ - ⌢⌢ (caka) - unir
14. ⌢ - ja - /ʝa/ - ⌢⌵ (jama) - hora
15. ⌢ - nya - /ɲa/ - ⌢⌢ (nyawa) - alma
16. ⌢ - nca - /ɲca/ - ⌢⌢ (ncaji) - convertirse
17. ⌢ - ya - /ja/ - ⌢⌢⌢ (yaro) - eso
18. ⌢ - ra - /ra/ - ⌢⌢ (rupa) - cara
19. ⌢ - la - /la/ - ⌢⌢ (lao) - ir
20. ⌢ - wa - /wa/ - ⌢⌢ (waju) - camisa
21. ○ - sa - /sa/ - ○⌢⌢ (saro) - dolor
22. ⌢ - a - /a/ - ⌢⌢ (anakko) - mi hijo
23. ∞ - ha - /ha/ - ∞⌢⌢ (halo) - noche

La escritura buguinesa también incluye varios signos diacríticos para modificar las vocales y las consonantes finales, así como signos de puntuación.

Aunque la escritura buguinesa tiene una larga historia de uso, que se remonta al siglo XVII o antes, su uso ha disminuido en los tiempos modernos. Muchos hablantes de buguinés ahora usan el alfabeto latino para escribir su idioma. Sin embargo, se están haciendo esfuerzos para preservar y promover la escritura buguinesa como una parte importante del patrimonio cultural buguinés.

ENCICLOPEDIA DE LA ESCRITURA UNIVERSAL

ENCICLOPEDIA DE LA ESCRITURA UNIVERSAL

Buhid

La escritura buhid es un sistema de escritura indígena utilizado por el pueblo buhid, que habita la isla de Mindoro en Filipinas. La escritura se utiliza para escribir el idioma buhid, que pertenece a la familia de lenguas austronesias. La escritura buhid es un tipo de abugida o alfabetosilabario, donde cada consonante tiene una vocal inherente /a/, que se puede cambiar o cancelar agregando signos diacríticos. La escritura se escribe tradicionalmente de abajo hacia arriba en columnas verticales, moviéndose de izquierda a derecha.

Aquí están las letras de la escritura buhid, junto con sus transliteraciones al alfabeto romano, pronunciaciones IPA y palabras de ejemplo en buhid:

1. ⁚ - ka - /ka/ - ⁚𝑡/𝒱 (kayo) - árbol
2. 𐑄 - ga - /ga/ - 𐑄𝑇 (gabi) - noche
3. 𝑱 - nga - /ŋa/ - 𝑱𝒱 (ngaya) - nombre
4. 𐑐 - ta - /ta/ - 𐑐𝒱 (taya) - ninguno
5. 𝑡/ - da - /da/ - 𝑡/𐑐 (data) - traer
6. 𝑇 - na - /na/ - 𝑇𝒱 (naya) - su/sus
7. 𝒰 - pa - /pa/ - 𝒰𝑡/ (padi) - arroz
8. 𝑱 - ba - /ba/ - 𝑱𝒱 (bae) - bueno
9. 𝑑 - ma - /ma/ - 𝑑𝒰 (mapa) - perdonar
10. 𝒰𝑛 - ya - /ja/ - 𝒰𝑛⁚𝑇 (yakan) - yo
11. − - la - /la/ - ±𝒱 (lae) - salir
12. 𝜓 - wa - /wa/ - 𝜓± (wala) - izquierda

ENCICLOPEDIA DE LA ESCRITURA UNIVERSAL

13. ظ - sa - /sa/ - ظ١/ (sadi) - subir
14. ߋ - ha - /ha/ - ߋ± (hala) - obtener
15. L - a - /a/ - L̲ Ʋ⁴ (ae) - esto

La escritura buhid también incluye signos diacríticos vocálicos:

- ō - i - /i/ - +±Ʋ⁴ (kilae) - saber
- ǫ - u - /u/ - ǫ− (uli) - regresar
- e - /ɛ/ - ظ/ (te) - porque

Además, existe un signo diacrítico llamado "pamudpod" o "kuwit" (), que cancela la vocal inherente de la consonante.

Aquí hay un ejemplo de una palabra que usa el pamudpod:

⁻±⌐ (klub) - club (préstamo del inglés)

Nota: Debido a los limitados recursos disponibles sobre el idioma buhid, las palabras de ejemplo proporcionadas pueden no ser precisas o completas.

ENCICLOPEDIA DE LA ESCRITURA UNIVERSAL

ENCICLOPEDIA DE LA ESCRITURA UNIVERSAL

ARMOA

Cario

La escritura caria se utilizaba para escribir el idioma cario, un idioma anatolio extinto que se hablaba en la antigua región de Caria, ubicada en el suroeste de la actual Turquía. La escritura estuvo en uso desde el siglo VII hasta el siglo III a.C. y se cree que se derivó de las escrituras fenicia o griega.

La escritura caria consta de alrededor de 45 letras, con algunas variaciones en diferentes inscripciones. La escritura se escribe de izquierda a derecha, con palabras a veces separadas por un punto o una línea vertical.

Aquí hay algunos ejemplos de letras carias, junto con sus transliteraciones y pronunciaciones tentativas:

1. A - a - /a/
2. C - b - /b/
3. H - p - /p/
4. E - d - /d/
5. I - e - /e/
6. Ͷ - δ - /ð/
7. ⊕ - i - /i/
8. O - k - /k/
9. ᴁ - λ - /l/
10. Y - m - /m/
11. Φ - n - /n/
12. Y - o - /o/

13. Ω - r - /r/
14. ∇ - s - /s/
15. X - t - /t/
16. Ϭ - u - /u/
17. 'ı' - ś - /ʃ/

Palabras de ejemplo en cario:
1. AΨ∇∇ΨOXAM - aossokmao - "Aossokmas" (un nombre personal)
2. OΨA - koa - "y"
3. HYAI - pmae - "monumento"

 Debido al número limitado de inscripciones carías sobrevivientes y la falta de textos bilingües, la comprensión del idioma cario y los valores fonéticos exactos de las letras aún son incompletos. Muchas inscripciones carías se encuentran en lápidas y como grafitis en antiguas ruinas.
 La escritura y el idioma cario son importantes para comprender el panorama lingüístico y cultural de la antigua Anatolia y las interacciones entre el pueblo cario y sus vecinos, como los griegos y los persas.

ENCICLOPEDIA DE LA ESCRITURA UNIVERSAL

Cham

La escritura cham, también conocida como Akhar Thrah o caracteres cham, se utiliza para escribir el idioma cham, que es hablado por el pueblo cham en Vietnam y Camboya. La escritura también se utiliza con fines religiosos, particularmente en la comunidad cham balamon (hindú). La escritura cham es un abugida, donde cada consonante tiene una vocal inherente que se puede alterar o silenciar agregando signos diacríticos. Se escribe de izquierda a derecha.

Aquí están las letras de la escritura cham, junto con sus transliteraciones al alfabeto romano, pronunciaciones IPA y palabras de ejemplo en cham:

1. ꨀ - ka - /ka/ - ꨆꨯꩍ (kaoh) - isla
2. ꨇ - kha - /kʰa/ - ꨇꨆꩍ (khanɔh) - oro
3. ꨈ - ga - /ga/ - ꨈꨤꨥꨮ (gabaw) - búfalo
4. ꨉ - gha - /gʱa/ - ꨉꩆ (ghan) - pesado
5. ꨋ - ṅa - /ŋa/ - ꨋꩍ (ṅaih) - uno
6. ꨌ - ca - /ca/ - ꨌꨮꩍ (cai) - montar
7. ꨍ - cha - /cʰa/ - ꨍ꩎ (chay) - debajo
8. ꨎ - ja - /ɟa/ - ꨎꨮꨳ (jai) - mano
9. ꨏ - jha - /ɟʱa/ - ꨏ꩎ (jha) - baniano
10. ꨑ - ña - /ɲa/ - ꨑꨮ꩎ (ñai) - pequeño
11. ꨓ - ṭa - /ʈa/ - ꨓ꩎ (ṭa) - hacer
12. ꨔ - ṭha - /ʈʰa/ - ꨔꨥꨮ (ṭabai) - traer
13. ꨕ - ḍa - /ḍa/ - ꨕꨮ (ḍai) - dos

14. ꩧꨤ - ḍha - /ḍʰa/ - ꩧꨤꨧ (ḍhapai) - hoja

15. ꨗ - ṇa - /ṇa/ - ꨗ (ṇa) - profundo

16. ꨓꨩ - ta - /ta/ - ꨓꨩꨯ (tai) - mano

17. ꨔ - tha - /tʰa/ - ꨔꨱ (thauṭ) - correcto

18. ꨕ - da - /da/ - ꨕꨰ (dəi) - pato

19. ꨖ - dha - /dʰa/ - ꨖꨪ (dhan) - planta de arroz

20. ꨗ - na - /na/ - ꨗꨰ (nai) - este

21. ꨚ - pa - /pa/ - ꨚ (pay) - tres

22. ꨛ - pha - /pʰa/ - ꨛ (pha) - pez

23. ꨜ - ba - /ba/ - ꨜꨱ (bau) - padre

24. ꨝ - bha - /bʰa/ - ꨝꨯ (bhai) - fruta

25. ꨠ - ma - /ma/ - ꨠꨱꩀ (mauk) - negro

26. ꨢ - ya - /ja/ - ꨢꨯ (yai) - grande

27. ꨣ - ra - /ra/ - ꨣ (ray) - camino

28. ꨤ - la - /la/ - ꨤꨯ (laoy) - mirar

29. ꨥ - va - /va/ - ꨥ (va) - venir

30. ꨦ - śa - /ɕa/ - ꨦ (śa) - comer

31. ꨧ - ṣa - /sa/ - ꨧ (ṣa) - ir

32. ꨨ - sa - /sa/ - ꨨꨰ (sai) - cuatro

33. ꨩ - ha - /ha/ - ꨩꨯ (haoy) - viento

La escritura cham también incluye varios signos diacríticos para vocales y consonantes finales. La escritura tiene varios grupos de consonantes apiladas y ligaduras, que representan sonidos mezclados o préstamos del sánscrito y el pali.

# ENCICLOPEDIA DE LA ESCRITURA UNIVERSAL

ENCICLOPEDIA DE LA ESCRITURA UNIVERSAL

CWY

Cherokee

La escritura cherokee, también conocida como silabario cherokee, se utiliza para escribir el idioma cherokee, que es un idioma iroqués hablado por el pueblo cherokee, principalmente en Oklahoma y Carolina del Norte en los Estados Unidos. La escritura fue inventada por Sequoyah (George Gist) a principios del siglo XIX y es un silabario, donde cada símbolo representa una sílaba en lugar de un sonido individual. La escritura se escribe de izquierda a derecha.

Aquí están las 85 sílabas de la escritura cherokee, junto con sus transliteraciones al alfabeto romano, pronunciaciones IPA y palabras de ejemplo en cherokee:

1. D - a - /a/ - D W C (a ta tla) - de ninguna manera
2. R - e - /e/ - R W ᏙᎥ Ꮥ (e la we di) - tierra
3. T - i - /i/ - T Ꮎ (i ga) - día
4. Ꮼ - o - /o/ - Ꮼ ᏬᎥ L (o s da) - bueno
5. Ꭴ - u - /u/ - Ꭴ Ꮺ Ꮥ Ꮷ (u wo di ge) - creencia
6. i - v - /ə̃/ or /ɜ̃/ - i Ꮾ ᏬᎥ Ꮥ (v quo s di) - trigo
7. Ꭶ - ga - /ga/ - Ꭶ V Ꭹ (ga do gi) - suciedad
8. Ꮺ - ka - /ka/ - Ꮺ h d Ꮛ (ka ni tsu qui) - verano
9. Ꮷ - ge - /ge/ - Ꮷ R T (ge sv i) - conejo
10. Ꭹ - gi - /gi/ - Ꭹ W (gi la) - perro
11. A - go - /go/ - A Ꮉ (go hi) - primavera (estación)
12. J - gu - /gu/ - J Ꮎ ᏬᎥ Ꮥ (gu wi s di) - abeto
13. E - gv - /gə̃/ or /gɜ̃/ - E Ꭼ ᏬᎥ L (gv wa s da) - hoja

14. Ꭽ - ha - /ha/ - Ꭽ Ꮻ (ha wi) - acebo
15. Ꭾ - he - /he/ - Ꭾ Ꮃ (he la) - cuerno
16. Ꭿ - hi - /hi/ - Ꭿ Ꮝ Ꮧ (hi s di) - arce
17. Ꮀ - ho - /ho/ - Ꮀ Ꮧ Ꮝ Ꭶ (ho di s ga) - valle
18. Ꮁ - hu - /hu/ - Ꮁ Ꮳ Ꮝ Ꭹ (hu tsa s gi) - hilo
19. Ꮂ - hv - /hə̃/ or /hʌ̃/ - Ꮂ Ꮝ Ꭶ Ꮇ Ꭹ (hv s ga lu gi) - lagarto
20. Ꮃ - la - /la/ - Ꮃ Ꮻ Ꮥ Ꭶ (la wi de ga) - halcón
21. Ꮄ - le - /le/ - Ꮄ Ꮉ Ꭲ (le me i) - hormiga negra
22. Ꮅ - li - /li/ - Ꮅ Ꭹ Ꮎ (li gi na) - ira
23. Ꮆ - lo - /lo/ - Ꮆ Ꮒ (lo ni) - pavo
24. Ꮇ - lu - /lu/ - Ꮇ Ꮧ Ᏹ (lu di yi) - cuerda
25. Ꮈ - lv - /lə̃/ or /lʌ̃/ - Ꮈ Ꮞ Ꮧ (lv se di) - hígado
26. Ꮉ - ma - /ma/ - Ꮉ Ꮣ (ma da) - barro
27. Ꮊ - me - /me/ - Ꮊ Ꮣ Ꮈ Ꮆ Ꭲ (me da lv lo i) - talón
28. Ꮋ - mi - /mi/ - Ꮋ Ꮎ Ꮧ (mi na di) - nariz
29. Ꮌ - mo - /mo/ - Ꮌ Ꮧ (mo di) - bebé
30. Ꮍ - mu - /mu/ - Ꮍ Ꭶ (mu ga) - ganso
31. Ꮎ - na - /na/ - Ꮎ Ꮤ (na ta) - sol
32. Ꮏ - hna - /nã/ - Ꮏ Ꮚ Ꮥ Ꮎ (hna quu de na) - grosella espinosa
33. Ꮐ - nah - /nãh/ - Ꮐ Ꮅ Ꮑ Ꭶ (nah li ne ga) - grasa
34. Ꮑ - ne - /ne/ - Ꮑ Ꮣ Ꮝ Ꭹ (ne da s gi) - cuerpo
35. Ꮒ - ni - /ni/ - Ꮒ Ꮝ Ꭺ Ꭿ (ni s go hi) - oso
36. Ꮓ - no - /no/ - Ꮓ Ꮣ (no da) - mano
37. Ꮔ - nu - /nu/ - Ꮔ Ꮣ Ꮈ Ꭹ (nu da lv gi) - camisa
38. Ꮕ - nv - /nə̃/ or /nʌ̃/ - Ꮕ Ꮫ (nv dv) - cerebro
39. Ꮖ - qua - /$k^{w}a$/ - Ꮖ Ꮒ Ᏹ (qua ni yi) - musgo

40. ꮖ - que - /kʷe/ - ꮖ V Ᏹ (que do gi) - ocho
41. Ꮗ - qui - /kʷi/ - Ꮗ Ꮫ W ꮖ Ᏹ (qui yi la s gi) - hacha
42. Ꮸ - quo - /kʷo/ - Ꮸ d ᏖᎮ (quo tsu hna di) - seis
43. ꮗ - quu - /kʷu/ - ꮗ Ꮪ Ꭶ (quu du ga) - pluma
44. Ɛ - quv - /kʷə̃/ or /kʷɔ̃/ - Ɛ Ʌ Ꭶ (quv ne ga) - grillo
45. Ⴈ - sa - /sa/ - Ⴈ Ꮸ h (sa quo ni) - ardilla
46. ꮞ - s - /s/ - D ꮞ Ꭶ ꭰ (a s ga ya) - medio
47. 4 - se - /se/ - 4 M (se lu) - maíz
48. Ꮣ - si - /si/ - Ꮣ Ʌ Ꭵ (si ne qua) - cebolla
49. Ꮈ - so - /so/ - Ꮈ Ꮗ ꭰ (so qui ya) - ceniza
50. Ꮜ - su - /su/ - Ꮜ h Ꭶ Ꭶ (su ni de ga) - guisante
51. R - sv - /sə̃/ or /sɔ̃/ - R Ꭵ h Ꮸ (sv qua ni dv) - zarigüeya
52. Ꮭ - da - /da/ - Ꮭ h Ꭿ (da ni lv) - melocotón
53. W - ta - /ta/ - W M ꮖ Ᏹ (ta lu s gi) - grillo
54. Ꭶ - de - /de/ - Ꭶ Ꭶ (de ga) - estanque
55. Ꮈ - te - /te/ - Ꮈ Ꮿ (te yu) - cereza
56. Ꭱ - di - /di/ - Ꭱ Ꭶ Ꭴ h ꮖ E (di ga nu ni s gv) - estufa
57. Ꭲ - ti - /ti/ - Ꭲ ꮖ ꭰ (ti s quu) - serpiente
58. V - do - /do/ - V Ꮭ (do da) - diente
59. S - du - /du/ - S Ꮭ B Ꮳ Ꭿ (du da yv nv hi) - pantalones
60. Ꮸ - dv - /də̃/ or /dɔ̃/ - Ꮸ h B Ꭱ ꮖ Ᏹ (dv ni yv di s gi) - chal

61. ⅋ - dla - /dla/ - ⅋ h ꙮ ᒪ Ꮕ Ꮄ (dla ni s da nv di) - mantequilla
62. Ꮭ - tla - /tla/ - Ꮭ h (tla ni) - diez
63. Ꮅ - tle - /tle/ - Ꮅ M Ꮄ (tle lu di) - collar
64. Ꮸ - tli - /tli/ - Ꮸ ꙮ ᒪ (tli s da) - cabello
65. Ꮿ - tlo - /tlo/ - Ꮿ Ꮁ (tlo tsi) - treinta
66. Ꮿ - tlu - /tlu/ - Ꮿ W (tlu la) - campana
67. P - tlv - /tlə̃/ or /tlõ/ - P Ө ꙮ Ꮪ ꙮ (tlv na s ga ya) - mocasín
68. Ꮳ - tsa - /tsa/ - Ꮳ W Ꮍ (tsa la gi) - cherokee
69. Ѵ - tse - /tse/ - Ѵ Ր (tse li) - veinte
70. Ꮁ - tsi - /tsi/ - Ꮁ ꙮ Ѵ̆ (tsi s quo) - pájaro
71. K - tso - /tso/ - K Ь (tso si) - hija
72. ꮪ - tsu - /tsu/ - ꮪ Ꮄ Ꮫ Ꮄ (tsu le hna di) - nueve
73. Ꮳ̈ - tsv - /tsə̃/ or /tsõ/ - Ꮳ̈ Ꮐ̆ ꙮ Ꮍ Ꮎ (tsv yu s gi hi) - parra
74. Ꮂ - wa - /wa/ - Ꮂ Ꮪ (wa ga) - vaca
75. ꭎ - we - /we/ - ꭎ Ө Ꮁ T (we na ge i) - caracol
76. Ө - wi - /wi/ - Ө W Ꮄ ꙮ Ꮍ (wi la di s gi) - búho
77. Ꮼ - wo - /wo/ - Ꮼ Ꮕ Ө Ꮾ (wo u na ha) - lobo
78. Ꮽ - wu - /wu/ - Ꮽ Ր Ꮎ ᒪ (wu li hi da) - colibrí
79. 6 - wv - /wə̃/ or /wõ/ - 6 W Ꮄ (wv la di) - espuma
80. ꙮ - ya - /ja/ - ꙮ ꭗ Ր (ya nu li) - búfalo
81. Ᏸ - ye - /je/ - Ᏸ Ր (ye li) - calabaza
82. Ꭶ - yi - /ji/ - Ꭶ Ꮪ (yi ga) - abuela
83. ꮋ - yo - /jo/ - ꮋ Ʌ ꙮ Ꮍ (yo ne s gi) - oso
84. Ꮐ̆ - yu - /ju/ - Ꮐ̆ Ө ꙮ Ꮍ (yu na s gi) - fantasma

85. B - yv - /jə̃/ or /jɔ̃/ - B Ѳ ꙫ V Ꮧ Ꮷ (yv wi s do di yi) - nube

Tenga en cuenta que algunas sílabas, como "s" (ꙫ) y "hna" (Ꮹ), no tienen un sonido vocálico y se utilizan en combinación con otras sílabas para crear grupos de consonantes.

El silabario cherokee no tiene símbolos separados para la puntuación. Sin embargo, en el uso moderno, a veces se utilizan signos de puntuación del alfabeto latino, como comas, puntos y signos de interrogación.

El silabario también incluye un símbolo único, B (yv), que representa un sonido schwa nasalizado /ə̃/ o /ɔ̃/. Este sonido no se encuentra en inglés y es exclusivo del idioma cherokee.

El cherokee se escribe en una combinación del silabario y el alfabeto latino, siendo el silabario el más frecuente. La escritura todavía se enseña en las escuelas cherokee y se utiliza en diversos materiales en idioma cherokee, como libros, periódicos y señalización. Se están realizando esfuerzos para preservar y promover el uso del silabario cherokee como una parte esencial del patrimonio cultural cherokee.

ENCICLOPEDIA DE LA ESCRITURA UNIVERSAL

汉字 / 漢字

Chino

La escritura china, también conocida como Hanzi (en chino), Kanji (en japonés) y Hanja (en coreano), es un sistema de escritura logográfico utilizado para escribir chino y otros idiomas influenciados por la cultura china. La escritura se utiliza principalmente en China, Taiwán, Singapur y otras comunidades de habla china en todo el mundo. También se utiliza en Japón (donde se llama Kanji) e históricamente se utilizó en Corea (donde se llama Hanja) y Vietnam (donde se llamaba Chữ Nôm).

Los caracteres chinos representan morfemas o sílabas en lugar de fonemas individuales. Cada carácter suele tener uno o más significados y se puede pronunciar de manera diferente según el idioma y el contexto. El número de caracteres en la escritura china es vasto, con decenas de miles de caracteres registrados a lo largo de la historia. Sin embargo, un hablante de chino alfabetizado normalmente conoce entre 3000 y 4000 caracteres.

Debido a la gran cantidad de caracteres en la escritura china, no es posible enumerarlos todos aquí. Sin embargo, aquí hay algunos caracteres comunes junto con sus pronunciaciones y palabras de ejemplo en chino mandarín, que es el idioma chino más hablado:

1. 人 (rén) - /zən\/ - persona, gente (p. ej., 人民 rénmín - gente)
2. 山 (shān) - /ʂan˥/ - montaña (p. ej., 高山 gāoshān - alta montaña)

3. 水 (shuǐ) - /ʂweɪ˨˩˦/ - agua (p. ej., 河水 héshuǐ - agua de río)
4. 火 (huǒ) - /xwɔ˨˩˦/ - fuego (p. ej., 火焰 huǒyàn - llama)
5. 木 (mù) - /mu˥˩/ - madera, árbol (p. ej., 树木 shùmù - árboles)
6. 日 (rì) - /ʐɻ˥˩/ - sol, día (p. ej., 太阳 tàiyáng - sol)
7. 月 (yuè) - /ɥœ˥˩/ - luna, mes (p. ej., 月亮 yuèliang - luna)
8. 田 (tián) - /tʰjɛn˧˥/ - campo (p. ej., 稻田 dàotián - campo de arroz)
9. 口 (kǒu) - /kʰoʊ˨˩˦/ - boca (p. ej., 嘴巴 zuǐba - boca)
10. 目 (mù) - /mu˥˩/ - ojo (p. ej., 眼睛 yǎnjīng - ojo)

 Tenga en cuenta que las pronunciaciones proporcionadas están en chino mandarín utilizando el Alfabeto Fonético Internacional (IPA). Las pronunciaciones y los significados de estos caracteres pueden variar en otros idiomas y dialectos chinos, así como en japonés y coreano cuando se utilizan como Kanji o Hanja, respectivamente.
 Los caracteres chinos se escriben de izquierda a derecha en líneas horizontales o de arriba a abajo en columnas verticales. Se pueden escribir utilizando trazos tradicionales o simplificados, siendo los caracteres simplificados más utilizados en China continental y Singapur, mientras que los caracteres tradicionales se utilizan en Taiwán, Hong Kong y otras comunidades chinas en el extranjero.

ENCICLOPEDIA DE LA ESCRITURA UNIVERSAL

ENCICLOPEDIA DE LA ESCRITURA UNIVERSAL

සිංහල

Cingalés

La escritura cingalesa, también conocida como escritura sinhala, se utiliza para escribir la lengua cingalesa, que es la lengua nativa del pueblo cingalés, el grupo étnico más grande de Sri Lanka. El cingalés es una lengua indoaria hablada por unos 16 millones de personas en Sri Lanka y otros países con comunidades de la diáspora cingalesa. La escritura cingalesa es descendiente de la antigua escritura brahmi y está estrechamente relacionada con las escrituras grantha y malayalam.

Es un abyugida, lo que significa que las consonantes tienen una vocal inherente que puede modificarse o silenciarse mediante signos diacríticos.

Aquí están las letras de la escritura cingalesa en su orden tradicional, junto con transliteraciones al alfabeto romano, pronunciaciones IPA y palabras de ejemplo en cingalés:

Vocales (ස්වර):

1. අ - a - /a/ - අම්මා (ammā) - madre
2. ආ - ā - /aː/ - ආනේ (āne) - elefante
3. ඇ - æ - /æ/ - ඇස (æsa) - ojo
4. ඈ - ǣ - /æː/ - ඈත (ǣta) - distancia
5. ඉ - i - /i/ - ඉබ්බා (ibbā) - tortuga
6. ඊ - ī - /iː/ - ඊයේ (īye) - ayer
7. උ - u - /u/ - උණු (uṇu) - caliente
8. ඌ - ū - /uː/ - ඌරු (ūru) - cerdo
9. ඍ - ṛ - /ru/ - ඍණ (ṛṇa) - deuda

ENCICLOPEDIA DE LA ESCRITURA UNIVERSAL

10. සෲ - r̥ - /ruː/ - සෲජු (r̥ju) - recto
11. එ - e - /e/ - එළුවා (eluvā) - cabra
12. ඒ - ē - /eː/ - ඒක (ēka) - ese
13. ඓ - ai - /ai/ - ඓතිහාසික (aitihāsika) - histórico
14. ඔ - o - /o/ - ඔය (oya) - eso
15. ඕ - ō - /oː/ - ඕනෑ (ōnæ) - necesario
16. ඖ - au - /au/ - ඖෂධ (auṣadha) - medicina

Consonantes (ව්‍යංජන):

1. ක - ka - /ka/ - කඩදාසි (kaḍadāsi) - papel
2. ඛ - kha - /kʰa/ - ඛණ්ඩ (khaṇḍa) - pieza
3. ග - ga - /ga/ - ගිනි (gini) - fuego
4. ඝ - gha - /gʰa/ - ඝන (ghana) - denso
5. ඞ - ṅa - /ŋa/ - ඞීණ (ṅīṇa) - sutil
6. ච - ca - /t͡ʃa/ - චිත්‍ර (citra) - imagen
7. ඡ - cha - /t͡ʃʰa/ - ඡත්‍රය (chatraya) - paraguas
8. ජ - ja - /d͡ʒa/ - ජනතාව (janatāva) - gente
9. ඣ - jha - /d͡ʒʰa/ - ඣායා (jhāyā) - sombra
10. ඤ - ña - /ɲa/ - ඤාණ (ñāṇa) - sabiduría
11. ට - ṭa - /ʈa/ - ටෝස්ටර් (ṭōsṭar) - tostadora
12. ඨ - ṭha - /ʈʰa/ - ඨීකා (ṭhīkā) - comentario
13. ඩ - ḍa - /ɖa/ - ඩෙංගු (ḍeṅgu) - dengue
14. ඪ - ḍha - /ɖʰa/ - ඪමරුව (ḍamaruva) - tambor
15. ණ - ṇa - /ɳa/ - ණය (ṇaya) - deuda
16. ත - ta - /t̪a/ - තැපැල් (tæpæl) - correo
17. ථ - tha - /t̪ʰa/ - ථේරවාද (theravāda) - Theravada
18. ද - da - /d̪a/ - දත් (dat) - diente
19. ධ - dha - /d̪ʰa/ - ධාතු (dhātu) - reliquia
20. න - na - /na/ - නැව (næva) - barco

21. ප - pa - /pa/ - පහන (pahana) - lámpara
22. ඵ - pha - /pʰa/ - ඵල (phala) - fruta
23. බ - ba - /ba/ - බලු (balu) - perro
24. භ - bha - /bʰa/ - භය (bhaya) - miedo
25. ම - ma - /ma/ - මල් (mal) - flor
26. ය - ya - /ja/ - යකඩ (yakaḍa) - hierro
27. ර - ra - /ra/ - රජ (raja) - rey
28. ල - la - /la/ - ලඳු (laṁdu) - hermoso
29. ව - va - /ʋa/ - වැස්ස (væssa) - lluvia
30. ශ - śa - /ɕa/ - ශ්‍රී (śrī) - sagrado
31. ෂ - ṣa - /ʂa/ - ෂඩ්වර්ණ (ṣaḍvarṇa) - seis colores
32. ස - sa - /sa/ - සිත (sita) - mente
33. හ ha - /ha/ - හ(hada) - corazón
34. ළ - ḷa - /ḷa/ - ළඟ (ḷaṁga) - cerca
35. ෆ - fa - /fa/ - ෆෑන (fæna) - ventilador

La escritura cingalesa también incluye varias ligaduras, signos diacríticos para los signos vocálicos y números. Ha sufrido algunas reformas y estandarización desde el siglo XIX para adaptarse a las modernas tecnologías de impresión e informática.

La escritura cingalesa es una parte integral de la cultura y la identidad cingalesas, y se utiliza en la educación, la literatura, los medios de comunicación y los documentos oficiales en Sri Lanka. Tiene una rica tradición literaria que se remonta a más de dos milenios, con un importante cuerpo de literatura clásica y moderna escrita en la escritura.

ENCICLOPEDIA DE LA ESCRITURA UNIVERSAL

Кириллица

Cirílico

La escritura cirílica es un sistema de escritura alfabético utilizado para varios idiomas en toda Eurasia, particularmente en Europa del Este, el Cáucaso, Asia Central y Asia del Norte. Fue desarrollado en el siglo IX d.C. en el Primer Imperio Búlgaro y se deriva de la escritura griega con letras adicionales para los sonidos eslavos. La escritura lleva el nombre de San Cirilo, un monje bizantino que creó el alfabeto glagolítico, el precursor de la escritura cirílica.

La escritura cirílica moderna se utiliza para escribir más de 50 idiomas, incluyendo ruso, ucraniano, bielorruso, serbio, macedonio, búlgaro, kazajo, kirguís, tayiko, mongol y muchos otros. Cada idioma puede tener sus propias variaciones o letras adicionales.

Aquí está el alfabeto cirílico básico tal como se usa en ruso, junto con las transliteraciones al alfabeto romano, pronunciaciones IPA y palabras de ejemplo:

1. А, а - A, a - /a/ - азбука (azbuka) - alfabeto
2. Б, б - B, b - /b/ - банан (banan) - plátano
3. В, в - V, v - /v/ - вода (voda) - agua
4. Г, г - G, g - /g/ - город (gorod) - ciudad
5. Д, д - D, d - /d/ - дом (dom) - casa
6. Е, е - E, e - /je/, /ʲe/, /e/ - еда (eda) - comida
7. Ё, ё - Yo, yo - /jo/, /ʲo/ - ёж (yozh) - erizo
8. Ж, ж - Zh, zh - /ʐ/ - жизнь (zhizn') - vida
9. З, з - Z, z - /z/ - зебра (zebra) - cebra
10. И, и - I, i - /i/, /ʲi/ - имя (imya) - nombre
11. Й, й - Y, y - /j/ - йогурт (yogurt) - yogur
12. К, к - K, k - /k/ - кот (kot) - gato

13. Л, л - L, l - /l/, /ɫ/ - лампа (lampa) - lámpara
14. М, м - M, m - /m/ - мама (mama) - madre
15. Н, н - N, n - /n/, /nʲ/ - нос (nos) - nariz
16. О, о - O, o - /o/ - окно (okno) - ventana
17. П, п - P, p - /p/ - папа (papa) - padre
18. Р, р - R, r - /r/ - рыба (ryba) - pez
19. С, с - S, s - /s/ - солнце (solntse) - sol
20. Т, т - T, t - /t/ - тигр (tigr) - tigre
21. У, у - U, u - /u/ - утка (utka) - pato
22. Ф, ф - F, f - /f/ - фрукт (frukt) - fruta
23. Х, х - Kh, kh - /x/ - хлеб (khleb) - pan
24. Ц, ц - Ts, ts - /ts/ - цирк (tsirk) - circo
25. Ч, ч - Ch, ch - /tɕ/ - чай (chay) - té
26. Ш, ш - Sh, sh - /ʂ/ - школа (shkola) - escuela
27. Щ, щ - Shch, shch - /ɕɕ/ - щука (shchuka) - lucio (pez)
28. Ъ, ъ - " (signo duro) - /∅/ (sin sonido) - съезд (s"yezd) - congreso
29. Ы, ы - Y, y - /ɨ/ - ты (ty) - tú (singular, informal)
30. Ь, ь - ' (signo suave) - /∅/ (sin sonido, indica la palatalización de la consonante anterior) - мать (mat') - madre
31. Э, э - E, e - /ɛ/ - этот (etot) - esto
32. Ю, ю - Yu, yu - /ju/, /ʲu/ - юг (yug) - sur
33. Я, я - Ya, ya - /ja/, /ʲæ/ - яблоко (yabloko) - manzana

Tenga en cuenta que la pronunciación de algunas letras puede variar según su posición en una palabra y el idioma específico. La escritura cirílica también incluye varios signos diacríticos y signos de puntuación, algunos de los cuales son específicos del idioma.

ENCICLOPEDIA DE LA ESCRITURA UNIVERSAL

ENCICLOPEDIA DE LA ESCRITURA UNIVERSAL

Metnoyti

Copto

La escritura copta se utiliza para escribir el idioma copto, que es la última etapa del antiguo idioma egipcio. El copto se habló en Egipto desde el siglo II d.C. hasta el siglo XVII, cuando fue gradualmente reemplazado por el árabe. Hoy en día, el copto se utiliza principalmente como lengua litúrgica en la Iglesia Ortodoxa Copta y otras iglesias coptas.

La escritura copta es un alfabeto que consta de 31 letras, incluyendo 24 derivadas del alfabeto griego y 7 letras adicionales que representan sonidos coptos que no se encuentran en griego. Se escribe de izquierda a derecha.

Aquí están las letras de la escritura copta, junto con sus transliteraciones al alfabeto romano, pronunciaciones IPA y palabras de ejemplo en copto:

1. ⲁ, ⲁ - A, a - /a/ - ⲁⲗⲟⲩ (alou) - niño
2. Ⲃ, ⲃ - B, b - /b/ - ⲃⲱⲕ (bōk) - siervo
3. Ⲅ, ⲅ - G, g - /g/ - ⲅⲁⲗⲓⲗⲉⲁ (galilea) - Galilea
4. Ⲇ, ⲇ - D, d - /d/ - ⲇⲁⲓⲙⲱⲛ (daimōn) - demonio
5. Ⲉ, ⲉ - E, e - /e/ - ⲉϥⲉ (efe) - él es
6. Ⲍ, ⲍ - Z, z - /z/ - ⲍⲱⲛⲧ (zōnt) - ira
7. Ⲏ, ⲏ - Ē, ē - /e:/ - ⲏⲣⲡ (ērp) - vino
8. Ⲑ, ⲑ - Th, th - /tʰ/ - ⲑⲉⲟⲥ (theos) - dios
9. Ⲓ, ⲓ - I, i - /i/ - ⲓⲛⲉ (ine) - semejanza
10. Ⲕ, ⲕ - K, k - /k/ - ⲕⲁⲡ (kap) - cabeza
11. Ⲗ, ⲗ - L, l - /l/ - ⲗⲁⲟⲥ (laos) - gente

12. Ⲙ, ⲙ - M, m - /m/ - ⲘⲞⲚⲎ (monē) - morada
13. Ⲛ, ⲛ - N, n - /n/ - ⲚⲞⲨⲦⲈ (noute) - dios
14. Ⲝ, ⲝ - Ks, ks - /ks/ - ⲜⲨⲖⲞⲚ (ksylon) - madera
15. Ⲟ, ⲟ - O, o - /o/ - ⲞⲨⲢⲞ (ouro) - rey
16. Ⲡ, ⲡ - P, p - /p/ - ⲠⲈⲦⲢⲞⲤ (petros) - Pedro
17. Ⲣ, ⲣ - R, r - /r/ - ⲢⲰⲘⲈ (rōme) - hombre
18. Ⲥ, ⲥ - S, s - /s/ - ⲤⲞⲚ (son) - hermano
19. Ⲧ, ⲧ - T, t - /t/ - ⲦⲞⲠⲞⲤ (topos) - lugar
20. Ⲩ, ⲩ - Y, y - /y/ or /v/ - ⲨⲆⲰⲢ (ydōr) - agua
21. Ⲫ, ⲫ - Ph, ph - /pʰ/ - ⲪⲞⲞⲨ (phoou) - hoy
22. Ⲭ, ⲭ - Kh, kh - /kʰ/ - ⲬⲢⲰⲘ (khrōm) - voz
23. Ⲯ, ⲯ - Ps, ps - /ps/ - ⲮⲨⲬⲎ (psychē) - alma
24. Ⲱ, ⲱ - Ō, ō - /o:/ - ⲰⲠ (ōp) - contar

Las siguientes son las siete letras coptas adicionales:

1. Ϣ, ϣ - Sh, sh - /ʃ/ - ϢⲎⲢⲈ (shēre) - hijo
2. Ϥ, ϥ - F, f - /f/ - ϤⲒ (fi) - él lleva
3. Ϧ, ϧ - Kh, kh - /x/ - ϦⲒⲤⲒ (khisi) - ser exaltado
4. Ϩ, ϩ - H, h - /h/ - ϨⲰⲠ (hōp) - esconder
5. Ϫ, ϫ - J, j - /tʃ/ or /dʒ/ - ϪⲰⲘ (jōm) - libro
6. Ϭ, ϭ - C, c - /k/ or /tʃ/ - ϬⲒϪ (cij) - mano
7. Ϯ, ϯ - Ti, ti - /ti/ - ϮⲘⲈ (time) - pueblo

El copto también utiliza signos diacríticos, como el trazo supralineal $\overline{()}$ llamado "jinkim" para indicar consonantes silábicas y varios signos de puntuación derivados del griego.

La escritura copta fue un desarrollo significativo en la historia del idioma egipcio, ya que representaba el idioma utilizando un alfabeto en lugar de las escrituras jeroglífica y hierática egipcias anteriores. Permitió la conservación de un vasto cuerpo de literatura copta, incluyendo textos cristianos primitivos, escritos monásticos y traducciones de la Biblia.

Silabario Chipriota

El silabario chipriota es un sistema de escritura utilizado en la antigua Chipre desde alrededor del siglo XI hasta el siglo IV a.C. Se utilizaba para escribir el dialecto griego chipriota, una forma de griego antiguo que se hablaba en la isla. La escritura es un silabario, lo que significa que cada símbolo representa una sílaba en lugar de un sonido individual.

El silabario chipriota consta de alrededor de 55 símbolos, cada uno representando una combinación de una consonante y una vocal. La escritura se escribe de derecha a izquierda.

Aquí hay algunos ejemplos de símbolos del silabario chipriota, junto con sus transliteraciones y pronunciaciones:

1. ✳ - a - /a/
2. ✱ - e - /e/
3. ✶ - i - /i/
4. ⚥ - o - /o/
5. ϒ - u - /u/
6. Ο - wa - /wa/
   - we - /we/
   - wi - /wi/
7. ᕕ - wo - /wo/
8. ⇞ - za - /za/
9. ⚹ - ze - /ze/
10. ϒ - zo - /zo/

ENCICLOPEDIA DE LA ESCRITURA UNIVERSAL

11. ⊓ - ka - /ka/
12. ✵ - ke - /ke/
13. ⸔ - ki - /ki/
14. 8 - ko - /ko/
15. ⋹ - ku - /ku/

Palabras de ejemplo en el dialecto griego chipriota, escritas en el silabario chipriota:

1. ⋎⊓✵ - e-ku - ἐγώ (egō) - "yo"
2. ✵⊓✵ - e-ki - ἐκεῖ (ekei) - "allí"
3. ⋎⊓✵⇑ - za-i-ku - ζάω (zaō) - "vivir"

El silabario chipriota se utilizaba para diversos fines, incluyendo registros administrativos, dedicatorias e inscripciones en objetos como cerámica y tablillas de arcilla. La escritura coexistió con el alfabeto griego en Chipre durante algún tiempo antes de ser gradualmente reemplazada por este último.

El desciframiento del silabario chipriota a finales del siglo XIX ha proporcionado información valiosa sobre el dialecto griego chipriota y la historia de la antigua Chipre. La escritura es un importante testimonio del patrimonio cultural y lingüístico único de la isla.

ENCICLOPEDIA DE LA ESCRITURA UNIVERSAL

ENCICLOPEDIA DE LA ESCRITURA UNIVERSAL

ⴱⵓⵉⴴⵍⴲⵯⵖ

Deseret

El alfabeto Deseret es una escritura fonética creada a mediados del siglo XIX por la junta de regentes de la Universidad de Deseret (ahora la Universidad de Utah) bajo la dirección de Brigham Young, el segundo presidente de La Iglesia de Jesucristo de los Santos de los Últimos Días. La escritura fue diseñada para simplificar la ortografía inglesa y para ayudar a los hablantes no nativos de inglés a aprender el idioma.

El alfabeto Deseret consta de 38 letras, cada una representando un sonido distinto en inglés. La escritura se escribe de izquierda a derecha.

Aquí están las letras del alfabeto Deseret, junto con sus transliteraciones y pronunciaciones:

1. 𐐀 - /ɔ/ - "ought" o "awe"
2. 𐐁 - /æ/ - "bat" o "cat"
3. 𐐂 - /ɑ/ - "father" o "alms"
4. 𐐃 - /ʌ/ - "but" o "sun"
5. 𐐄 - /ɛ/ - "bet" o "men"
6. 𐐅 - /e/ - "bait" o "day"
7. 𐐆 - /ɪ/ - "bit" o "pin"
8. 𐐇 - /i/ - "beet" o "mean"
9. 𐐈 - /aɪ/ - "bide" o "mile"
10. 𐐉 - /ɒ/ - "boss" o "dog"
11. 𐐊 - /oʊ/ - "boat" o "know"
12. 𐐋 - /ʊ/ - "book" o "poor"
13. 𐐌 - /u/ - "boot" o "too"
14. 𐐍 - /aʊ/ - "bough" o "now"
15. 𐐎 - /ɔɪ/ - "boy" o "toil"

16. ᛟ - /ju/ - "butte" o "mute"
17. Ψ - /b/ - "be"
18. ˥ - /k/ - "key"
19. ᛒ - /d/ - "do"
20. ˦ - /f/ - "fee"
21. ᐈ - /g/ - "go"
22. C - /h/ - "he"
23. Ϛ - /dʒ/ - "gee" o "joke"
24. ꟼ - /tʃ/ - "church" o "choose"
25. ꚙ - /l/ - "lee" o "allow"
26. P - /m/ - "me"
27. Ƃ - /n/ - "knee"
28. L - /ŋ/ - "sing"
29. Y - /p/ - "pea"
30. Ꝋ - /r/ - "read"
31. 6 - /s/ - "sea"
32. D - /ʃ/ - "she"
33. S - /t/ - "tea"
34. Ψ - /ð/ - "this" o "bathe"
35. L - /θ/ - "thin" o "thought"
36. Ↄ - /v/ - "vow"
37. ʮ - /w/ - "we"
38. И - /z/ - "zone"

Palabras de ejemplo en el alfabeto Deseret:

1. PƟOꝈ - /mʌðər/ - "madre"
2. ᛟOD - /juɛʃ/ - "sí"
3. ΨꝈƂ - /boʊn/ - "hueso"

A pesar de su creación por los líderes de los Santos de los Últimos Días, el alfabeto Deseret nunca obtuvo una aceptación generalizada, ni siquiera dentro de la comunidad de los Santos de los Últimos Días. Su uso se limitó principalmente a algunos libros, periódicos y diarios personales entre 1854 y 1877.

Aunque el alfabeto Deseret no logró reemplazar la escritura latina para el inglés, sigue siendo un ejemplo histórico interesante de un intento de reformar la ortografía inglesa y una parte importante del patrimonio cultural de Utah.

ENCICLOPEDIA DE LA ESCRITURA UNIVERSAL

देवनागरी

Devanagari

La escritura devanagari es un sistema de escritura abugida utilizado para escribir varios idiomas indoarios, principalmente en India y Nepal. Es la escritura oficial para hindi, marathi, nepalí, sánscrito y varios otros idiomas. La escritura también se utiliza para algunos idiomas austroasiáticos y dravídicos. Devanagari se escribe de izquierda a derecha y tiene una línea horizontal que recorre la parte superior de las letras, conocida como "shirorekha".

Aquí están las letras de la escritura devanagari, junto con sus transliteraciones al alfabeto romano, pronunciaciones IPA y palabras de ejemplo en hindi:

Vocales (स्वर):

1. अ - a - /ə/ - अनार (anār) - granada
2. आ - ā - /ɑ:/ - आम (ām) - mango
3. इ - i - /i/ - इमली (imlī) - tamarindo
4. ई - ī - /i:/ - ईख (īkh) - caña de azúcar
5. उ - u - /u/ - उल्लू (ullū) - búho
6. ऊ - ū - /u:/ - ऊन (ūn) - lana
7. ऋ - ṛ - /ɾ̩/ - ऋषि (ṛṣi) - sabio
8. ए - e - /e:/ - एक (ek) - uno
9. ऐ - ai - /ɛ:/ - ऐनक (ainak) - gafas
10. ओ - o - /o:/ - ओखली (okhlī) - mortero
11. औ - au - /ɔ:/ - औरत (aurat) - mujer
12. अं - aṃ - /əm/ - अंक (aṃk) - dígito

13. अः - aḥ - /əh/ - अः (aḥ) - visarga

Consonantes (व्यंजन):

1. क - ka - /k/ - कमल (kamal) - loto
2. ख - kha - /kʰ/ - खरगोश (khargosh) - conejo
3. ग - ga - /g/ - गाय (gāy) - vaca
4. घ - gha - /gʱ/ - घर (ghar) - casa
5. ङ - ṅa - /ŋ/ - चिड़िया (ciṛiyā) - pájaro
6. च - ca - /c/ - चाय (cāy) - té
7. छ - cha - /cʰ/ - छत (chat) - techo
8. ज - ja - /ɟ/ - जंगल (jaṃgal) - bosque
9. झ - jha - /ɟʱ/ - झरना (jharnā) - cascada
10. ञ - ña - /ɲ/ - कञ्ज (kañj) - loto
11. ट - ṭa - /ṭ/ - टमाटर (ṭamāṭar) - tomate
12. ठ - ṭha - /ṭʰ/ - ठंड (ṭhaṃḍ) - frío
13. ड - ḍa - /ḍ/ - डाकिया (ḍākiyā) - cartero
14. ढ - ḍha - /ḍʱ/ - ढोल (ḍhol) - tambor
15. ण - ṇa - /ṇ/ - माणिक (māṇik) - rubí
16. त - ta - /ṯ/ - तरबूज (tarbūj) - sandía
17. थ - tha - /ṯʰ/ - थाली (thālī) - plato
18. द - da - /ḏ/ - दाल (dāl) - lentejas
19. ध - dha - /ḏʱ/ - धनुष (dhanuṣ) - arco
20. न - na - /n/ - नाक (nāk) - nariz
21. प - pa - /p/ - पानी (pānī) - agua

22. फ - pha - /pʰ/ - फल (phal) - fruta
23. ब - ba - /b/ - बादल (bādal) - nube
24. भ - bha - /bʱ/ - भालू (bhālū) - oso
25. म - ma - /m/ - मछली (machlī) - pez
26. य - ya - /j/ - यह (yah) - esto
27. र - ra - /r/ - रस्सी (rassī) - cuerda
28. ल - la - /l/ - लड़का (laṛkā) - niño
29. व - va - /v/ - वन (van) - bosque
30. श - śa - /ɕ/ - शेर (śer) - león
31. ष - ṣa - /ʂ/ - षट्कोण (ṣaṭkoṇ) - hexágono
32. स - sa - /s/ - सेब (seb) - manzana
33. ह - ha - /ɦ/ - हाथी (hāthī) - elefante
34. क्ष - kṣa - /kʂ/ - क्षमा (kṣamā) - perdón
35. त्र - tra - /t̪r/ - त्रिशूल (triśūl) - tridente
36. ज्ञ - jña - /gj/ - ज्ञान (jñān) - conocimiento

La escritura devanagari también incluye signos diacríticos para modificar las vocales y las consonantes, así como símbolos adicionales para consonantes conjuntas, puntuación y números.

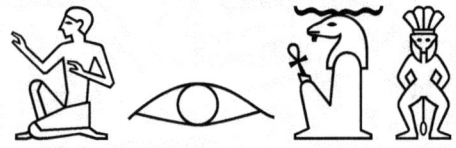

Jeroglíficos Egipcios

Los jeroglíficos egipcios son un sistema de escritura utilizado en el antiguo Egipto desde alrededor del 3200 a.C. hasta el siglo IV d.C. La escritura consta de una combinación de elementos logográficos, silábicos y alfabéticos, con una vasta cantidad de caracteres que representan palabras, sonidos y determinativos (signos que aclaran el significado de una palabra).

Los jeroglíficos se escribían principalmente en monumentos de piedra, paredes de templos y otros objetos ceremoniales, así como en papiro para textos religiosos y administrativos. La escritura se escribía en columnas y filas, normalmente de derecha a izquierda, pero también podía escribirse de izquierda a derecha o de arriba a abajo.

Aquí hay algunos ejemplos de jeroglíficos egipcios, junto con sus transliteraciones y significados:

1. 𓋹 - ʿnḫ - "vida" o "vivir"
2. 𓅃 - ḥr - "Horus" (una deidad)
3. 𓂋 - r - sonido /r/ o /l/
4. 𓈖 - n - sonido /n/
5. 𓐍 - ḫt - "cosa" o "fuego"
6. 𓎡 - k - sonido /k/
7. 𓅱 - w - sonido /w/
8. 𓊪 - p - sonido /p/

9. ꜣ - i - sonido /i/ o /j/

10. ⊗ - nb - "señor" u "oro"

11. ꜣ - š - sonido /ʃ/

12. ꜣ - s - sonido /s/

13. ⌒ - t - sonido /t/ o /tj/

14. ꜣ - ḏd - "djed" (un símbolo de pilar que representa la estabilidad)

15. ꜣ - ḫ - sonido /ħ/

Palabras de ejemplo en jeroglíficos egipcios:

1. ⊙⊗⌒ - snbtr - "incienso"

2. ⌒⊗⊙ - mrntjs - "Merenptah" (el nombre de un faraón)

3. ⌒ - ḫfꜣw-nḫn - "cien mil"

El desciframiento de los jeroglíficos egipcios por Jean-François Champollion a principios del siglo XIX, con la ayuda del descubrimiento de la Piedra de Rosetta, fue un logro innovador en la egiptología. La comprensión de los jeroglíficos ha proporcionado información invaluable sobre el idioma, la historia, la religión y la cultura del antiguo Egipto.

Es importante tener en cuenta que los ejemplos proporcionados aquí son una pequeña muestra de la vasta cantidad de jeroglíficos y sus combinaciones utilizadas en la escritura del antiguo Egipto.

ENCICLOPEDIA DE LA ESCRITURA UNIVERSAL

ENCICLOPEDIA DE LA ESCRITURA UNIVERSAL

ჩ9OSЧõ

Elbasan

La escritura de Elbasan, también conocida como el alfabeto de Elbasan o la escritura evangélica de Elbasan, se utilizaba para escribir el idioma albanés en el siglo XVIII. La escritura recibió su nombre de la ciudad de Elbasan, en el centro de Albania, donde se utilizaba en un manuscrito del Evangelio conocido como el "Códice del Evangelio de Elbasan" o "Anonimi i Elbasanit" (El Anónimo de Elbasan).

La escritura de Elbasan es una mezcla de letras mayúsculas y minúsculas, con cierta semejanza con los alfabetos griego y cirílico. Consta de 40 letras, cada una representando un sonido en el idioma albanés.

Aquí están las letras de la escritura de Elbasan, junto con sus transliteraciones y pronunciaciones:

1. Ꭺ - a - /a/
2. Ꮜ - b - /b/
3. Ꮙ - c - /ts/
4. ⅠP - ç - /tʃ/
5. ⅠႦ - d - /d/
6. ႿP - dh - /ð/
7. P - e - /ɛ/
8. ပ - ë - /ə/
9. Φ - f - /f/
10. Ꮞ - g - /g/
11. ꞎ - gj - /ɟ/
12. ꞎ - h - /h/

13. ᗒ - i - /i/
14. ∈ - j - /j/
15. ↳ - k - /k/
16. ⊙ - l - /l/
17. ℧ - ll - /ł/
18. ⋔ - m - /m/
19. ⊳ - n - /n/
20. Ψ - nj - /ɲ/
21. ᗐ - o - /ɔ/
22. ⫿ - p - /p/
23. ᑲ - q - /c/
24. ⊖ - r - /ɾ/
25. ⊖ - rr - /r/
26. ⫼ - s - /s/
27. ⊔ - sh - /ʃ/
28. ⨅ - t - /t/
29. ⊖ - th - /θ/
30. ⊞ - u - /u/
31. ⊞∈ - v - /v/
32. ᗷ - x - /dz/
33. ⌐ - xh - /dʒ/
34. ⊲ - y - /y/
35. ᗄ - z - /z/
36. ∈ - zh - /ʒ/

Palabras de ejemplo en albanés utilizando la escritura de Elbasan:

1. 𐔒𐔄𐔍 - mik - /mik/ - "amigo"
2. 𐔜𐔆𐔒𐔓 - shumë - /ʃumə/ - "mucho" o "muy"
3. 𐔄𐔙𐔍𐔝𐔀 - drita - /dɾita/ - "luz"

La escritura de Elbasan no se adoptó ampliamente y cayó en desuso a finales del siglo XVIII. Hoy en día, el albanés se escribe principalmente utilizando el alfabeto latino, con algunas modificaciones para representar sonidos específicos del albanés.

El Códice del Evangelio de Elbasan, que contiene el texto más antiguo conocido en el idioma albanés, sigue siendo un artefacto histórico y lingüístico importante, que proporciona información sobre el desarrollo del idioma albanés y sus sistemas de escritura.

ENCICLOPEDIA DE LA ESCRITURA UNIVERSAL

Escrituras Silábicas Aborígenes Canadienses

Las escrituras silábicas aborígenes canadienses, también conocidas como escrituras silábicas indígenas canadienses, son una familia de sistemas de escritura utilizados por varios idiomas indígenas canadienses, principalmente idiomas algonquinos y atabascanos. Las escrituras silábicas fueron desarrolladas en la década de 1840 por James Evans, un misionero, y luego fueron adaptadas para su uso con otros idiomas indígenas.

Las escrituras silábicas son abugidas, lo que significa que cada carácter representa una sílaba, que generalmente consiste en una consonante seguida de una vocal. La orientación del carácter indica la vocal, mientras que la forma básica representa la consonante. Las escrituras generalmente se escriben de izquierda a derecha.

Aquí hay algunos ejemplos de escrituras silábicas utilizadas en cree, uno de los idiomas indígenas más hablados en Canadá:

1. ∇ - e - /e/ - ∇ΓⁱⁱՐ⸝ᵒ (emihcisow) - él/ella está comiendo
2. Δ - i - /i/ - ΔԻᐳᵒ (iyiyiu) - persona
3. ▷ - o - /o/ - ▷UΓᵃ (otemin) - fresa
4. ◁ - a - /a/ - ◁ᑋᶜ (asam) - raqueta de nieve
5. ∧ - pi - /pi/ - ∧Ͱᴸ (pisim) - sol

ENCICLOPEDIA DE LA ESCRITURA UNIVERSAL

6. C - ta - /ta/ - C"bᒉ˩Δ·ᵃ (tahkayimowin) - fuerza
7. b - ka - /ka/ - b"Pᒉ° (kahkiyaw) - todo
8. ᒡ - ca - /t͡ʃa/ - ᒡ"Pᒉ° (cahkiyaw) - cada
9. L - ma - /ma/ - Lⁿpᒉᵃ (maskasin) - zapato
10. ᑲ - na - /na/ - ᑲ˥ᑦdᒉΔ·ᵃ (nameskomon) - acción de gracias

  Tenga en cuenta que los ejemplos anteriores están en escrituras silábicas cree de las llanuras, y las escrituras silábicas pueden variar en forma y orientación para otros idiomas o dialectos.

  Las escrituras silábicas aborígenes canadienses se utilizan en varios contextos, incluyendo la educación, obras literarias y señalización en comunidades indígenas. El uso de escrituras silábicas ayuda a preservar y promover los idiomas indígenas y el patrimonio cultural. Sin embargo, las escrituras silábicas no se utilizan universalmente entre todos los grupos indígenas en Canadá, y algunas comunidades pueden preferir utilizar el alfabeto latino u otros sistemas de escritura.

ENCICLOPEDIA DE LA ESCRITURA UNIVERSAL

ENCICLOPEDIA DE LA ESCRITURA UNIVERSAL

ϘΟΗ

Etíope (Ge'ez)

La escritura etíope, también conocida como escritura ge'ez, es un sistema de escritura abugida utilizado para escribir varios idiomas en Etiopía y Eritrea. Originalmente se desarrolló para escribir el idioma ge'ez, que ahora se utiliza principalmente como lengua litúrgica en la Iglesia Ortodoxa Etíope Tewahedo y la Iglesia Ortodoxa Eritrea Tewahedo. La escritura también se utiliza para escribir amárico, tigriña, tigre, oromo y otros idiomas de la región. El etíope se escribe de izquierda a derecha y tiene una característica única donde cada letra tiene siete formas diferentes, cada una representando un sonido vocálico diferente.

Aquí está la escritura etíope básica (ge'ez) en su orden nativo, junto con las transliteraciones al alfabeto romano, pronunciaciones IPA y palabras de ejemplo en amárico:

1. ሀ - hä - /hə/ - ሀገር (häger) - país
2. ለ - lä - /lə/ - ለብስ (läbs) - ropa
3. ሐ - ḥä - /ħə/ - ሐመር (ḥämär) - burro
4. መ - mä - /mə/ - መጽሐፍ (mäṣhaf) - libro
5. ሠ - śä - /ɬə/ - ሠረዊት (śarawit) - ejército
6. ረ - rä - /rə/ - ረጋ (räga) - problema
7. ሰ - sä - /sə/ - ሰው (säw) - persona
8. ቀ - qä - /k'ə/ - ቀሪ (qäri) - pregonero
9. በ - bä - /bə/ - በቆሎ (bäqolo) - maíz
10. ተ - tä - /tə/ - ተመን (tämän) - tabaco
11. ቸ - čä - /tʃə/ - ቸርቻር (čärčar) - caña de azúcar
12. ኀ - ḫä - /xə/ - ኀበር (ḫäbär) - camarada

13. ነ - nä - /nə/ - ነጋዴ (nägade) - comerciante
14. ኘ - ñä - /ɲə/ - ኘር (ñär) - hierba
15. አ - ʾä - /ʔə/ - አህያ (ʾähya) - burro
16. ከ - kä - /kə/ - ከበሮ (käbäro) - tambor
17. ኸ - ḵä - /xə/ - ኸርምዝ (ḵärmz) - carmesí
18. ወ - wä - /wə/ - ወተት (wätät) - leche
19. ዐ - ʿä - /ʕə/ - ዐይን (ʿäyn) - ojo
20. ዘ - zä - /zə/ - ዘመን (zämän) - era
21. ዠ - žä - /ʒə/ - ዠመራ (žämära) - espejo
22. የ - yä - /jə/ - የብስ (yäbs) - algodón
23. ደ - dä - /də/ - ደም (däm) - sangre
24. ጀ - ǧä - /dʒə/ - ጀርባ (ǧärba) - espalda
25. ገ - gä - /gə/ - ገና (gäna) - Navidad
26. ጠ - ṭä - /tʼə/ - ጠላ (ṭäla) - cerveza
27. ጨ - čä - /tʃʼə/ - ጨርቅ (čärq) - tela
28. ጰ - p̣ä - /pʼə/ - ጰራ (p̣ära) - calabaza
29. ጸ - ṣä - /tsʼə/ - ጸጉር (ṣägur) - pelo
30. ፀ - ṣ̌ä - /sʼə/ - ፀሐይ (ṣ̌ähay) - sol
31. ፈ - fä - /fə/ - ፈረስ (färäs) - caballo
32. ፐ - pä - /pə/ - ፐፒሊት (päpilit) - papiro

Cada una de estas letras tiene siete formas diferentes, cada una representando un sonido vocálico diferente. Los sonidos vocálicos son:

- ə (sin marca vocálica)
- u
- i
- a
- e
- ə (schwa)
- o

Por ejemplo, la letra ሀ (hä) tendría las siguientes formas:

- ሀ - hä - /hə/
- ሁ - hu - /hu/
- ሂ - hi - /hi/
- ሃ - ha - /ha/
- ሄ - he - /he/
- ህ - hə - /hɨ/
- ሆ - ho - /ho/

La escritura etíope también incluye signos de puntuación y números. La escritura se ha adaptado para su uso con la tecnología moderna y es compatible con Unicode.

ENCICLOPEDIA DE LA ESCRITURA UNIVERSAL

𐤉𐤄𐤅𐤄𐤉

Fenicio

La escritura fenicia es un sistema de escritura abyad que fue utilizado por los antiguos fenicios, un pueblo de habla semítica que vivía en las regiones costeras del actual Líbano, Siria y el norte de Israel. La escritura estuvo en uso desde alrededor del 1200 a. C. hasta el siglo II a. C. y se cree que es el ancestro de muchas otras escrituras, incluidas la hebrea, la griega y la árabe.

La escritura fenicia consta de 22 letras consonánticas, escritas de derecha a izquierda. Generalmente no se escribían vocales, aunque ciertas letras consonantes (como ꜣ, ꜩ y ꜯ) a veces podían servir como indicadores vocálicos.

Aquí están las letras de la escritura fenicia, sus transliteraciones, pronunciaciones aproximadas y palabras de ejemplo:

1. ꜩ - ʾ - /ʔ/ - ꜯꜩꜯ (ʾnk) - "yo"
2. ꜫ - b - /b/ - ꜩꜫ (bt) - "hija"
3. ꜣ - g - /g/ - ꜣꜣꜣ (gbr) - "hombre"
4. ꜥ - d - /d/ - ꜥꜥꜥ (dbr) - "hablar"
5. ꜣ - h - /h/ - ꜩꜣ (hʾ) - "el/la/los/las"
6. ꜯ - w - /w/ - ꜯꜤꜯ (wlk) - "y para ti"
7. ꜦƸ - z - /z/ - OꜦꜦ (zrˤ) - "semilla"
8. ꜢƐ - ḥ - /ħ/ - ꜯꜦꜢ (ḥym) - "vida"
9. ⊕ - ṭ - /tˤ/ - ꜫ⊕ (ṭb) - "bueno"
10. ꜩ - y - /j/ - ꜥꜦ (yd) - "mano"

11. 𐤊 - k - /k/ - 𐤋𐤊 (kl) - "todo"
12. 𐤋 - l - /l/ - 𐤋𐤁 (lb) - "corazón"
13. 𐤌 - m - /m/ - 𐤌𐤋𐤊 (mlk) - "rey"
14. 𐤍 - n - /n/ - 𐤍𐤏𐤌 (nʿm) - "agradable"
15. 𐤎 - s - /s/ - 𐤎𐤐𐤓 (spr) - "escriba"
16. 𐤏 - ʿ - /ʕ/ - 𐤏𐤔𐤕𐤓𐤕 (ʿštrt) - "Astarté" (una diosa)
17. 𐤐 - p - /p/ - 𐤐𐤏𐤋 (pʿl) - "hacer"
18. 𐤑 - ṣ - /sˁ/ - 𐤑𐤃𐤍 (ṣdn) - "Sidón" (una ciudad)
19. 𐤒 - q - /q/ - 𐤒𐤋 (ql) - "voz"
20. 𐤓 - r - /r/ - 𐤓𐤁 (rb) - "grande"
21. 𐤔 - š - /ʃ/ - 𐤔𐤌𐤔 (šmš) - "sol"
22. 𐤕 - t - /t/ - 𐤕𐤌𐤍𐤕 (tmnt) - "ocho"

Palabras de ejemplo en fenicio:

1. 𐤀𐤇𐤓𐤌 - ʾḥrm - "Ahiram" (un nombre personal)
2. 𐤀𐤃𐤍 - ʾdn - "señor"
3. 𐤐𐤏𐤋𐤕 - pʿlt - "trabajo"

    La escritura fenicia se utilizaba para escribir en diversos materiales, como piedra, metal, tablillas de arcilla y papiro. La inscripción fenicia más famosa es el epitafio de Ahiram, que data de alrededor del 1000 a. C. y es uno de los ejemplos más antiguos conocidos de la escritura fenicia.

    No se puede exagerar la influencia de la escritura fenicia en el desarrollo de otros sistemas de escritura. Muchos alfabetos modernos, incluidos el latino y el cirílico, pueden rastrear sus orígenes hasta la escritura fenicia a través de sus descendientes, como las escrituras griega y aramea.

მხედრუ
ლი /
ნუსხური /
ასომთავ
რული

Georgiano (Mkhedruli, Nuskhuri, Asomtavruli)

La escritura georgiana se utiliza para escribir el idioma georgiano, que es el idioma oficial de Georgia, un país en la región del Cáucaso. Hay tres escrituras en el sistema de escritura georgiano: Mkhedruli, Nuskhuri y Asomtavruli. Mkhedruli es la escritura más utilizada en el georgiano moderno, mientras que Nuskhuri y Asomtavruli se utilizan principalmente con fines religiosos y decorativos.

Aquí están las letras de la escritura Mkhedruli en su orden nativo, junto con las transliteraciones al alfabeto romano, pronunciaciones IPA y palabras de ejemplo en georgiano:

1. ა - a - /a/ - არწივი (artsivi) - águila
2. ბ - b - /b/ - ბანანი (banani) - plátano
3. გ - g - /g/ - გული (guli) - corazón
4. დ - d - /d/ - დედა (deda) - madre
5. ე - e - /ɛ/ - ეშმაკი (eshmaki) - diablo
6. ვ - v - /v/ - ვარსკვლავი (varskvlavi) - estrella
7. ზ - z - /z/ - ზღარბი (zgharbi) - erizo
8. თ - t - /tʰ/ - თევზი (tevzi) - pez
9. ი - i - /i/ - ისტორია (ist'oria) - historia
10. კ - k' - /k'/ - კატა (k'at'a) - gato
11. ლ - l - /l/ - ლამაზი (lamazi) - hermoso
12. მ - m - /m/ - მთვარე (mtvare) - luna
13. ნ - n - /n/ - ნავი (navi) - barco

14. ო - o - /ɔ/ - ორი (ori) - dos
15. პ - p' - /p'/ - პური (p'uri) - pan
16. ჟ - zh - /ʒ/ - ჟირაფი (zhirapi) - jirafa
17. რ - r - /r/ - რძე (rdze) - leche
18. ს - s - /s/ - სახლი (sakhli) - casa
19. ტ - t' - /t'/ - ტყე (t'q'e) - bosque
20. უ - u - /u/ - ურემი (uremi) - carreta
21. ფ - p - /pʰ/ - ფანქარი (pankari) - lápiz
22. ქ - k - /kʰ/ - ქალაქი (kalaki) - ciudad
23. ღ - gh - /ɣ/ - ღვინო (ghvino) - vino
24. ყ - q' - /q'/ - ყვავილი (q'vavili) - flor
25. შ - sh - /ʃ/ - შაქარი (shakari) - azúcar
26. ჩ - ch - /tʃ/ - ჩიტი (chit'i) - pájaro
27. ც - ts - /ts/ - ცხენი (tskheni) - caballo
28. ძ - dz - /dz/ - ძაღლი (dzaghli) - perro
29. წ - ts' - /ts'/ - წიგნი (ts'igni) - libro
30. ჭ - ch' - /tʃ'/ - ჭადრაკი (ch'adraki) - ajedrez
31. ხ - kh - /x/ - ხილი (khili) - fruta
32. ჯ - j - /dʒ/ - ჯოხი (jokhi) - palo
33. ჰ - h - /h/ - ჰაერი (haeri) - aire

Las escrituras Nuskhuri y Asomtavruli tienen las mismas letras y pronunciaciones que Mkhedruli, pero con diferentes formas de letras.

El georgiano se escribe de izquierda a derecha y no utiliza letras mayúsculas. La escritura es unicameral, lo que significa que no hay distinción entre letras mayúsculas y minúsculas. El sistema de escritura georgiano también incluye algunos dígrafos, que son combinaciones de dos letras que representan un solo sonido, como "ဎဃ" (dgh) y "တဣ" (tkh).

ENCICLOPEDIA DE LA ESCRITURA UNIVERSAL

ΓΧΨΛΝ

Gótico

La escritura gótica, también conocida como el alfabeto gótico, se utilizó para escribir la lengua gótica, una lengua germánica oriental extinta hablada por los godos durante los siglos III al VIII d.C. La escritura fue creada en el siglo IV por Ulfilas, un obispo godo, quien la utilizó para traducir la Biblia al gótico.

La escritura gótica se basa principalmente en el alfabeto griego, con algunas letras adicionales derivadas de escrituras latinas y rúnicas. Consta de 27 letras, incluyendo algunos caracteres únicos que representan sonidos específicos del gótico.

Aquí están las letras de la escritura gótica, junto con sus transliteraciones y pronunciaciones:

1. 𐌀 - a - /a/
2. 𐌁 - b - /b/
3. 𐌂 - g - /g/
4. 𐌃 - d - /d/
5. 𐌄 - ē - /eː/
6. 𐌵 - q - /kʷ/
7. 𐌶 - z - /z/
8. 𐌷 - h - /h/
9. 𐌸 - þ - /θ/
10. 𐌹 - i - /i/
11. 𐌺 - k - /k/
12. 𐌻 - l - /l/

13. M - m - /m/
14. N - n - /n/
15. Ϭ - j - /j/
16. Π - u - /u/
17. Π - p - /p/
18. Ʀ - r - /r/
19. S - s - /s/
20. T - t - /t/
21. Y - w - /w/
22. Ϝ - f - /f/
23. X - x - /x/
24. Ο - ƕ - /hʷ/
25. Ϙ - ō - /oː/
26. ↑ - y - /y/, /i/
27. Ч - q - /kʷ/ (usada en préstamos del griego)

Ejemplos de palabras en gótico:

1. ΛΤΤΛ - atta - /atta/ - "padre"
2. ƁƦϘΨΛƦ - brōþar - /broːθar/ - "hermano"
3. SΠΝΠS - sunus - /sunus/ - "hijo"

La escritura gótica se utilizó principalmente para textos religiosos, siendo el más famoso la traducción de la Biblia de Ulfilas, conocida como el "Codex Argenteus" (Biblia de Plata). Esta traducción es el texto más antiguo conocido en una lengua germánica y proporciona información valiosa sobre la lengua gótica y su relación con otras lenguas germánicas.

Aunque la lengua y la escritura góticas cayeron en desuso tras el declive de los reinos godos, siguen siendo importantes para el estudio de la lingüística germánica y la historia de los sistemas de escritura. La escritura gótica también influyó en el desarrollo de otras escrituras, como la antigua escritura pérmica utilizada para la lengua komi.

Grantha

La escritura Grantha es una escritura del sur de la India que se utilizaba para escribir sánscrito y tamil clásico, principalmente en la región de Tamil Nadu. También se utilizó para escribir otras lenguas drávidas como el malayalam y el tulu. La escritura se originó alrededor del siglo V d.C. y se utilizó ampliamente hasta el siglo XIX, cuando fue gradualmente reemplazada por la escritura tamil moderna.

Grantha es una escritura abugida, lo que significa que cada consonante tiene una vocal inherente (generalmente /a/) que se puede modificar utilizando signos diacríticos para representar diferentes vocales. La escritura se escribe de izquierda a derecha.

Aquí hay algunos de los caracteres básicos de la escritura Grantha, junto con sus transliteraciones y pronunciaciones:

1. அ - a - /ə/
2. ஆ - ā - /aː/
3. இ - i - /i/
4. ஈ - ī - /iː/
5. உ - u - /u/
6. ஊ - ū - /uː/
7. எ - e - /e/
8. ஐ - ai - /ai/
9. ஒ - o - /o/
10. ஔ - au - /au/

ENCICLOPEDIA DE LA ESCRITURA UNIVERSAL

11. க - ka - /ka/
12. வ - kha - /kʰa/
13. ග - ga - /ga/
14. ஙh - gha - /gʱa/
15. ஜ - ṅa - /ŋa/
16. அ - ca - /ca/
17. ௨ற - cha - /cʰa/
18. ஜ - ja - /ɟa/
19. ஜh - jha - /ɟʱa/
20. ரு - ña - /ɲa/
21. ட - ṭa - /ʈa/
22. O - ṭha - /ʈʰa/
23. ஐ - ḍa - /ɖa/
24. ஐh - ḍha - /ɖʱa/
25. ண - ṇa - /ɳa/
26. த - ta - /t̪a/
27. ழ - tha - /t̪ʰa/
28. உ - da - /d̪a/
29. ழ - dha - /d̪ʱa/
30. ந - na - /na/
31. வ - pa - /pa/
32. ௶ - pha - /pʰa/
33. ப - ba - /ba/
34. ஐ - bha - /bʱa/
35. உ - ma - /ma/
36. ய - ya - /ja/

136

37. ர - ra - /ra/
38. ல - la - /la/
39. வ - va - /ʋa/
40. ஶ - śa - /ɕa/
41. ஷ - ṣa - /ʂa/
42. ஸ - sa - /sa/
43. ஹ - ha - /ɦa/

Ejemplos de palabras en sánscrito escritas con la escritura Grantha:

1. ராஜாயணம் - rāmāyaṇam - /raːmaːjəŋəm/ - "Ramayana"
2. ஹ்கவத்தா - bhagavadgītā - /bʱəɡəʋədgiːt̪aː/ - "Bhagavad Gita"
3. வெதிக ராஸ் - vaidika śāstra - /ʋaid̪ikə ɕaːst̪rə/ - "Escritura védica"

La escritura Grantha jugó un papel crucial en el desarrollo de la literatura sánscrita y la difusión del hinduismo en el sur de la India. Muchas obras importantes en sánscrito, incluyendo textos religiosos, tratados filosóficos y composiciones literarias, fueron escritas utilizando la escritura Grantha.

Hoy en día, aunque la escritura Grantha no se utiliza ampliamente para la escritura cotidiana, todavía es estudiada por académicos y utilizada en algunos contextos religiosos tradicionales. La escritura ha sido incluida en el estándar Unicode, asegurando su preservación y facilitando su uso en medios digitales.

Ελληνικά

Griego

La escritura griega se utiliza para escribir la lengua griega, que es el idioma oficial de Grecia y Chipre. También se reconoce como lengua minoritaria en partes de Italia, Turquía y Albania. La escritura griega tiene una larga historia que se remonta al siglo VIII a.C. y ha influido en el desarrollo de varios otros sistemas de escritura, incluyendo las escrituras cirílica y latina.

Aquí están las letras de la escritura griega en su orden nativo, junto con las transliteraciones al alfabeto romano, las pronunciaciones IPA y ejemplos de palabras en griego:

1. Α α - Alfa - /a/ - αλφάβητο (alfávito) - alfabeto
2. Β β - Beta - /v/ - βιβλίο (vivlío) - libro
3. Γ γ - Gamma - /ɣ/ o /j/ - γάτα (γáta) - gato
4. Δ δ - Delta - /ð/ - δέντρο (ðéndro) - árbol
5. Ε ε - Épsilon - /e/ - ελέφαντας (eléfandas) - elefante
6. Ζ ζ - Zeta - /z/ - ζέβρα (zévra) - cebra
7. Η η - Eta - /i/ - ήλιος (ílios) - sol
8. Θ θ - Theta - /θ/ - θάλασσα (thálasa) - mar
9. Ι ι - Iota - /i/ - ιστορία (istoría) - historia
10. Κ κ - Kappa - /k/ - καφές (kafés) - café
11. Λ λ - Lambda - /l/ - λεμόνι (lemóni) - limón
12. Μ μ - Mu - /m/ - μήλο (mílo) - manzana
13. Ν ν - Nu - /n/ - νερό (neró) - agua
14. Ξ ξ - Xi - /ks/ - ξένος (ksénos) - extranjero
15. Ο ο - Ómicron - /o/ - όνομα (ónoma) - nombre
16. Π π - Pi - /p/ - πόλη (póli) - ciudad

17. Ρ ρ - Rho - /r/ - ρόδο (ródo) - rosa
18. Σ σ/ς - Sigma - /s/ - σπίτι (spíti) - casa
19. Τ τ - Tau - /t/ - τυρί (tirí) - queso
20. Υ υ - Ípsilon - /i/ - ύπνος (ípnos) - sueño
21. Φ φ - Fi - /f/ - φίλος (fílos) - amigo
22. Χ χ - Ji - /x/ - χρώμα (xróma) - color
23. Ψ ψ - Psi - /ps/ - ψάρι (psári) - pez
24. Ω ω - Omega - /o/ - ώρα (óra) - hora

Tenga en cuenta que en el griego moderno, las letras Eta (Η) e Ípsilon (Υ) se pronuncian ambas como /i/, y la letra Omega (Ω) se pronuncia igual que Ómicron (Ο), que es /o/.

La escritura griega también incluye signos diacríticos, como el acento agudo ('), el acento grave (`), y la diéresis (¨), que se utilizan para indicar la tonicidad y las combinaciones de vocales.

El griego se escribe de izquierda a derecha, y la escritura incluye signos de puntuación similares a los utilizados en la escritura latina, como la coma (,), el punto (.), y el signo de interrogación (;).

ENCICLOPEDIA DE LA ESCRITURA UNIVERSAL

ENCICLOPEDIA DE LA ESCRITURA UNIVERSAL

ગુજરાતી

Gujarati

La escritura gujarati, también conocida como Gujarātī Lipi, se utiliza para escribir la lengua gujarati, que se habla principalmente en el estado indio de Gujarat. La escritura también se utiliza para escribir otras lenguas como el kutchi y el avéstico. El gujarati es un sistema de escritura abugida, lo que significa que cada consonante tiene una vocal inherente que se puede modificar o silenciar utilizando signos diacríticos. La escritura se escribe de izquierda a derecha.

Aquí están las letras de la escritura gujarati en su orden nativo, junto con las transliteraciones al alfabeto romano, las pronunciaciones IPA y ejemplos de palabras en gujarati:

Vocales (સ્વર):

1. અ - a - /ə/ - અનાર (anār) - granada
2. આ - ā - /ɑ/ - આમ (ām) - mango
3. ઇ - i - /i/ - ઇમલી (imlī) - tamarindo
4. ઈ - ī - /iː/ - ઈખ (īkh) - caña de azúcar
5. ઉ - u - /u/ - ઉદર (undar) - ratón
6. ઊ - ū - /uː/ - ઊન (ūn) - lana
7. ઋ - r̥ - /rɨ/ - ઋતુ (r̥tu) - estación
8. એ - e - /e/ - એરંડો (eraṇḍo) - ricino
9. ઐ - ai - /ɛː/ - ઐરાવત (airāvat) - Airavata (elefante mítico)

10. ઓ - o - /o/ - ઓવારો (ovāro) - porche
11. ઔ - au - /ɔː/ - ઔષધ (auṣadh) - medicina
12. અં - aṃ - /əŋ/ - અંક (aṅk) - número
13. અઃ - aḥ - /əh/ - અહંકાર (ahaṅkār) - ego

Consonantes (વ્યંજન):

1. ક - ka - /k/ - કેરી (kerī) - mango
2. ખ - kha - /kʰ/ - ખજૂર (khajūr) - dátil
3. ગ - ga - /g/ - ગાય (gāy) - vaca
4. ઘ - gha - /gʱ/ - ઘંટી (ghaṇṭī) - campana
5. ઙ - ṅa - /ŋ/ - ઙ (ṅa) - (usada en préstamos del sánscrito)
6. ચ - ca - /tʃ/ - ચા (cā) - té
7. છ - cha - /tʃʰ/ - છત્રી (chatrī) - paraguas
8. જ - ja - /dʒ/ - જમરુખ (jamrukh) - pomarrosa
9. ઝ - jha - /dʒʱ/ - ઝાકળ (jhākaḷ) - rocío
10. ઞ - ña - /ɲ/ - ઞ (ña) - (usada en préstamos del sánscrito)
11. ટ - ṭa - /ṭ/ - ટમેટું (ṭameṭuṁ) - tomate
12. ઠ - ṭha - /ṭʰ/ - ઠંડુ (ṭhaṇḍu) - frío
13. ડ - ḍa - /ḍ/ - ડમરું (ḍamaruṁ) - higo
14. ઢ - ḍha - /ḍʱ/ - ઢોલ (ḍhol) - tambor
15. ણ - ṇa - /ṇ/ - ણ (ṇa) - (usada en préstamos del sánscrito)

16. ત - ta - /t̪/ - તરબૂચ (tarabūc) - sandía
17. થ - tha - /t̪ʰ/ - થાળી (thāḷī) - plato
18. દ - da - /d̪/ - દાળ (dāḷ) - lentejas
19. ધ - dha - /d̪ʱ/ - ધાન (dhān) - arroz en cáscara
20. ન - na - /n/ - નારિયેળ (nāriyeḷ) - coco
21. પ - pa - /p/ - પાણી (pāṇī) - agua
22. ફ - pha - /pʰ/ - ફળ (phaḷ) - fruta
23. બ - ba - /b/ - બગીચો (bagīco) - jardín
24. ભ - bha - /bʱ/ - ભમરો (bhamaro) - abeja
25. મ - ma - /m/ - મગ (mag) - frijol mungo
26. ય - ya - /j/ - યમુના (yamunā) - río Yamuna
27. ર - ra - /ɾ/ - રાત (rāt) - noche
28. લ - la - /l/ - લીંબુ (līmbu) - limón
29. વ - va - /v/ - વરસાદ (varasād) - lluvia
30. શ - śa - /ʃ/ - શેર (śer) - león
31. ષ - ṣa - /ʂ/ - ષટકોણ (ṣaṭkoṇ) - hexágono
32. સ - sa - /s/ - સફરજન (sapharjan) - membrillo
33. હ - ha - /ɦ/ - હાથી (hāthī) - elefante
34. ળ - ḷa - /ɭ/ - ળ (ḷa) - (usada en préstamos del sánscrito)
35. ક્ષ - kṣa - /kʃ/ - ક્ષમા (kṣamā) - perdón
36. જ્ઞ - jña - /gn/ - જ્ઞાન (jñān) - conocimiento

La escritura gujarati también incluye varios signos diacríticos para modificar vocales y consonantes, así como símbolos adicionales para consonantes conjuntas, puntuación y numerales.

ENCICLOPEDIA DE LA ESCRITURA UNIVERSAL

ENCICLOPEDIA DE LA ESCRITURA UNIVERSAL

ਗੁਰਮੁਖੀ

Gurmukhi

La escritura gurmukhi se utiliza principalmente para escribir la lengua panyabí, que se habla en el estado indio de Punjab y en Pakistán. También se utiliza para escribir otras lenguas, como el braj bhasha y el haryanvi. La escritura fue estandarizada por el segundo gurú sij, Gurú Angad Dev Ji, en el siglo XVI. El gurmukhi es un sistema de escritura abugida, donde cada consonante tiene una vocal inherente que se puede modificar o silenciar utilizando signos diacríticos. La escritura se escribe de izquierda a derecha.

Aquí están las letras de la escritura gurmukhi en su orden nativo, junto con las transliteraciones al alfabeto romano, las pronunciaciones IPA y ejemplos de palabras en panyabí:

Vocales (ਲਗਾਂ ਮਾਤਰਾ):

1. ਅ - a - /ə/ - ਅੰਬ (amb) - mango
2. ਆ - ā - /a:/ - ਆਲੂ (ālū) - patata
3. ਇ - i - /ɪ/ - ਇੱਟ (iṭṭ) - ladrillo
4. ਈ - ī - /i:/ - ਈਖ (īkh) - caña de azúcar
5. ਉ - u - /ʊ/ - ਉੱਲੂ (ullū) - búho
6. ਊ - ū - /u:/ - ਊਨ (ūn) - lana
7. ਏ - e - /e:/ - ਏਰਾਂ (erāṁ) - escaleras
8. ਐ - ai - /ɛ:/ - ਐਨਕ (ainak) - gafas
9. ਓ - o - /o:/ - ਓਟ (oṭ) - labio
10. ਔ - au - /ɔ:/ - ਔਖਾ (aukhā) - difícil

ENCICLOPEDIA DE LA ESCRITURA UNIVERSAL

Consonantes (ਵਿਅੰਜਨ):

1. ੳ - ura - /ʊɾaː/ - ਉੜਦ (uṛad) - lenteja negra
2. ਕ - ka - /k/ - ਕਿਤਾਬ (kitāb) - libro
3. ਖ - kha - /kʰ/ - ਖਰਗੋਸ਼ (khargosh) - conejo
4. ਗ - ga - /g/ - ਗਾਜਰ (gājar) - zanahoria
5. ਘ - gha - /gʱ/ - ਘੜਾ (ghaṛā) - cántaro
6. ਙ - ṅa - /ŋ/ - ਙ (ṅa) - (usada en préstamos del sánscrito)
7. ਚ - ca - /t͡ʃ/ - ਚਾਹ (cāh) - té
8. ਛ - cha - /t͡ʃʰ/ - ਛੱਤ (chatt) - techo
9. ਜ - ja - /d͡ʒ/ - ਜੰਗਲ (jaṅgal) - selva
10. ਝ - jha - /d͡ʒʱ/ - ਝੰਡਾ (jhaṇḍā) - bandera
11. ਞ - ña - /ɲ/ - ਞ (ña) - (usada en préstamos del sánscrito)
12. ਟ - ṭa - /ʈ/ - ਟਮਾਟਰ (ṭamāṭar) - tomate
13. ਠ - ṭha - /ʈʰ/ - ਠੰਡਾ (ṭhaṇḍā) - frío
14. ਡ - ḍa - /ɖ/ - ਡੱਬਾ (ḍabbā) - caja
15. ਢ - ḍha - /ɖʱ/ - ਢੋਲ (ḍhol) - tambor
16. ਣ - ṇa - /ɳ/ - ਣ (ṇa) - (usada en préstamos del sánscrito)
17. ਤ - ta - /t̪/ - ਤਰਬੂਜ (tarbūj) - sandía
18. ਥ - tha - /t̪ʰ/ - ਥਾਲ (thāl) - plato
19. ਦ - da - /d̪/ - ਦਾਲ (dāl) - lentejas

20. ਧ - dha - /d̪ʱ/ - ਧੀ (dhī) - hija
21. ਨ - na - /n/ - ਨਾਰੀਅਲ (nārīal) - coco
22. ਪ - pa - /p/ - ਪਾਣੀ (pāṇī) - agua
23. ਫ - pha - /pʰ/ - ਫੁੱਲ (phull) - flor
24. ਬ - ba - /b/ - ਬੱਦਲ (baddal) - nube
25. ਭ - bha - /bʱ/ - ਭਾਲੂ (bhālū) - oso
26. ਮ - ma - /m/ - ਮੱਛੀ (macchī) - pez
27. ਯ - ya - /j/ - ਯਾਤਰਾ (yātrā) - viaje
28. ਰ - ra - /ɾ/ - ਰੱਸੀ (rassī) - cuerda
29. ਲ - la - /l/ - ਲੱਡੂ (laḍḍū) - laddu (dulce)
30. ਵ - va - /v/ - ਵਰਖਾ (varkhā) - lluvia
31. ੜ - ṛa - /ɽ/ - ਪਹਾੜ (pahāṛ) - montaña
32. ਸ਼ - śa - /ʃ/ - ਸ਼ੇਰ (śer) - león
33. ਸ - sa - /s/ - ਸੇਬ (seb) - manzana
34. ਹ - ha - /ɦ/ - ਹਾਥੀ (hāthī) - elefante
35. ਖ਼ - xa - /x/ - ਖ਼ੁਦਾ (xudā) - Dios
36. ਗ਼ - ġa - /ɣ/ - ਮਾਗ਼ (māġ) - carril
37. ਜ਼ - za - /z/ - ਜ਼ਮੀਨ (zamīn) - tierra
38. ਫ਼ - fa - /f/ - ਫ਼ੌਜ (fauj) - ejército
39. ਲ਼ - ḷa - /ɭ/ - ਗਾਲ਼ (gaḷ) - solución

La escritura gurmukhi también incluye varios signos diacríticos para modificar vocales y consonantes, así como símbolos adicionales para consonantes conjuntas, puntuación y numerales.

ENCICLOPEDIA DE LA ESCRITURA UNIVERSAL

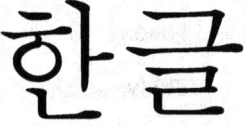

Hangul (Coreano)

La escritura hangul, también conocida como hangeul, se utiliza para escribir la lengua coreana, que es el idioma oficial de Corea del Sur y Corea del Norte. También la utilizan los coreanos étnicos en otros países, como China, Japón y Estados Unidos. La escritura fue inventada en 1443 por el rey Sejong el Grande y un grupo de académicos durante la dinastía Joseon. El hangul es un sistema de escritura fonético, donde las formas de las letras están diseñadas para imitar las características físicas de los sonidos que representan. La escritura se escribe de izquierda a derecha, con espacios entre las palabras.

Aquí están las letras de la escritura hangul en su orden nativo, junto con las transliteraciones al alfabeto romano, las pronunciaciones IPA y ejemplos de palabras en coreano:

Consonantes (자음):
1. ㄱ - g - /k/, /g/ - 가방 (gabang) - bolso
2. ㄲ - kk - /k̚/ - 깨끗하다 (kkaekkuthada) - estar limpio
3. ㄴ - n - /n/ - 나무 (namu) - árbol
4. ㄷ - d - /t/, /d/ - 다리 (dari) - puente
5. ㄸ - tt - /t̚/ - 땅 (ttang) - tierra
6. ㄹ - r - /ɾ/, /l/ - 라면 (ramyeon) - ramen
7. ㅁ - m - /m/ - 먹다 (meokda) - comer
8. ㅂ - b - /p/, /b/ - 바다 (bada) - mar
9. ㅃ - pp - /p̚/ - 빠르다 (ppareuda) - ser rápido
10. ㅅ - s - /s/ - 사과 (sagwa) - manzana

ENCICLOPEDIA DE LA ESCRITURA UNIVERSAL

11. ㅆ - ss - /s̩/ - 싸우다 (ssauda) - pelear
12. ㅇ - ng - /ŋ/ - 공부 (gongbu) - estudio
13. ㅈ - j - /tɕ/, /dʑ/ - 자전거 (jajeoneo) - bicicleta
14. ㅉ - jj - /tɕ̬/ - 찌개 (jjigae) - estofado
15. ㅊ - ch - /tɕʰ/ - 책 (chaek) - libro
16. ㅋ - k - /kʰ/ - 코끼리 (kokkiri) - elefante
17. ㅌ - t - /tʰ/ - 토마토 (tomato) - tomate
18. ㅍ - p - /pʰ/ - 피아노 (piano) - piano
19. ㅎ - h - /h/ - 하늘 (haneul) - cielo

Vocales (모음):

1. ㅏ - a - /a/ - 아기 (agi) - bebé
2. ㅐ - ae - /ɛ/ - 개 (gae) - perro
3. ㅑ - ya - /ja/ - 약 (yak) - medicina
4. ㅒ - yae - /jɛ/ - 애기 (yaegi) - historia
5. ㅓ - eo - /ʌ/ - 언니 (eonni) - hermana mayor
6. ㅔ - e - /e/ - 에어컨 (eeokon) - aire acondicionado
7. ㅕ - yeo - /jʌ/ - 여자 (yeoja) - mujer
8. ㅖ - ye - /je/ - 예쁘다 (yeppeuda) - ser guapo/a
9. ㅗ - o - /o/ - 오이 (oi) - pepino
10. ㅘ - wa - /wa/ - 과자 (gwaja) - bocadillo
11. ㅙ - wae - /wɛ/ - 괜찮다 (gwaenchanhda) - estar bien
12. ㅚ - oe - /ø/ or /we/ - 뇌 (noe) - cerebro
13. ㅛ - yo - /jo/ - 요리 (yori) - cocina
14. ㅜ - u - /u/ - 우유 (uyu) - leche
15. ㅝ - wo - /wʌ/ - 원숭이 (wonsungi) - mono
16. ㅞ - we - /we/ - 웨이터 (weiteo) - camarero

17. ㅟ - wi - /ɥi/ - 위 (wi) - arriba
18. ㅠ - yu - /ju/ - 유치원 (yuchiwon) - jardín de infancia
19. ㅡ - eu - /ɯ/ - 은행 (eunhaeng) - banco
20. ㅢ - ui - /ɯi/ - 의사 (uisa) - médico
21. ㅣ - i - /i/ - 이빨 (ippal) - diente

Las letras hangul se combinan para formar bloques silábicos, y cada bloque normalmente consta de una consonante seguida de una vocal y, a veces, una consonante final. Por ejemplo, la palabra 한글 (Hangeul), que significa "escritura coreana", se compone de dos bloques silábicos: 한 (han) y 글 (geul).

ENCICLOPEDIA DE LA ESCRITURA UNIVERSAL

Hanunó'o

La escritura hanunó'o es utilizada por el pueblo hanunó'o mangyan, un grupo indígena que vive en la isla de Mindoro en Filipinas. La escritura se utiliza para escribir la lengua hanunó'o, que pertenece a la rama malayo-polinesia de la familia de lenguas austronesias. La escritura hanunó'o es un sistema de escritura abugida, donde cada consonante tiene una vocal inherente /a/, que se puede cambiar o cancelar añadiendo signos diacríticos. La escritura se escribe tradicionalmente en tiras de bambú con un cuchillo, y la dirección de la escritura es de abajo hacia arriba y de izquierda a derecha.

Aquí están las letras de la escritura hanunó'o, junto con sus transliteraciones al alfabeto romano, las pronunciaciones IPA y ejemplos de palabras en hanunó'o:

1. ᜱ - a - /a/ - ᜱᜲ (araw) - sol
2. ᜲ - i - /i/ - ᜲ᜵ (inm) - beber
3. ᜳ - u - /u/ - ᜳ᜵ (uran) - lluvia
4. ᜠ - ka - /ka/ - ᜠᜢ (kahuy) - árbol
5. ᜡ - ga - /ga/ - ᜡ᜵ (gabi) - noche
6. ᜢ - nga - /ŋa/ - ᜢ᜵ (ngaran) - nombre
7. ᜧ - ta - /ta/ - ᜧ᜵ (tagun) - año
8. ᜨ - da - /da/ - ᜨ᜵ (dagat) - mar
9. ᜪ - na - /na/ - ᜪ᜵ (naga) - estar seco
10. ᜫ - pa - /pa/ - ᜫᜫ᜵ (pangan) - comida
11. ᜭ - ba - /ba/ - ᜭ᜵ (bagun) - nuevo

12. ᜋ - ma - /ma/ - ᜋᜏ (mata) - ojo

13. ᜌ - ya - /ja/ - ᜌᜇᜓ (yadu) - traer

14. – - la - /la/ - –ᜃᜒ (lapad) - ancho

15. ᜏ - wa - /wa/ - ᜏ–ᜎ (walay) - casa

16. ᜐ - sa - /sa/ - ᜐᜊᜓ (sabaw) - sopa

17. ᜑ - ha - /ha/ - ᜑᜋᜈ (hambalan) - puerta

La escritura hanunó'o también incluye tres signos diacríticos vocálicos:

- ᜒ - i - /i/ - cambia la vocal inherente a /i/
- ᜓ - u - /u/ - cambia la vocal inherente a /u/
- ○ virama - cancela la vocal inherente

Aquí hay un ejemplo de una palabra que utiliza los signos diacríticos vocálicos:

- ᜏᜓᜊᜓ (tubu) - crecer

Además de las letras básicas y los signos diacríticos vocálicos, la escritura hanunó'o tiene una característica única llamada "pamudpod", representada por el símbolo . El pamudpod se utiliza para indicar la oclusión glotal (/ʔ/) al final de una sílaba o para separar dos vocales consecutivas.

Ejemplo:

- 7–∥ (ba'lu) - viuda

Debido a los limitados recursos disponibles sobre la lengua hanunó'o, las palabras de ejemplo proporcionadas pueden no ser precisas o completas.

ENCICLOPEDIA DE LA ESCRITURA UNIVERSAL

עִבְרִית

Hebreo

La escritura hebrea, también conocida como el alfabeto hebreo, es un sistema de escritura abyad utilizado principalmente para escribir la lengua hebrea, así como otras lenguas judías como el yiddish y el ladino. El hebreo es el idioma oficial de Israel y es utilizado por las comunidades judías de todo el mundo con fines religiosos y culturales. La escritura se escribe de derecha a izquierda.

Aquí están las letras de la escritura hebrea en su orden nativo, junto con las transliteraciones al alfabeto romano, las pronunciaciones IPA y ejemplos de palabras en hebreo:

1. א - Alef - /ʔ/ o muda - אֱמֶת (emet) - verdad
2. בּ - Bet con daguesh - /b/ - בַּיִת (bayit) - casa
3. ב - Vet - /v/ - וֶרֶד (varad) - rosa
4. ג - Guímel - /g/ - גָּמָל (gamal) - camello
5. ד - Dálet - /d/ - דָּג (dag) - pez
6. ה - Je - /h/ - הַר (har) - montaña
7. ו - Vav - /v/ o /u/ - וֶרֶד (vered) - rosa
8. ז - Zayin - /z/ - זֶמֶר (zemer) - canción
9. ח - Jet - /ħ/ o /x/ - חָתוּל (ḥatul) - gato
10. ט - Tet - /t/ - טֶלֶפוֹן (telefon) - teléfono
11. י - Yod - /j/ o /i/ - יָרֵחַ (yareaḥ) - luna
12. כּ - Kaf con daguesh - /k/ - כֶּלֶב (kelev) - perro
13. כ - Jaf - /x/ o /ħ/ - סְפָרִים (sfarim) - libros
14. ל - Lámed - /l/ - לִימוֹן (limon) - limón
15. מ - Mem - /m/ - מַיִם (mayim) - agua
16. נ - Nun - /n/ - נֶשֶׁר (nesher) - águila

17. ס - Sámek - /s/ - סֵפֶר (sefer) - libro
18. ע - Áyin - /ʔ/ o muda - עִיר (ir) - ciudad
19. פ - Pe con daguesh - /p/ - פַּרְפַּר (parpar) - mariposa
20. פ - Fe - /f/ - פִּיל (fil) - elefante
21. צ - Tsadi - /ts/ - צִפּוֹר (tsipor) - pájaro
22. ק - Qof - /k/ - קוֹף (kof) - mono
23. ר - Resh - /ʀ/ o /r/ - רֹאשׁ (rosh) - cabeza
24. שׁ - Shin con punto shin - /ʃ/ - שֶׁמֶשׁ (shemesh) - sol
25. שׂ - Sin con punto sin - /s/ - שִׂמְלָה (simlah) - vestido
26. ת - Tav - /t/ - תַּפּוּחַ (tapuaḥ) - manzana

 Además de las consonantes, el hebreo utiliza un sistema de puntos vocálicos llamado "niqqud" para indicar los sonidos vocálicos. Sin embargo, estos puntos vocálicos generalmente se omiten en la escritura cotidiana y se utilizan principalmente en textos religiosos, poesía y materiales para el aprendizaje de idiomas.

 La escritura hebrea también incluye formas finales para cinco letras (כ, מ, נ, פ, צ) cuando aparecen al final de una palabra, así como algunos signos diacríticos y signos de puntuación.

ENCICLOPEDIA DE LA ESCRITURA UNIVERSAL

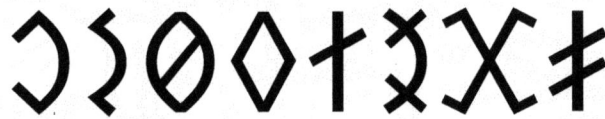

ENCICLOPEDIA DE LA ESCRITURA UNIVERSAL

Húngaro Antiguo

El húngaro antiguo, también conocido como alfabeto rúnico húngaro o rovás székely-húngaro, es un sistema de escritura alfabético utilizado para escribir el idioma húngaro antes de la adopción del alfabeto latino. Se cree que el alfabeto estuvo en uso desde el siglo VII d. C. hasta el siglo XI d. C., aunque algunos usos aislados continuaron incluso más tarde. El alfabeto húngaro antiguo está relacionado con el alfabeto turco antiguo y se escribe de derecha a izquierda.

El alfabeto húngaro antiguo consta de 42 letras, cada una de las cuales representa un fonema en el idioma húngaro. Las letras se componen de líneas rectas y, a menudo, se describen como de apariencia "rúnica". Aquí hay algunas de las letras húngaras antiguas, sus transliteraciones, pronunciaciones aproximadas y ejemplos de palabras:

1. ᛃ - A - /ɒ/ - ᛞᛃᚺᛃ (apa) - "padre"
2. X - B - /b/ - ⊘ᛃX (bab) - "frijol"
3. ᚖ - C - /ts/ - ⊘ᛆᚖ (cél) - "meta"
4. ↑ - D - /d/ - ᛃ↑Kᛏ (duda) - "gaita"
5. ᛝ - E - /ɛ/ - ⊘Kᛏᛞᛝ (erdő) - "bosque"
6. ᛌ - F - /f/ - ᛃᛌ (fa) - "árbol"
7. ⊗ - G - /g/ - ᛃ⚵⊘K⊗ (gulya) - "rebaño"
8. ⚵ - H - /h/ - ⊘ᛃ⚵ (hal) - "pez"
9. ᛏ - I - /i/ - ᛏᚺᛏ (ipi) - "diminuto"
10. ᛃ - J - /j/ - ⚵Kᛃ (juh) - "oveja"
11. ◊ - K - /k/ - ᛃᚺK◊ (kupa) - "taza"
12. ⊘ - L - /l/ - ᚺᛃ⊘ (lap) - "página"

ENCICLOPEDIA DE LA ESCRITURA UNIVERSAL

13. 𐳢 - M - /m/ - ᚪᚻ𐳢 (méz) - "miel"
14. ꓛ - N - /n/ - 𐳄ᚻꓛ (nap) - "día"
15. ⟩ - O - /o/ - KΘΘ⟩ (olló) - "tijeras"
16. 𐰡 - P - /p/ - 𐰡ᚻ𐰡 (pap) - "sacerdote"
17. 𐋏 - R - /r/ - 𐊕ᚻ𐋏 (róka) - "zorro"
18. ⌐ - S - /ʃ/ - ᛉᚻ⌐ (sajt) - "queso"
19. ᛉ - T - /t/ - ᚻᚻᛉ (tej) - "leche"
20. 𐊅 - U - /u/ - ᛉ𐊅 (út) - "camino"
21. ᛉ - V - /v/ - 𐋏ᚻᛉ (vár) - "castillo"
    ○ Z - /z/ - 𐋏ᚻ (zár) - "cerradura"

Ejemplos de palabras en húngaro escritas en alfabeto húngaro antiguo:

1. ᛉᚻᛉᚻᚻᚪ⌐ - szeretet - "amor"
2. 𐋏ᚻX𐳢ᚻ - ember - "hombre"
3. ᛉΘKꓛ - föld - "tierra"

Aunque el alfabeto húngaro antiguo no se utiliza ampliamente en la actualidad, sigue siendo una parte importante del patrimonio cultural húngaro. Se han realizado esfuerzos para revivir y popularizar el alfabeto, y ahora está incluido en el estándar Unicode, lo que permite su uso en la comunicación digital.

ENCICLOPEDIA DE LA ESCRITURA UNIVERSAL

Ideogramas de Lineal B

El Lineal B es una escritura silábica utilizada en la antigua Grecia, principalmente durante el período micénico (c. 1450-1200 a.C.). La escritura se utilizaba para escribir una forma temprana de griego, ahora conocida como griego micénico. Además de los signos silábicos, el Lineal B también incluye un conjunto de ideogramas o logogramas, que representan objetos, mercancías o conceptos directamente, en lugar de sonidos fonéticos.

Aquí hay algunos ejemplos de ideogramas de Lineal B, junto con sus significados:

1. 𐂀 - hombre
2. 𐂁 - mujer
3. 𐂂 - caballo
4. 𐂃 - ganado
5. 𐂄 - oveja
6. 𐂅 - cabra
7. 𐂆 - cerdo
8. 𐂇 - perro
9. 𐂈 - ciervo
10. 𐂉 - équido (animal parecido al caballo)
11. 𐂊 - carro
12. 𐂋 - rueda
13. 𐂌 - grano
14. 𐂍 - cebada

15. ⏶ - aceituna
16. ⏷ - especia
17. ⏶ - vino
18. ⏶ - aceite
19. ⏶ - oro
20. ⏶ - bronce
21. ⏶ - tela
22. ⏶ - lana
23. ⏶ - lino
24. ⏶ - miel
25. ⏶ - higo
26. ⏶ - espada
27. ⏶ - lanza
28. ⏶ - flecha
29. ⏶ - arco
30. ⏶ - escudo

Estos ideogramas se utilizaban en registros administrativos, inventarios y documentos contables para representar los diversos bienes, recursos y elementos que eran importantes para la economía y la sociedad micénicas. A menudo iban acompañados de numerales que indicaban cantidades y de signos silábicos para mayor aclaración o contexto.

El desciframiento del Lineal B a mediados del siglo XX por Michael Ventris y John Chadwick fue un avance significativo en la comprensión de la civilización micénica y la lengua griega temprana. Los ideogramas desempeñaron un papel crucial en este desciframiento, ya que proporcionaron contexto y significado a los signos silábicos y ayudaron a comprender el contenido de las tablillas de Lineal B.

ENCICLOPEDIA DE LA ESCRITURA UNIVERSAL

ATTEFSLM

Itálico Antiguo

Itálico antiguo es una familia de alfabetos utilizados en la península italiana, incluyendo el etrusco, el osco, el umbro y otros idiomas, antes del auge del Imperio Romano y la adopción generalizada del alfabeto latino. Estos alfabetos se utilizaron desde alrededor del siglo VII a. C. hasta el siglo I a. C. Los alfabetos itálicos antiguos se derivan del alfabeto griego y se escriben de derecha a izquierda.

El alfabeto itálico antiguo más conocido es el alfabeto etrusco, que se utilizaba para escribir el idioma etrusco, un idioma preindoeuropeo hablado en la antigua Etruria (actual Toscana, el oeste de Umbría y el norte del Lacio). Otros alfabetos itálicos antiguos notables incluyen el alfabeto osco, utilizado para el idioma osco, y el alfabeto umbro, utilizado para el idioma umbro, ambos de los cuales son idiomas itálicos extintos relacionados con el latín.

Aquí hay algunas de las letras del itálico antiguo (etrusco), sus transliteraciones, pronunciaciones aproximadas y ejemplos de palabras:

1. Ꭺ - A - /a/ - ᎪᎢᎠᏁ (aran) - "año"
2. B - B - /b/ - BᎪBᎪ (baba) - "padre"
3. C - C - /k/ - CᎬLV (celu) - "tierra"
4. D - D - /d/ - DVᏁ (dun) - "dar"
5. E - E - /e/ - ELᎪM (elaq) - "aceite"
6. F - V - /w/ - FEL (vel) - "y"
7. ⟊ - Z - /z/ - ⟊ILᎪID (zilaid) - "escribió"

8. ᛖ - H - /h/ - ᛖᛖᛏᛖ (herm) - "estatua"
9. I - I - /i/ - IᛏA (ipa) - "beber"
10. K - K - /k/ - KAᛏᛖ (kape) - "tomar"
11. L - L - /l/ - LAMIS (lapis) - "piedra"
12. M - M - /m/ - MAᛏI (mapi) - "tumba"
13. N - N - /n/ - NACᛖ (nace) - "nacido"
14. O - O - /o/ - OSCᛖ (osce) - "hacer"
15. Γ - P - /p/ - ΓVIA (puia) - "esposa"
16. M - Q - /kʷ/ - MVI (qui) - "quién"
17. Þ - R - /r/ - ÞᛖCᛖ (rece) - "gobernar"
18. S - S - /s/ - Sᛖᛖ8 (semq) - "siete"
19. ᛏ - T - /t/ - ᛏAMIADI (tamiadi) - "construir"
20. V - U - /u/ - VNIAL (unial) - "de la familia"
21. X - Ś - /ʃ/ - Xᛖᛏᛖᛖᛖ (śeqre) - "siguiendo"
22. Φ - Φ - /pʰ/ - ΦᛖÞSV (φersu) - "máscara"
23. Ψ - Ψ - /kʰ/ - ΨAᛏASᛏÞᛖS (ψarastres) - "Perséfone"

Ejemplos de palabras en etrusco escritas en alfabeto itálico antiguo:

1. AᛖILS - avils - "años"
2. ᛏVÞVCᛖ - turuce - "dio"
3. LAVᛏVMᛖᛏA - lautumeta - "familia"

Los alfabetos itálicos antiguos proporcionan información valiosa sobre los idiomas y las culturas de la Italia prerromana. Se utilizaron para diversos fines, incluidas las inscripciones en lápidas, dedicatorias y otros monumentos públicos. El estudio de las inscripciones itálicas antiguas ha contribuido a nuestra comprensión del etrusco, el osco, el umbro y otros idiomas antiguos de Italia, así como a la historia y la arqueología de la región.

ひらがな

ENCICLOPEDIA DE LA ESCRITURA UNIVERSAL

Japonés (Hiragana)

Hiragana (ひらがな) es una de las tres escrituras utilizadas en el sistema de escritura japonés, junto con el katakana y el kanji. El hiragana se utiliza para escribir palabras nativas japonesas, partículas gramaticales y para indicar la pronunciación de los caracteres kanji. La escritura consta de 46 caracteres básicos, cada uno de los cuales representa una sílaba o mora en la lengua japonesa.

Aquí están los 46 caracteres hiragana básicos, junto con sus transliteraciones y pronunciaciones:

1. あ - a - /a/
2. い - i - /i/
3. う - u - /ɯ/
4. え - e - /e/
5. お - o - /o/
6. か - ka - /ka/
7. き - ki - /ki/
8. く - ku - /kɯ/
9. け - ke - /ke/
10. こ - ko - /ko/
11. さ - sa - /sa/
12. し - shi - /ɕi/
13. す - su - /sɯ/
14. せ - se - /se/

15. そ - so - /so/
16. た - ta - /ta/
17. ち - chi - /t͡ɕi/
18. つ - tsu - /t͡sɯ/
19. て - te - /te/
20. と - to - /to/
21. な - na - /na/
22. に - ni - /ni/
23. ぬ - nu - /nɯ/
24. ね - ne - /ne/
25. の - no - /no/
26. は - ha - /ha/
27. ひ - hi - /çi/
28. ふ - fu - /ɸɯ/
29. へ - he - /he/
30. ほ - ho - /ho/
31. ま - ma - /ma/
32. み - mi - /mi/
33. む - mu - /mɯ/
34. め - me - /me/
35. も - mo - /mo/
36. や - ya - /ja/
37. ゆ - yu - /jɯ/
38. よ - yo - /jo/

39. ら - ra - /ɾa/
40. り - ri - /ɾi/
41. る - ru - /ɾɯ/
42. れ - re - /ɾe/
43. ろ - ro - /ɾo/
44. わ - wa - /wa/
45. を - wo - /o/
46. ん - n - /n/ or /N/

Ejemplos de palabras en japonés escritas con hiragana:

1. ひと - hito - /çito/ - "persona"
2. なつ - natsu - /nat͡sɯ/ - "verano"
3. ありがとう - arigatou - /aɾigato:/ - "gracias"

Además de los caracteres básicos, el hiragana también incluye signos diacríticos llamados dakuten (゛) y handakuten (゜) para modificar la pronunciación de ciertas sílabas, así como versiones pequeñas de los caracteres や (ya), ゆ (yu) y よ (yo) para representar sílabas contraídas.

El hiragana es un componente esencial del sistema de escritura japonés y se utiliza ampliamente en la escritura cotidiana, como en nombres personales, libros infantiles y en combinación con kanji para proporcionar guías de pronunciación (furigana).

漢字

Japonés (Kanji)

Kanji (漢字) son caracteres chinos adoptados en el sistema de escritura japonés. Se utilizan para escribir la mayoría de las palabras de contenido, como sustantivos, raíces verbales y raíces adjetivales, mientras que el hiragana se utiliza para elementos gramaticales y partículas. Los caracteres kanji a menudo tienen múltiples lecturas, llamadas "on'yomi" (音読み, pronunciación de origen chino) y "kun'yomi" (訓読み, pronunciación de origen japonés).

Existen miles de caracteres kanji, con diferentes niveles de complejidad y frecuencia de uso. El gobierno japonés ha establecido una lista de 2.136 jōyō kanji (常用漢字) que se consideran esenciales para el uso diario.

Aquí hay algunos caracteres kanji de uso común, junto con sus significados, lecturas japonesas y ejemplos de palabras:

1. 日 - nichi (on), hi (kun) - /nit͡ɕi/, /çi/ - "día, sol"
   - 日本 (nihon) - /nihoɴ/ - "Japón"
2. 月 - getsu (on), tsuki (kun) - /ɡet͡sɯ/, /t͡sɯki/ - "mes, luna"
   - 月曜日 (getsuyōbi) - /ɡet͡sɯjoːbi/ - "lunes"
3. 水 - sui (on), mizu (kun) - /sɯi/, /mizɯ/ - "agua"
   - 水曜日 (suiyōbi) - /sɯijoːbi/ - "miércoles"

4. 火 - ka (on), hi (kun) - /ka/, /çi/ - "fuego"
   - 火曜日 (kayōbi) - /kajoːbi/ - "martes"
5. 木 - moku (on), ki (kun) - /mokɯ/, /ki/ - "árbol, madera"
   - 木曜日 (mokuyōbi) - /mokɯjoːbi/ - "jueves"
6. 金 - kin (on), kane (kun) - /kiɴ/, /kane/ - "oro, dinero"
   - 金曜日 (kin'yōbi) - /kiɴjoːbi/ - "viernes"
7. 土 - do (on), tsuchi (kun) - /do/, /tsɯtɕi/ - "tierra, suelo"
   - 土曜日 (doyōbi) - /dojoːbi/ - "sábado"
8. 人 - jin (on), hito (kun) - /dʑiɴ/, /çito/ - "persona"
   - 日本人 (nihonjin) - /nihondʑiɴ/ - "persona japonesa"
9. 山 - san (on), yama (kun) - /saɴ/, /jama/ - "montaña"
   - 富士山 (fujisan) - /ɸɯdʑisaɴ/ - "Monte Fuji"
10. 川 - sen (on), kawa (kun) - /seɴ/, /kawa/ - "río"
    - 河川 (kasen) - /kaseɴ/ - "ríos"

Los caracteres kanji a menudo se combinan para formar palabras compuestas, como en los ejemplos anteriores. Aprender kanji es esencial para leer y escribir japonés a un nivel avanzado, ya que transmiten significado y permiten una expresión más concisa y matizada en comparación con el uso exclusivo de hiragana o katakana.

カタカナ

Japonés (Katakana)

Katakana (カタカナ) es una de las tres escrituras utilizadas en el sistema de escritura japonés, junto con el hiragana y el kanji. Los caracteres katakana se utilizan principalmente para escribir préstamos lingüísticos extranjeros, onomatopeyas y, a veces, con fines de énfasis o estilísticos. Al igual que el hiragana, el katakana consta de 46 caracteres básicos, cada uno de los cuales representa una sílaba o mora en la lengua japonesa.

Aquí están los 46 caracteres katakana básicos, junto con sus transliteraciones y pronunciaciones:

1. ア - a - /a/
2. イ - i - /i/
3. ウ - u - /ɯ/
4. エ - e - /e/
5. オ - o - /o/
6. カ - ka - /ka/
7. キ - ki - /ki/
8. ク - ku - /kɯ/
9. ケ - ke - /ke/
10. コ - ko - /ko/
11. サ - sa - /sa/
12. シ - shi - /ɕi/
13. ス - su - /sɯ/

14. セ - se - /se/
15. ソ - so - /so/
16. タ - ta - /ta/
17. チ - chi - /t͡ɕi/
18. ツ - tsu - /t͡sɯ/
19. テ - te - /te/
20. ト - to - /to/
21. ナ - na - /na/
22. ニ - ni - /ni/
23. ヌ - nu - /nɯ/
24. ネ - ne - /ne/
25. ノ - no - /no/
26. ハ - ha - /ha/
27. ヒ - hi - /çi/
28. フ - fu - /ɸɯ/
29. ヘ - he - /he/
30. ホ - ho - /ho/
31. マ - ma - /ma/
32. ミ - mi - /mi/
33. ム - mu - /mɯ/
34. メ - me - /me/
35. モ - mo - /mo/
36. ヤ - ya - /ja/
37. ユ - yu - /jɯ/

ENCICLOPEDIA DE LA ESCRITURA UNIVERSAL

38. ヨ - yo - /jo/
39. ラ - ra - /ɾa/
40. リ - ri - /ɾi/
41. ル - ru - /ɾɯ/
42. レ - re - /ɾe/
43. ロ - ro - /ɾo/
44. ワ - wa - /wa/
45. ヲ - wo - /o/
46. ン - n - /n/ or /N/

Ejemplos de palabras en japonés escritas con katakana:

1. コーヒー - kōhī - /koːçiː/ - "café"
2. パン - pan - /paN/ - "pan"
3. コンピュ－ター - konpyūtā - /koNpjɯːtaː/ - "ordenador"

Al igual que el hiragana, el katakana también incluye signos diacríticos llamados dakuten (˝) y handakuten (°) para modificar la pronunciación de ciertas sílabas, así como versiones pequeñas de los caracteres ヤ (ya), ユ (yu) y ヨ (yo) para representar sílabas contraídas.

El katakana es una parte esencial del sistema de escritura japonés, particularmente para transcribir palabras y nombres extranjeros, escribir onomatopeyas y palabras miméticas, y a veces para fines estilísticos o enfáticos en la publicidad o los medios de comunicación.

ENCICLOPEDIA DE LA ESCRITURA UNIVERSAL

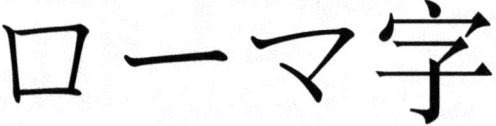

Japonés (Romaji)

Romaji (ローマ字) es la romanización del japonés, lo que significa escribir la lengua japonesa utilizando el alfabeto latino (romano). El romaji no se considera una escritura separada, sino más bien un método para transcribir sonidos japoneses utilizando caracteres latinos. Existen varios sistemas de romanización para el japonés, siendo el más utilizado el sistema Hepburn (ヘボン式, Hebon-shiki).

Aquí están las reglas básicas del sistema de romanización Hepburn:

1. Cada carácter hiragana o katakana está representado por una o más letras latinas.
2. Las vocales largas se indican con macrones (ā, ī, ū, ē, ō) o duplicando la vocal (aa, ii, uu, ee, oo).
3. La partícula は (wa) se escribe "wa" cuando se usa como partícula, y como "ha" cuando se usa como un carácter hiragana normal.
4. La partícula へ (e) se escribe "e" cuando se usa como partícula, y como "he" cuando se usa como un carácter hiragana normal.
5. La partícula を (o) se escribe "o" cuando se usa como partícula, y como "wo" cuando se usa como un carácter hiragana normal.
6. La n silábica (ん o ン) se escribe "n" antes de las consonantes, "n'" antes de las vocales y "m" antes de "b", "m" o "p".

Aquí hay algunos ejemplos de palabras japonesas escritas en romaji:

1. ありがとう - arigatou - "gracias"
2. こんにちは - konnichiwa - "hola" o "buenos días"
3. さようなら - sayounara - "adiós"
4. おはよう - ohayou - "buenos días"
5. はい - hai - "sí"
6. いいえ - iie - "no"
7. すみません - sumimasen - "disculpe" o "lo siento"
8. おねがいします - onegaishimasu - "por favor"
9. わたし - watashi - "yo"
10. にほん o にっぽん - nihon o nippon - "Japón"

El romaji es útil para hablantes no japoneses que aprenden el idioma, ya que proporciona una forma familiar de leer y escribir palabras japonesas. Sin embargo, es importante tener en cuenta que el romaji no sustituye al aprendizaje de hiragana, katakana y kanji, que son esenciales para leer y escribir japonés a un nivel nativo. El romaji también se utiliza en diversos contextos, como en nombres de pasaportes, direcciones internacionales y, a veces, en materiales para el aprendizaje de idiomas o libros de texto para principiantes.

ENCICLOPEDIA DE LA ESCRITURA UNIVERSAL

ENCICLOPEDIA DE LA ESCRITURA UNIVERSAL

ഞമഴല

Javanés

La escritura javanesa, conocida como Hanacaraka o Carakan, es una escritura tradicional utilizada para escribir la lengua javanesa, que se habla principalmente en la isla indonesia de Java. La escritura también se utiliza para escribir varias otras lenguas en la región, como el sundanés, el madurés y el balinés. La escritura javanesa es un sistema de escritura abugida, donde cada consonante tiene una vocal inherente /a/, que se puede alterar o silenciar añadiendo signos diacríticos. Se escribe de izquierda a derecha.

Aquí están las letras de la escritura javanesa en su orden nativo, junto con las transliteraciones al alfabeto romano, las pronunciaciones IPA y ejemplos de palabras en javanés:

1. ꦲ - ha - /ha/ - ꦲꦮꦺꦴꦤ꧀ (hawon) - nube
2. ꦤ - na - /na/ - ꦤꦩ (nama) - nombre
3. ꦕ - ca - /tʃa/ - ꦕꦫꦏ (caraka) - escritor
4. ꦫ - ra - /ra/ - ꦫꦠꦸ (ratu) - reina
5. ꦏ - ka - /ka/ - ꦏꦪꦸ (kayu) - madera
6. ꦢ - da - /ḍa/ - ꦢꦭꦤ꧀ (dalan) - camino
7. ꦠ - ta - /ṭa/ - ꦠꦤ꧀ꦣ (tanḍa) - señal
8. ꦱ - sa - /sa/ - ꦱꦶꦁ (sing) - león

9. ꦮ - wa - /wa/ - ꦮꦕ (waca) - leer

10. ꦭ - la - /la/ - ꦭꦫꦶ (lari) - correr

11. ꦥ - pa - /pa/ - ꦮꦭꦥꦺꦴ (palam) - lápiz

12. ꦝ - dha - /ḍʱa/ - ꦮꦭꦸꦃ (dhawuh) - decir

13. ꦗ - ja - /d͡ʒa/ - ꦗꦫꦤ (jaran) - caballo

14. ꦪ - ya - /ja/ - ꦪꦪꦶ (yayi) - hermano menor

15. ꦚ - nya - /ɲa/ - ꦚꦮ (nyawa) - alma

16. ꦩ - ma - /ma/ - ꦩꦠ (mata) - ojo

17. ꦒ - ga - /ga/ - ꦒꦗꦃ (gajah) - elefante

18. ꦧ - ba - /ba/ - ꦧꦥꦏ (bapak) - padre

19. ꦛ - tha - /tʰa/ - ꦛꦛꦶꦏ (țițik) - punto

20. ꦔ - nga - /ŋa/ - ꦔ꧀ꦒꦺꦴꦤ (nggon) - lugar

La escritura javanesa también incluye varios signos diacríticos para modificar la vocal inherente:

- ◌ꦶ - wulu - /i/

- ◌ꦸ - suku - /u/

- ◌ꦺ - taling - /e/ o /ɛ/

- ◌ꦼ - pepet - /ə/

ENCICLOPEDIA DE LA ESCRITURA UNIVERSAL

ꦒꦺꦴ2 - taling tarung - /o/ o /ɔ/

Además, la escritura utiliza el signo diacrítico pangkon (ꦥꦁ) para silenciar la vocal inherente de una consonante.

Aquí hay algunos ejemplos de palabras javanesas que utilizan los signos diacríticos:

- ꦱꦶꦤ꧀ꦠꦺꦤ꧀ (sinten) - quién
- ꦄꦤ꧀ꦠꦸꦠ꧀ (entut) - estómago
- ꦏꦼꦧꦺꦴꦤ꧀ (kəbon) - jardín

La escritura javanesa también tiene su propio conjunto de numerales y signos de puntuación. Aunque la escritura tiene una larga historia, su uso ha disminuido en los tiempos modernos, y el alfabeto latino se utiliza más ampliamente para la escritura cotidiana. Sin embargo, se están realizando esfuerzos para preservar y promover el uso de la escritura javanesa como una parte importante del patrimonio cultural javanés.

ENCICLOPEDIA DE LA ESCRITURA UNIVERSAL

ខ្មែរ

Jemer

La escritura jemer, también conocida como Aksar Khmer, es la escritura utilizada para escribir la lengua jemer, el idioma oficial de Camboya. También se utiliza para escribir otras lenguas habladas en Camboya, como el kuay y el tampuan, así como lenguas litúrgicas basadas en el jemer como el pali y el sánscrito. La escritura jemer es un sistema de escritura abugida, donde cada consonante tiene una vocal inherente que se puede alterar mediante signos diacríticos. Se escribe de izquierda a derecha.

Aquí están las letras de la escritura jemer en su orden nativo, junto con las transliteraciones al alfabeto romano, las pronunciaciones IPA y ejemplos de palabras en jemer:

Consonantes:

1. ក - ka - /k/ - កង់ (kaŋ) - rueda
2. ខ - kha - /kʰ/ - ខ្ញុំ (kʰɲom) - yo, mí
3. គ - ko - /k/ - គោ (koo) - vaca
4. ឃ - kho - /kʰ/ - ឃ្មុំ (kʰmum) - abeja
5. ង - ngo - /ŋ/ - ងូ (ŋuu) - serpiente
6. ច - cha - /c/ - ចាន (caan) - plato
7. ឆ - chha - /cʰ/ - ឆ្កែ (cʰkae) - perro
8. ជ - cho - /c/ - ជូក (cuuk) - cerdo

9. ឈ - chho - /cʰ/ - ឈូក (cʰuuk) - recoger con una cuchara
10. ញ - nho - /ɲ/ - ញ៉ាំ (ɲam) - comer
11. ដ - da - /d/ - ដំរី (damrəy) - elefante
12. ឋ - tha - /tʰ/ - ឋាន (tʰaan) - lugar, ubicación
13. ឌ - do - /d/ - ឌូ (duu) - arroz descascarillado
14. ឍ - dho - /d/ - ឍុង (duŋ) - tallar
15. ណ - na - /n/ - ណា (naɑ) - (usada en préstamos del sánscrito)
16. ត - ta - /t/ - តុ (tu) - mesa
17. ថ - tha - /tʰ/ - ថ្ងៃ (tŋay) - día
18. ទ - to - /t/ - ទឹក (tɨk) - agua
19. ធ - tho - /tʰ/ - ធ្វើ (tvəə) - hacer
20. ន - no - /n/ - នំ (num) - pastel
21. ប - ba - /ɓ/ - បាយ (ɓaay) - arroz
22. ផ - pha - /pʰ/ - ផ្កា (pkaa) - flor
23. ព - po - /p/ - ពស់ (puh) - serpiente
24. ភ - pho - /pʰ/ - ភ្នំ (pnum) - montaña
25. ម - mo - /m/ - មាន់ (moan) - pollo
26. យ - yo - /j/ - យក (yɔɔk) - tomar
27. រ - ro - /r/ - រថយន្ត (rɔtʰ yɔɔn) - coche

28. លូ - lo - /l/ - លាក់ (laak) - vender

29. វ - vo - /w/ - វត្ត (wɔɔt) - templo

30. សូ - sa - /s/ - សុខ (sok) - feliz

31. ហ - ha - /h/ - ហាវ (haaw) - llamar

32. ឡា - la - /l/ - ឡាន (laan) - coche

33. អ - a - /ʔ/ - អូន (ʔoon) - hermano menor

Consonantes subíndices (utilizadas en grupos de consonantes):

1. ្ក - ka - /k/

2. ្ខ - kha - /kʰ/

3. ្គ - ko - /k/

4. ្ឃ - kho - /kʰ/

5. ្ង - ngo - /ŋ/

6. ្ច - cha - /c/

7. ្ឆ - chha - /cʰ/

8. ្ជ - cho - /c/

9. ្ឈ - chho - /cʰ/

10. ្ញ - nho - /ɲ/

11. ្ដ - da - /d/

12. ្ឋ - tha - /tʰ/

13. ្ឌ - do - /d/

14. ្ឍ - dho - /d/

15. ณ - na - /n/

16. ต - ta - /t/

17. ถ - tha - /tʰ/

18. ด - to - /t/

19. ธ - tho - /tʰ/

20. น - no - /n/

21. บ - ba - /ɓ/

22. ผ - pha - /pʰ/

23. ป - po - /p/

24. ฟ - pho - /pʰ/

25. ม - mo - /m/

26. ย - yo - /j/

27. ร - ro - /r/

28. ล - lo - /l/

29. ว - vo - /w/

30. ส - sa - /s/

31. ห - ha - /h/

32. ฬ - la - /l/

33. อ - a - /ʔ/

Vocales independientes:

1. ฤ - i - /ʔəj/

2. ฦ - i - /ʔəj/

3. ଖ - u - /ʔoː/

4. ଖା - uu - /ʔuː/

5. ଖେ - au - /ʔəw/

6. ଋ - roe - /rɨː/

7. ଌ - rue - /rɨː/

8. ଎ - loe - /lɨː/

9. ଏ - lue - /lɨː/

10. ଐ - ae - /ʔae/

11. ଔ - ai - /ʔaj/

12. ଓ - oo - /ʔaoː/

13. ଔ - oo - /ʔaoː/

14. ଔ - au - /ʔaw/

Signos diacríticos vocálicos:

1. ○ା - aa - /aː/

2. ○ି - i - /ə/

3. ○ୀ - ii - /əː/

4. ○ୁ - oe - /ɨ/

5. ○ୂ - ue - /ɨː/

6. ○ୃ - u - /o/

7. ○ୄ - uu - /uː/

8. ◌ - uə - /uə/

9. ា - aoe - /ai/

10. ៀ - oe - /iə/

11. ៀ - ie - /iə/

12. េ - ee - /eː/

13. ែ - ae - /ɛː/

14. ៃ - ai - /aj/

15. ោ - ao - /aw/

16. ៅ - aw - /ɑw/

17. ំ - am - /ɑm/

18. ះ - ah - /ah/

19. ៈ - ah - /ɑh/

    La escritura jemer también incluye numerales y varios signos de puntuación. Tiene un sistema complejo de consonantes subíndices, signos diacríticos vocálicos y ligaduras, lo que puede dificultar el aprendizaje. Sin embargo, es esencial para preservar el rico patrimonio literario y cultural del pueblo jemer.

ENCICLOPEDIA DE LA ESCRITURA UNIVERSAL

ENCICLOPEDIA DE LA ESCRITURA UNIVERSAL

ಕನ್ನಡ

Kannada

La escritura kannada, también conocida como Kannaḍa lipi, se utiliza principalmente para escribir la lengua kannada, que es la lengua oficial y administrativa del estado de Karnataka en el sur de la India. El kannada es una lengua drávida hablada por más de 40 millones de personas. La escritura también se utiliza para escribir otras lenguas minoritarias, como el konkani, el tulu y el sankethi. La escritura kannada es un sistema de escritura abugida, donde cada consonante tiene una vocal inherente que se puede alterar o silenciar añadiendo signos diacríticos. Se escribe de izquierda a derecha.

Aquí están las letras de la escritura kannada en su orden nativo, junto con las transliteraciones al alfabeto romano, las pronunciaciones IPA y ejemplos de palabras en kannada:

Vocales (ಸ್ವರಗಳು):

1. ಅ - a - /a/ - ಅಜ್ಜಿ (ajji) - abuela
2. ಆ - ā - /aː/ - ಆಕಾಶ (ākāśa) - cielo
3. ಇ - i - /i/ - ಇಲಿ (ili) - ratón
4. ಈ - ī - /iː/ - ಈಜು (īju) - nadar
5. ಉ - u - /u/ - ಉಪ್ಪು (uppu) - sal
6. ಊ - ū - /uː/ - ಊರು (ūru) - pueblo
7. ಋ - ṛ - /ruɯ/ - ಋಷಿ (r̥ṣi) - sabio
8. ಎ - e - /e/ - ಎಮ್ಮೆ (emme) - madre
9. ಏ - ē - /eː/ - ಏಣಿ (ēṇi) - escalera
10. ಐ - ai - /aj/ - ಐದು (aidu) - cinco
11. ಒ - o - /o/ - ಒಣ (oṇa) - seco

12. ಓ - ō - /oː/ - ಓಣಿ (ōṇi) - porche
13. ಔ - au - /aw/ - ಔಷಧ (auṣadʰa) - medicina

Consonantes (ವ್ಯಂಜನಗಳು):

1. ಕ - ka - /ka/ - ಕಪ್ಪು (kappu) - negro
2. ಖ - kha - /kʰa/ - ಖಗ (kʰaga) - pájaro
3. ಗ - ga - /ga/ - ಗಣಿ (gaṇi) - mina
4. ಘ - gha - /gʰa/ - ಘನ (gʰana) - denso
5. ಙ - ṅa - /ŋa/ - ಙಾ (ṅā) - (usada en préstamos del sánscrito)
6. ಚ - ca - /tʃa/ - ಚಕ್ಕೆ (cakke) - rueda
7. ಛ - cha - /tʃʰa/ - ಛತ್ರಿ (cʰatri) - paraguas
8. ಜ - ja - /dʒa/ - ಜನ (jana) - gente
9. ಝ - jha - /dʒʰa/ - ಝಳ (jʰaḷa) - cascada
10. ಞ - ña - /ɲa/ - ಞಾನ (ñāna) - sabiduría
11. ಟ - ṭa - /ʈa/ - ಟೋಪಿ (ṭōpi) - gorra
12. ಠ - ṭha - /ʈʰa/ - ಠಾಣೆ (ʈʰāṇe) - estación de policía
13. ಡ - ḍa - /ɖa/ - ಡಬ್ಬಿ (ḍabbi) - caja
14. ಢ - ḍha - /ɖʰa/ - ಢಕ್ಕೆ (ḍʰakke) - tapa
15. ಣ - ṇa - /ɳa/ - ಣ (ṇa) - (usada en préstamos del sánscrito)
16. ತ - ta - /t̪a/ - ತಾಯಿ (tāyi) - madre
17. ಥ - tha - /t̪ʰa/ - ಥಳ (tʰaḷa) - plato
18. ದ - da - /d̪a/ - ದೀಪ (dīpa) - lámpara
19. ಧ - dha - /d̪ʰa/ - ಧೂಳು (dʰūḷu) - polvo
20. ನ - na - /na/ - ನಾಯಿ (nāyi) - perro
21. ಪ - pa - /pa/ - ಪುಸ್ತಕ (pustaka) - libro
22. ಫ - pha - /pʰa/ - ಫಲ (pʰala) - fruta
23. ಬ - ba - /ba/ - ಬಟ್ಟೆ (baṭṭe) - tela
24. ಭ - bha - /bʰa/ - ಭೂಮಿ (bʰūmi) - tierra

25. ಮ - ma - /ma/ - ಮರ (mara) - árbol
26. ಯ - ya - /ja/ - ಯಜ್ಞ (yajña) - sacrificio
27. ರ - ra - /ra/ - ರಸ್ತೆ (raste) - calle
28. ಲ - la - /la/ - ಲಕ್ಷ್ಮಿ (lakṣmi) - riqueza
29. ವ - va - /ʋa/ - ವಸ್ತು (vastu) - cosa
30. ಶ - śa - /ʃa/ - ಶಾಲೆ (śāle) - escuela
31. ಷ - ṣa - /ʂa/ - ಷಡ್ಪದಿ (ṣaḍpadi) - hexágono
32. ಸ - sa - /sa/ - ಸೂರ್ಯ (sūrya) - sol
33. ಹ - ha - /ha/ - ಹಸು (hasu) - vaca
34. ಳ - ḷa - /ɭa/ - ಳ (ḷa) - (usada en palabras nativas de Kannada)

La escritura kannada también incluye varios signos diacríticos para modificar vocales y consonantes, así como símbolos adicionales para consonantes conjuntas, numerales y signos de puntuación.

ENCICLOPEDIA DE LA ESCRITURA UNIVERSAL

ท ຂ ຓ ຂ ອ

Kayah Li

La escritura Kayah Li, también conocida como escritura Kayah o escritura Kayah Oriental, se utiliza para escribir la lengua Kayah Li, que es hablada por el pueblo Kayah en el estado de Kayah, Myanmar (Birmania). La escritura fue desarrollada en 1962 por Htae Bu Phae, un hablante de Kayah Li, y se basa en la escritura birmana. La escritura Kayah Li es un sistema de escritura abugida, donde cada consonante tiene una vocal inherente que se puede modificar utilizando signos diacríticos. Se escribe de izquierda a derecha.

Aquí están las letras de la escritura Kayah Li en su orden nativo, junto con las transliteraciones al alfabeto romano, las pronunciaciones IPA y ejemplos de palabras en Kayah Li:

Consonantes:

1. ꤊ - k - /k/ - ꤊꤢ꤯ (ki) - estrella
2. ꤋ - kh - /kʰ/ - ꤋꤢ꤮ (khü) - nariz
3. ꤌ - g - /g/ - ꤌꤢ꤬ (ge) - caballo
4. ꤍ - ng - /ŋ/ - ꤍꤢ (nga) - pez
5. ꤎ - c - /c/ - ꤎ꤭ (ci) - ala
6. ꤏ - ch - /cʰ/ - ꤏꤢ꤯ (chai) - arroz
7. ꤐ - j - /ɟ/ - ꤐꤢ (ja) - tigre
8. ꤑ - ny - /ɲ/ - ꤑꤢ꤯ (nyao) - hierba
9. ꤒ - d - /d/ - ꤒꤥꤢ (dya) - montaña
10. ꤓ - n - /n/ - ꤓꤢ꤬ (nai) - hermano menor
11. ꤔ - t - /t/ - ꤔꤥꤌꤢ (taba) - padre

12. ᨮᦒ - th - /tʰ/ - ᨮᦒ (tha) - morir
13. ᨴᦒ - d - /d/ - ᨴᦒ (da) - ser bueno
14. ᨓ - n - /n/ - ᨓᨳᦒ̆ (nho) - día
15. ᦱᨴᦒ - p - /p/ - ᦱᨴᦒ (pra) - ser feliz
16. ᨶ - ph - /pʰ/ - ᨶᦒ (pha) - tela
17. ᨱ - b - /b/ - ᨱᦒ (ba) - tener
18. ᨦ - m - /m/ - ᨦᨶᦒ (mya) - fuego
19. ᨷ - y - /j/ - ᨷᦒ (ya) - hacer
20. ᨨ - r - /r/ - ᨨᦒ (ro) - bambú
21. ᨩ - l - /l/ - ᨩᦒ (la) - mes
22. ᨭ - w - /w/ - ᨭᦒ (wa) - cerdo
23. ᨶᦒ - s - /s/ - ᨶᦒ (sa) - animal
24. ᨳ - h - /h/ - ᨳᦒ̆ (ho) - diente

Vocales:

1. ᦒ - a - /a/ - ᦒ̆ (ai) - pollo
2. ᨒ - i - /i/ - ᨒ (i) - dormir
3. ᨠ - u - /u/ - ᨠ (u) - beber
4. ⊖ - o - /o/ - ⊖ (o) - ir
5. ȯ - e - /e/ - ȯ (e) - comer

ENCICLOPEDIA DE LA ESCRITURA UNIVERSAL

La escritura Kayah Li también incluye marcas de tono y consonantes finales, que se escriben como signos diacríticos encima o debajo de la consonante o vocal.

Ejemplos de palabras con marcas de tono y consonantes finales:

- ꤊ̆ (ki) - ser grande
- ꤏ/ꤐ (ge) - caballo
- ꤞꤢ̀ (we) - agua

Nota: Debido a los limitados recursos sobre la lengua Kayah Li, las palabras de ejemplo proporcionadas y sus traducciones pueden no ser del todo precisas o completas.

ሕፅነና

Kharoshthi

Kharoshthi es una escritura antigua utilizada en la región de Gandhara (actualmente el norte de Pakistán y el este de Afganistán) desde el siglo III a.C. hasta el siglo III d.C. Se utilizaba para escribir el prácrito gāndhārī, una lengua indoaria media, y también se utilizaba para escribir sánscrito y otras lenguas de la región. Se cree que la escritura deriva del arameo, con influencia de la escritura brahmi.

El kharoshthi se escribe de derecha a izquierda, y sus letras suelen ser más angulares y geométricas en comparación con las curvas de la escritura brahmi. La escritura consta de vocales, consonantes y varios signos diacríticos.

Aquí hay algunos ejemplos de caracteres kharoshthi, junto con sus transliteraciones y pronunciaciones aproximadas:

1. ༳ - a - /a/
2. ༳ i - /i/
3. ༳ - u - /u/
4. ༳ - e - /e/
   - o - /o/
5. ༳ - ka - /ka/
6. ༳ - kha - /kha/
   - ga - /ga/
   - gha - /gha/
   - ca - /ca/
   - cha - /cha/

ENCICLOPEDIA DE LA ESCRITURA UNIVERSAL

- ○ ja - /ja/
7. ᧰- jha - /jha/
8. ⚭ - ña - /ɲa/
9. ᧰ - ṭa - /ṭa/
10. Ö - ṭha - /ṭha/
11. ᠉ - ḍa - /ḍa/
12. Ƨ - ḍha - /ḍha/
13. ᛕ - ṇa - /ṇa/
14. ᛉ - ta - /ta/
- ○ tha - /tha/
15. ᠈ - da - /da/
16. ᚩ - dha - /dha/
17. ᛉ - na - /na/
- ○ pa - /pa/
18. ᛕ - pha - /pha/
19. ᛉ - ba - /ba/
20. ᚯ - bha - /bha/
21. ᛉ - ma - /ma/
22. T - ya - /ja/
23. ᛐ - ra - /ra/
24. ᛐ - la - /la/
25. ᛐ - va - /va/
26. ᛐ - śa - /ɕa/
27. ᛐ - ṣa - /ṣa/
28. ᛐ - sa - /sa/
29. ᛐ - ha - /ha/

ENCICLOPEDIA DE LA ESCRITURA UNIVERSAL

Ejemplos de palabras en prácrito gāndhārī escritas en kharoshthi:

1. 𐨨𐨯 - muśa - /muɕa/ - "ratón"
2. 𐨤𐨫𐨁 - puli - /puli/ - "tigre"
3. 𐨭𐨫 - śula - /ɕula/ - "espina"

El kharoshthi se utilizaba para diversos fines, como registros administrativos, escrituras budistas e inscripciones en diversos materiales como piedra, metal y madera. La escritura declinó en uso después del siglo III d.C., reemplazada por la escritura brahmi y sus descendientes. El estudio de las inscripciones y los manuscritos kharoshthi ha proporcionado información valiosa sobre la historia, la lengua y la cultura de la antigua región de Gandhara.

ENCICLOPEDIA DE LA ESCRITURA UNIVERSAL

ਦੌਤਾਂਬ

Khojki

La escritura khojki es un sistema de escritura utilizado históricamente por la comunidad khoja, una comunidad chiíta nizarí ismailí, principalmente en partes de la actual India y Pakistán. La escritura se utilizaba para escribir varias lenguas indoarias, como el sindhi, el gujarati, el kachchi y el hindustani (una mezcla de urdu e hindi). La escritura khojki es un sistema de escritura abugida, donde las consonantes tienen una vocal inherente que se puede alterar mediante signos diacríticos. Se escribe de derecha a izquierda.

Aquí están las letras de la escritura khojki en su orden nativo, junto con las transliteraciones al alfabeto romano, las pronunciaciones IPA y ejemplos de palabras en sindhi:

Consonantes:

1. ᵑ - a - /a/ - ᵑᵑꞮꞫ (akhu) - ojo
2. ꞑ̃ - b - /b/ - ꞑ̃ꝊꞑꞬ (bagu) - tigre
3. ꞷ - bh - /bʱ/ - ꞷꝒꞙ (bharu) - carga
4. ꝟ - p - /p/ - ꝟꝊꞮꞑ (patu) - hoja
5. ꝫ: - ph - /pʰ/ - ꝫ:ꞑ (phu) - hijo
6. ꞟ - t - /t̪/ - ꞟꝊꞮꞑ (tatu) - cable
7. ꞥ - ṭ - /ʈ/ - ꞥᵑꞮꞥꞑ (ṭaku) - puntada
8. ꝣ: - ṭh - /ʈʰ/ - ꝣ:ᵑꞮꞥ (ṭhaku) - tapa
9. ᴆ - s - /s/ - ᴆꞥꞮ (satu) - aliento

10. ૱ - j - /d͡ʒ/ - ૱ﻼ (jo) - quién

11. 𝑛 - c - /t͡ʃ/ - 𝑛ಹ००।ʔ (cambu) - cuchara

12. ৭ - ch - /t͡ʃʰ/ - ৭ﻼΚ (cha) - té

13. 𝑛 - h - /h/ - 𝑛ﻼ⩑ʔ (hatu) - mano

14. ५ - kh - /kʰ/ - ५ﻼ२६ʔ (khatu) - cuenta

15. ო - d - /ḍ/ - ო। (datu) - diente

16. ﻼ - ḍ - /ḍ/ - ﻼ𝑛ʔ (ḍahu) - granada

17. ००। - z - /z/ - ००।𝑛 (za) - nacido

18. ⩑ - r - /r/ - ⩑ﻼ𝑛ʔ (rahu) - camino

19. ५ - ṛ - /ɽ/ - ५ಹ (ṛam) - agradable

20. ಹ - ẓ - /ɣ/ - ಹ𝑛। (ẓatu) - denso

21. ০ſ - f - /f/ - ০ſ𝑛ﻼ𝑛 (faydah) - beneficio

22. ০̣ - q - /q/ - ০̣ﻼﻼ००।𝑛 (qaydah) - regla

23. ȭ - k - /k/ - ȭﻼ५ʔ (kagu) - papel

24. ȭ। - g - /g/ - ȭ।ﻼ।। (gagar) - carro

25. ০/ - l - /l/ - ০/ﻼ३ʔ (laru) - cuerda

26. Ö - m - /m/ - Öﻼ२६ʔ (matu) - mente

27. ℧ - n - /n/ - ℧ﻼ⩑ʔ (naru) - collar

28. — - v - /ʋ/ - —ﻼﻼʔ (vayu) - aire

29. ০ - y - /j/ - ০ﻼ⩑ (yar) - amigo

ENCICLOPEDIA DE LA ESCRITURA UNIVERSAL

Vocales:

1. ⁊ - a - /ə/ - ⁊̈ (ka) - qué
2. ⁊⁊ - aa - /aː/ - ⁊̈⁊ (káa) - cuervo
3. ὒ - i - /i/ - ὒ̈ (ki) - porque
4. 𑊔 - ii - /iː/ - 𑊔𑊓 (tiitu) - amargo
5. ᘧ - u - /u/ - ᘧ̈𑊓 (gutu) - calidad
6. ⁊̈ - uu - /uː/ - 𑊔̈𑊓 (suutu) - hilo
7. 6 - e - /e/ - 𑊓𑊔𑊓 (setu) - puente
8. ⁊ - ai - /əi/ - 𑊔𑊓𑊔 (saihar) - ciudad
9. ꙅ - o - /o/ - ꙅꙅ (jo) - cual
10. ᘧ - au - /əu/ - 𑊔ᘧ𑊓 (sauyu) - dormir

    La escritura khojki también incluye varios signos diacríticos para modificar vocales y consonantes, así como signos de puntuación y numerales.

    Debido a la limitada disponibilidad de recursos sobre la escritura khojki y las lenguas para las que se utilizaba, las palabras de ejemplo proporcionadas y sus traducciones pueden no ser del todo precisas o completas. La escritura ha caído en gran medida en desuso en los tiempos modernos, y la mayoría de las lenguas que una vez representó ahora se escriben en otras escrituras como la devanágari, la árabe o la gujarati.

ENCICLOPEDIA DE LA ESCRITURA UNIVERSAL

ડુવાળી

Khudawadi

La escritura khudawadi, también conocida como sindhi brahmi o sindhi bhambi, es un sistema de escritura abugida que se utilizaba históricamente para escribir la lengua sindhi, que se habla principalmente en la región de Sindh, en el actual Pakistán, y en partes de la India. La escritura se utilizó desde el siglo VIII hasta el siglo XIX d.C., antes de ser sustituida en gran medida por la escritura persoárabe para escribir el sindhi. La escritura khudawadi deriva de la escritura brahmi y se escribe de izquierda a derecha.

Aquí están las letras de la escritura khudawadi en su orden nativo, junto con las transliteraciones al alfabeto romano, las pronunciaciones IPA y ejemplos de palabras en sindhi:

Vocales:

1. 𑊰 - a - /ə/ - 𑊰𑋍𑋊 (aga) - delante
2. 𑊱 - ā - /aː/ - 𑊱𑋌𑋇 (āhu) - eso
3. 𑋇 - i - /i/ - 𑋊𑋇𑋍 (gina) - contar
4. 𑋇𑋇 - ī - /iː/ - 𑋌𑋇𑋇𑋊 (hīnu) - de ellos
5. 𑋈 - u - /u/ - 𑋊𑋈𑋊 (guna) - calidad
6. 𑋈𑋈 - ū - /uː/ - 𑊰𑋍𑋈𑋈 (agū) - principal
7. 𑋉 - e - /e/ - 𑋉𑋉𑋍 (desu) - país
8. 𑋉 - o - /o/ - 𑋋𑋉𑋇 (coku) - cuadrado
9. 𑊲 - ai - /ɛː/ - 𑊲𑋌𑋇 (aiha) - aquí
10. 𑊳 - au - /ɔː/ - 𑊳𑋍𑋊 (aura) - más

ENCICLOPEDIA DE LA ESCRITURA UNIVERSAL

Consonantes:

1. ỸᲘ - ka - /k/ - ỸᲘᲮᲐ (kana) - oreja
2. ỸᲘ - kha - /kʰ/ - ỸᲘᲘ (khatu) - carta
3. ᲜᲣ - ga - /g/ - ᲜᲣᲘ (gā) - vaca
4. Ꭹ - gha - /gʱ/ - ᎩᲮ (gharu) - casa
5. ᲮᲐ - ṅa - /ŋ/ - ᲮᲐᲖᲚᲠ (ṅahu) - nombre
6. ᏧᏞ - ca - /c/ - ᏧᏞᏓᏓ (cabi) - llave
7. Ә - cha - /cʰ/ - ӘᲘ (chā) - sombra
8. ᲠᲗ - ja - /ɟ/ - ᲠᲗᎩ (jana) - persona
9. ૪ - jha - /ɟʱ/ - ૪Ꭹ (jhatu) - lluvia
10. Ҍ - ña - /ɲ/ - ҌᎩ (ñana) - conocimiento
11. ᲮᲐ - ṭa - /ʈ/ - ᲮᲐᲘᲮᲐỸᲘ (ṭāṭo) - caliente
12. ᏔᏓ - ṭha - /ʈʰ/ - ᏔᏓᲮᲐ (ṭharu) - frío
13. ᲮᲐ - ḍa - /ɖ/ - ᲮᲐᲮᲐ (ḍaru) - madera
14. 3· - ḍha - /ɖʱ/ - 3·ᲮᲐ (ḍharu) - borde
15. ᲚᲐ - ṇa - /ɳ/ - ᲚᲐᲡᲓᏔᲮᲐ (ṇakuru) - coco
16. ℮ - ta - /t̪/ - ℮ᲪᲮᲐ (tira) - abajo
17. Ә - tha - /t̪ʰ/ - ӘᲘᲖᲚ (thānu) - lugar
18. Σ - da - /d̪/ - ΣᲘΣᲘ (dādā) - abuelo paterno
19. 3 - dha - /d̪ʱ/ - 3ᲮᲐ (dharu) - camino
20. Ꮾ - na - /n/ - ᏬỸᲘᲜᲣ (naku) - nariz
21. Ⅲ - pa - /p/ - ⅢᲘᲠᲮᲐ (pātharu) - piedra
22. Ꮽ - pha - /pʰ/ - ᏭᲜ (phulu) - fruta
23. ᎷᎷ - ba - /b/ - ᎷᎷᲘᲖᲚᲠ (bāhu) - doce
24. Ꮈ - bha - /bʱ/ - ᎨᲘᲖᲚ (bhānu) - lengua
25. ૨ - ma - /m/ - ૨ᲘᏔᏓ (māṭhi) - sobre
26. Ⅴ - ya - /j/ - ⅤᲘᲖᲐᲘ (yātarā) - memoria
27. Ꮀ - ra - /r/ - ᎧᲘ℮ (rāta) - noche

ENCICLOPEDIA DE LA ESCRITURA UNIVERSAL

28. ⁊ - la - /l/ - ⁊ɕϻ (liba) - nido
29. ⱳ - va - /v/ - ⱳϻℿ (vāyu) - aire
30. ꙅ - śa - /ɕ/ - ꙅϻℑ (śānu) - ir
31. ⱳ - ṣa - /ṣ/ - ⱳɕℿ (ṣilu) - cabeza
32. ℿ - sa - /s/ - ℿϻɤϻ̃ (sāñu) - con
33. ℑ - ha - /ɦ/ - ℑϻⱳɕ (hāṭa) - mercado
34. ⱦ - ḷa - /ḷ/ - ⱦɕɕꝚ (ḷuru) - joven
35. ⱬ - fa - /f/ - ⱬℿ (fulu) - flor

La escritura khudawadi también incluye signos diacríticos para modificar vocales y consonantes, así como signos de puntuación y numerales.

Debido a la limitada disponibilidad de recursos sobre la escritura khudawadi y la lengua sindhi, las palabras de ejemplo proporcionadas y sus traducciones pueden no ser del todo precisas o completas. La escritura ya no es de uso común, y el sindhi se escribe ahora principalmente con la escritura persoárabe o la escritura devanágari.

ລາວ

Lao

La escritura lao, también conocida como Akson Lao, es el principal sistema de escritura utilizado para la lengua lao, que es el idioma oficial de Laos. También se utiliza para escribir otras lenguas minoritarias en Laos, como el khmu y el hmong. La escritura lao deriva de la escritura tailandesa, que a su vez se basa en la antigua escritura jemer. Es una escritura abugida, donde cada consonante tiene una vocal inherente que puede alterarse o silenciarse mediante signos diacríticos. La escritura se escribe de izquierda a derecha.

Aquí están las letras de la escritura lao en su orden nativo, junto con las transliteraciones al alfabeto romano, las pronunciaciones IPA y ejemplos de palabras en lao:

Consonantes:

1. ກ - ka - /k/ - ໄກ່ (kai) - pollo
2. ຂ - kha - /kʰ/ - ຂວດ (khouat) - botella
3. ຄ - kha - /kʰ/ - ຄວາຍ (khouay) - búfalo
4. ງ - nga - /ŋ/ - ງູ (ngou) - serpiente
5. ຈ - cha - /tɕ/ - ຈານ (chan) - plato
6. ສ - sa - /s/ - ສີ (si) - color
7. ຊ - sa - /s/ - ຊ້າງ (sang) - elefante
8. ຍ - nya - /ɲ/ - ຍູງ (nyoung) - mosquito
9. ດ - da - /d/ - ດອກໄມ້ (dok mai) - flor
10. ຕ - ta - /t/ - ຕາ (ta) - ojo
11. ຖ - tha - /tʰ/ - ຖົ່ວ (thoua) - frijol

12. ທ - tha - /tʰ/ - ທຸງ (thoung) - bandera
13. ນ - na - /n/ - ນົກ (nok) - pájaro
14. ບ - ba - /b/ - ບ້ານ (ban) - pueblo
15. ປ - pa - /p/ - ປາ (pa) - pez
16. ຜ - pha - /pʰ/ - ຜັກ (phak) - verdura
17. ຝ - fa - /f/ - ຝັ່ງ (fang) - orilla (río)
18. ພ - pha - /pʰ/ - ພູ (phou) - montaña
19. ຟ - fa - /f/ - ຟ້າ (fa) - cielo
20. ມ - ma - /m/ - ແມ່ (mae) - madre
21. ຍ - ya - /j/ - ຍາ (ya) - medicina
22. ຣ - ra - /r/ - ຣົດ (rot) - vehículo
23. ລ - la - /l/ - ລົດ (lot) - coche
24. ວ - va - /w/ - ວັດ (vat) - templo
25. ຫ - ha - /h/ - ຫມາກ (mak) - fruta
26. ອ - a - /ʔ/ - ອ່ານ (an) - leer
27. ຮ - ha - /h/ - ຮ້ານ (han) - tienda

Vocales:

1. ະ - a - /a/ - ມະຫາ (maha) - grande
2. ◌ັ - mai kan - /a/ - ຜັກ (phak) - verdura
3. າ - aa - /a:/ - ສາດ (sat) - religión
4. ◌ໍ - am - /am/ - ນໍາ (nam) - dirigir
5. ◌ິ - i - /i/ - ມິດ (mit) - amigo
6. ◌ີ - ii - /i:/ - ສີ (si) - color
7. ◌ຶ - ue - /ɯ/ - ຫຶກ (huek) - ser hábil
8. ◌ື - uu - /ɯ:/ - ຮືອ (huu) - varilla de incienso
9. ◌ຸ - ou - /u/ - ຮຸ້ງ (houng) - arcoíris

10. ຸ - uu - /uː/ - ຫູ (hou) - oreja
11. ເ - e - /e/ - ເມຍ (mey) - esposa
12. ແ - ae - /ɛ/ - ແມ່ (mae) - madre
13. ໂ - o - /o/ - ໂອ (o) - O (alfabeto)
14. ໄ - ai - /ai/ - ໄຫ (hai) - cual
15. ໃ - ai - /ai/ - ໃບ (bai) - hoja
16. ເາະ - o - /ɔ/ - ເຫາະ (ho) - volar
17. ົ - o - /o/ - ນົກ (nok) - pájaro

La escritura lao también incluye marcas de tono, escritas encima o debajo de la consonante o vocal:

1. ່ - mai ek - tono bajo
2. ້ - mai tho - tono descendente
3. ໊ - mai ti - tono alto
4. ໋ - mai catawa - tono ascendente

La escritura también utiliza caracteres especiales para grupos de consonantes y consonantes finales, así como numerales y signos de puntuación.

ENCICLOPEDIA DE LA ESCRITURA UNIVERSAL

Latin

Latin

La escritura latina, también conocida como escritura romana, es el sistema de escritura alfabético más utilizado en el mundo. Se utiliza para escribir cientos de idiomas en todo el mundo, incluyendo inglés, español, francés, alemán, portugués, italiano, neerlandés y muchos otros. La escritura latina se originó en la antigua Italia y desde entonces ha experimentado varias adaptaciones y modificaciones para adaptarse a las necesidades de diferentes idiomas.

El alfabeto latino básico consta de 26 letras, cada una con una forma mayúscula y minúscula. Algunos idiomas que utilizan la escritura latina tienen letras adicionales, signos diacríticos o dígrafos para representar sonidos específicos de su idioma.

Aquí están las letras de la escritura latina en su orden nativo, junto con sus pronunciaciones comunes en el Alfabeto Fonético Internacional (IPA) y ejemplos de palabras en inglés:

1. A, a - /a/, /æ/, /ɑ/, /ə/ - apple, cat, father, about
2. B, b - /b/ - boy, bird, baby
3. C, c - /k/, /s/ - cat, city, race
4. D, d - /d/ - dog, door, dad
5. E, e - /ɛ/, /e/, /iː/, /ə/ - elephant, bed, me, taken
6. F, f - /f/ - fish, phone, laugh
7. G, g - /g/, /dʒ/ - girl, giant, age
8. H, h - /h/ - house, happy, ahead
9. I, i - /ɪ/, /iː/, /aɪ/ - igloo, machine, bike
10. J, j - /dʒ/ - joy, jump, badge
11. K, k - /k/ - king, kind, back

12. L, l - /l/ - love, long, all
13. M, m - /m/ - moon, mother, am
14. N, n - /n/ - nut, nice, an
15. O, o - /ɒ/, /oʊ/, /ʌ/, /ə/ - ox, open, love, person
16. P, p - /p/ - pen, happy, up
17. Q, q - /k/ - queen, quite, aqua
18. R, r - /r/, /ɹ/ - red, run, car
19. S, s - /s/, /z/ - sun, sure, rose
20. T, t - /t/ - table, time, cat
21. U, u - /ʌ/, /uː/, /ʊ/, /ju/ - up, rule, put, use
22. V, v - /v/ - van, love, have
23. W, w - /w/ - water, win, away
24. X, x - /ks/, /gz/ - box, exam, exact
25. Y, y - /j/, /i/, /aɪ/ - yellow, city, my
26. Z, z - /z/, /s/ - zoo, lazy, pizza

Tenga en cuenta que las pronunciaciones proporcionadas se basan en sonidos comunes del inglés y pueden variar en otros idiomas que utilizan la escritura latina. Muchos idiomas también tienen letras adicionales, como "Ñ" en español, "Ç" en turco o "Ø" en danés, que tienen sus propias pronunciaciones específicas.

La escritura latina se escribe de izquierda a derecha y utiliza varios signos de puntuación, como comas, puntos, signos de interrogación y signos de exclamación, para indicar pausas, entonación y estructura de las oraciones. La adopción generalizada de la escritura latina ha facilitado enormemente la comunicación y el intercambio de conocimientos a través de las fronteras lingüísticas y culturales.

ENCICLOPEDIA DE LA ESCRITURA UNIVERSAL

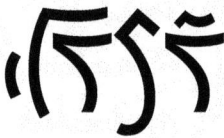

Lepcha

La escritura lepcha, también conocida como escritura róng, se utiliza para escribir la lengua lepcha, que es hablada por el pueblo lepcha, habitantes indígenas de Sikkim, India, y partes de Bengala Occidental, Nepal y Bután. La escritura deriva de la escritura tibetana y se cree que fue desarrollada en el siglo XVII. Es un sistema de escritura abugida, donde las consonantes tienen una vocal inherente que puede alterarse mediante signos diacríticos. La escritura se escribe de izquierda a derecha.

Aquí están las letras de la escritura lepcha en su orden nativo, junto con las transliteraciones al alfabeto romano, las pronunciaciones IPA y ejemplos de palabras en lepcha:

Consonantes:

1. Ε - ka - /k/ - ᝊᝲ (ka-no) - él, ella
2. ᰕ - kha - /kʰ/ - ᰕ (kha) - nacimiento
3. ᰃ - ga - /g/ - ᰃᰬ (ga-mu) - masticar
4. ᰅ - nga - /ŋ/ - ᰅ (ngo) - ser, existir
5. ᰆ - ca - /c/ - ᰆ (ca-t) - rasgar
6. ᰇ - cha - /cʰ/ - ᰇ (cha-mu) - nuera
7. ᰈ - ja - /ɟ/ - ᰈ (ja-k) - adornar
8. ᰉ - nya - /ɲ/ - ᰉᝲ (nya-li) - oscuro
9. ᰊ - ta - /t/ - ᰊ (ta-k) - tejer
10. ᰋ - tha - /tʰ/ - ᰋ (tha-mu) - bailar

11. ꕁ - da - /d/ - ꕁꕢ (du-ngo) - beber

12. ꕉ - na - /n/ - ꕉꕱ (na-bong) - oreja

13. ꖴ - pa - /p/ - ꖴꕯ (pa-mu) - rascar

14. ꖷ - pha - /pʰ/ - ꖷꕯ (pha-li) - delgado

15. ꗃ - ba - /b/ - ꗃꕯ (bu-mu) - llevar

16. ꕪ - ma - /m/ - ꕪꕱ (mo-ngo) - soñar

17. ꖖ - ya - /j/ - ꖖ) (ya-k) - lamer

18. ꕩ - ra - /r/ - ꕩꕯ (ra-mu) - venir

19. ꕊ - la - /l/ - ꕊꕱ (lu-ngo) - decir

20. O - wa - /w/ - Q (wa) - aire

21. ꕦ - sa - /s/ - ꕦꕱ (sa-mong) - nuevo

22. ꕸ - ha - /h/ - ꕸꕱ (hau-ngo) - ser capaz

23. ꖸ - hya - /ç/ - ꖸ (hya) - mijo

24. ꗒ - fa - /f/ - ꗒꕱ (fu-ngo) - arar, cultivar

25. ꕭ - za - /z/ - ꕭꕭ (za) - comer, comida

Vocal inherente:

ꗘ - a - /a/

Signos diacríticos vocálicos:

1. ̊ - i - /i/ - ꕠ (pi) - hermana mayor

2. ̊ - o - /o/ - ꕪꕱ (mo-ngo) - soñar

3. ̊ - u - /u/ - ꖷꕯ (pha-li) - delgado

4. ̊ - e - /e/ - ꗒꕱ (fu-ngo) - arar, cultivar

5. ◌ཱ - ā - /aː/ - ཉཱམ (nyā-mu) - pez

6. ◌ི - i - /iː/ - ཁི (khi) - perro

7. ◌ཻ - ai - /ai/ - ཉཻ (nyai) - abuela

8. ◌ཽ - au - /au/ - ལཽ (lau) - cabra

9. ◌ཱུ - ū - /uː/ - བཱུམ (bu-mu) - llevar

10. ◌ཱི - ī - /iː/ - དཱིང (di-ngo) - tener miedo

    La escritura lepcha también incluye consonantes finales, consonantes subíndices y signos de puntuación.

    Aunque la escritura lepcha tiene una larga historia y es una parte importante de la identidad cultural lepcha, su uso ha disminuido en los últimos tiempos. Muchos hablantes de lepcha han cambiado a otras escrituras, como la devanágari o la romana, para escribir su lengua. Sin embargo, se están realizando esfuerzos para revitalizar y promover el uso de la escritura lepcha entre la comunidad lepcha.

ENCICLOPEDIA DE LA ESCRITURA UNIVERSAL

ᚠBYΔEFI

Licio

La escritura licia se utilizaba para escribir la antigua lengua licia, que se hablaba en Licia, una región del suroeste de Anatolia (actual Turquía), durante el primer milenio a.C. La escritura licia es una forma modificada del alfabeto griego, con letras adicionales para representar sonidos específicos de la lengua licia. La escritura se escribía de izquierda a derecha.

Aquí están las letras de la escritura licia, junto con sus transliteraciones y pronunciaciones aproximadas:

1. Ⱶ - a - /a/
2. ↑ - e - /e/
3. B - b - /b/
4. ᛖ - g - /g/
5. Ʋ - d - /d/
6. Δ - i - /i/
7. E - w - /w/
8. F - z - /z/
9. I - θ - /tʰ/
10. X - j - /j/
11. I - k - /k/
12. K - q - /kʷ/
13. ✷ - l - /l/
14. Λ - m - /m/
15. M - n - /n/

16. N - p - /p/
17. X - ϰ - /k/
18. Ɨ - r - /r/
19. O - s - /s/
20. Γ - τ - /t/
21. ◊ - u - /u/
22. P - ã - /ã/
23. ʂ - ẽ - /ẽ/
24. T - ñ - /ñ/
25. Ỵ - t - /t/
26. ⱽ - h - /h/

Ejemplos de palabras en licio:

1. TO↑T↑ - ñsẽñẽ - "tumba"
2. ᚹB↑Nᛖᚹ - abeñna - "padre"
3. ᚹPTᚹ - ãñã - "madre"

    La escritura licia se utilizaba principalmente para inscripciones en monumentos de piedra, como tumbas, sarcófagos y fachadas excavadas en la roca. Estas inscripciones proporcionan información valiosa sobre la cultura, la sociedad y la lengua licias. La lengua y la escritura licias están relacionadas con otras lenguas anatolias, como el hitita y el luvita, y han contribuido a nuestra comprensión del panorama lingüístico de la antigua Anatolia.

    Aunque la escritura y la lengua licias cayeron en desuso a finales del primer milenio a.C., siguen siendo un tema importante de estudio para lingüistas, epigrafistas e historiadores interesados en el antiguo Oriente Próximo y el desarrollo de los sistemas de escritura en la región.

ENCICLOPEDIA DE LA ESCRITURA UNIVERSAL

ABCI

Lidio

El alfabeto lidio se utilizaba para escribir el idioma lidio, una lengua indoeuropea extinta hablada en la antigua región de Lidia, en el oeste de Anatolia (actual Turquía), durante el primer milenio a. C. El alfabeto lidio es un alfabeto derivado del alfabeto griego, con algunos caracteres adicionales para representar sonidos específicos del idioma lidio. El alfabeto se escribía de izquierda a derecha.

Aquí están las letras del alfabeto lidio, junto con sus transliteraciones y pronunciaciones aproximadas:

1. A - a - /a/
2. 8 - b - /b/
3. Ɔ - g - /g/
4. ʎ - d - /d/
5. ᴟ - e - /e/
6. ꟻ - v - /v/
7. I - i - /i/
8. ꓷ - y - /y/
9. ʞ - k - /k/
10. ꞁ - l - /l/
11. ᴎ - m - /m/
12. ꓠ - n - /n/
13. O - o - /o/
14. ꟼ - r - /r/

15. 𐤮 - s - /s/
16. 𐤯 - t - /t/
17. 𐤰 - u - /u/
18. 𐤱 - f - /f/
19. 𐤲 - q - /kʷ/
20. 𐤳 - š - /ʃ/
21. 𐤴 - τ - /t/
22. 𐤵 - ã - /ã/
23. 𐤶 - ẽ - /ẽ/
24. 𐤸 - ẽν - /ẽ/
25. 𐤹 - c - /ts/
    - λ - /l/
    - ν - /n/

Ejemplos de palabras en lidio:

1. 𐤨𐤠𐤥𐤤𐤮 - kaves - "sacerdote"
2. 𐤡𐤠𐤨𐤪𐤩𐤥𐤠𐤣 - bakmλvad - "del rey"
3. 𐤮𐤤𐤫𐤪𐤰𐤨 - senmuk - "monumento"

El alfabeto lidio se utilizaba para diversos fines, incluyendo inscripciones reales y públicas, monedas y grafitis. La inscripción lidia más famosa es el bilingüe de Sardis, que presenta textos paralelos en lidio y arameo, proporcionando información valiosa sobre el idioma lidio y su relación con otros idiomas antiguos.

El idioma y el alfabeto lidios estuvieron en uso hasta el siglo IV a. C., cuando Lidia fue conquistada por el Imperio Persa Aqueménida. A pesar de su período de uso relativamente corto, el alfabeto lidio ha contribuido a nuestra comprensión del panorama lingüístico de la antigua Anatolia y el desarrollo de los sistemas de escritura en la región.

Limbu

La escritura limbu, también conocida como escritura kiranti o escritura sirijonga, se utiliza para escribir la lengua limbu, que es hablada por el pueblo limbu, un grupo étnico indígena que reside principalmente en el este de Nepal, Sikkim (India) y partes de Bután y Myanmar. La escritura deriva de la escritura tibetana y se cree que fue desarrollada en el siglo IX. Es un sistema de escritura abugida, donde las consonantes tienen una vocal inherente que puede alterarse mediante signos diacríticos. La escritura se escribe de izquierda a derecha.

Aquí están las letras de la escritura limbu en su orden nativo, junto con las transliteraciones al alfabeto romano, las pronunciaciones IPA y ejemplos de palabras en limbu:

Consonantes:

1. ᤁ - ka - /k/ - ᤁᤅ (kak) - sangre
2. ᤂ - kha - /kʰ/ - ᤂᤥᤅ (khok) - agujero
3. ᤃ - ga - /g/ - ᤃᤅ (gak) - vaina
4. ᤄ - gha - /gʰ/ - ᤄᤳ (ghat) - grande
5. ᤅ - nga - /ŋ/ - ᤅᤡ (ngi) - nosotros (inclusivo)
6. ᤆ - ca - /c/ - ᤆᤥ (ca) - té
7. ᤇ - cha - /cʰ/ - ᤇᤡᤖ (chiri) - cabra
8. ᤈ - ja - /ɟ/ - ᤈᤅ (jak) - mano
9. ᤉ - jha - /ɟʱ/ - ᤉᤠᤱᤛᤢᤅ (jhansung) - luna
10. ᤊ - yan - /j/ - ᤊᤳ (yat) - trabajo

ENCICLOPEDIA DE LA ESCRITURA UNIVERSAL

11. ꅑ - ta - /t/ - ꅑ𑂺 (tan) - arriba
12. 3 - tha - /tʰ/ - 3𑂺 (thok) - cuerda
13. ꍇ - da - /d/ - ꍇ (dat) - labio
14. ꍉ - dha - /dʱ/ - ꍉ (dho) - qué
15. ꑣ - na - /n/ - ꑣ (nak) - nariz
16. Z - pa - /p/ - Z𑂺 (pan) - agrio
17. ω - pha - /pʰ/ - ω (phik) - corteza (de un árbol)
18. ∞ - ba - /b/ - ∞𑂺 (ban) - amigo
19. ၄ - bha - /bʱ/ - ၄ (bhu) - curry
20. ꑌ - ma - /m/ - ꑌ (mak) - maíz
21. ꑐ - ya - /y/ - ꑐ𑂺 (yan) - venir
22. ꑕ - ra - /r/ - ꑕ (rak) - palabra
23. ꑾ - la - /l/ - ꑾ (lat) - mes
24. ꒐ - wa - /w/ - ꒐ (wasung) - esposo
25. ꒒ - sha - /sʰ/ - ꒒ (shat) - diente
26. ꒓ - sa - /s/ - ꒓ (sok) - espina
27. ꒔ - ha - /h/ - ꒔ (hak) - cerdo, puerco

Vocal inherente:

ꑢ - a - /a/

Signos diacríticos vocálicos:

1. ꆈ - i - /i/ - ꑢ (kit) - olla
2. ꆉ - u - /u/ - ꑢ (kuk) - pecho
3. ꆊ - o - /o/ - ꑢ (kok) - caracol
4. ꆋ - e - /e/ - ꑢ (ken) - soportar
5. ꆌ - ai - /ai/ - ꑢ (kain) - negro

6. ঔ - oi - /oi/ - ᤁᤥᤡᤰ (koik) - lengua

7. ঔ - au - /au/ - ᤁᤧᤢ (kau) - blanco

8. ऑ - ā - /aː/ - ᤔᤠᤰ (māk) - nombre

9. ऑु - am - /ãː/ - ᤁᤠᤶ (kām) - pezón

10. ऑ - ah - /aʰ/ - ᤁᤠᤠ (kah) - ciervo

La escritura limbu también incluye consonantes subíndices, consonantes finales y signos de puntuación.

Aunque la escritura limbu tiene una rica historia e importancia cultural, su uso ha disminuido con el tiempo. Muchos hablantes de limbu han cambiado a la escritura devanágari o al alfabeto romano para escribir su lengua. Sin embargo, se están realizando esfuerzos para preservar y revitalizar la escritura limbu, incluyendo su inclusión en Unicode y el desarrollo de fuentes digitales.

Silabario de Lineal B

El silabario de Lineal B es un sistema de escritura utilizado en la antigua Grecia, principalmente durante el período micénico (c. 1450-1200 a.C.). Se utilizaba para escribir una forma temprana de griego, ahora conocida como griego micénico. El Lineal B consta de aproximadamente 87 signos silábicos, cada uno de los cuales representa una combinación de una consonante y una vocal, o a veces solo una vocal.

Aquí hay algunos ejemplos de signos silábicos de Lineal B, junto con sus transliteraciones y pronunciaciones aproximadas:

1. 𐀀 - a - /a/
2. 𐀅 - da - /da/
3. 𐀞 - pa - /pa/
4. 𐀳 - te - /te/
5. 𐀵 - to - /to/
6. 𐀏 - ka - /ka/
7. 𐀫 - ro - /ro/
8. 𐀹 - qi - /kwi/
9. 𐀴 - ti - /ti/
10. 𐀪 - ri - /ri/
11. 𐀛 - ni - /ni/
12. 𐀭 - sa - /sa/
    ○ mu - /mu/
13. 𐀨 - ra - /ra/

14. ℍ - wa - /wa/

15. ⊕ - na - /na/

16. 𒀀 - zo - /dzo/

17. 𝒱 - si - /si/

18. ℗ - po - /po/

19. 𝒽 - me - /me/

20. 𝕄 - ta - /ta/

21. ℙ - nu - /nu/

22. 𝒱 - ko - /ko/

23. 𝒴 - du - /du/

24. ℙ - ke - /ke/

Ejemplos de palabras en griego micénico escritas en Lineal B:

1. ‡≡† - wa-na-ka - /wanaks/ - "rey"
2. ⋂𝒶𝒯 - po-me-ne - /poimēn/ - "pastor"
3. 𝒽ℙ𝕃 - a-nu-to - /anthos/ - "flor"

El Lineal B se utilizaba principalmente con fines administrativos y contables, registrando inventarios, transacciones y asignaciones de recursos en los palacios y centros de poder micénicos. La escritura se escribía de izquierda a derecha, con signos dispuestos en grupos que representaban palabras o frases, a menudo seguidos de ideogramas y numerales.

El desciframiento del Lineal B a mediados del siglo XX por Michael Ventris y John Chadwick revolucionó nuestra comprensión de la civilización micénica y proporcionó los primeros registros conocidos de la lengua griega. El desciframiento también reveló información significativa sobre la estructura social, la economía y la religión del mundo micénico.

ENCICLOPEDIA DE LA ESCRITURA UNIVERSAL

LISU

Lisu

La escritura lisu, también conocida como escritura Fraser, se utiliza para escribir la lengua lisu, que es hablada por el pueblo lisu, un grupo étnico que reside principalmente en el suroeste de China, el norte de Myanmar (Birmania) y el norte de Tailandia. La escritura fue desarrollada a principios del siglo XX por el misionero británico James O. Fraser y la comunidad lisu. Es un sistema de escritura alfabético con letras mayúsculas y minúsculas. La escritura se escribe de izquierda a derecha.

Aquí están las letras de la escritura lisu en su orden nativo, junto con las transliteraciones al alfabeto romano, las pronunciaciones IPA y ejemplos de palabras en lisu:

Letras mayúsculas:

1. B - A - /a/ - B (a) - tío
2. P - B - /b/ - PB (ba) - insecto
3. d - P - /p/ - dB (pa) - padre
4. D - T - /t/ - DB (ta) - morder
5. T - D - /d/ - TF (du) - golpear
6. ⊥ - K - /k/ - ⊥B (ka) - amargo
7. G - G - /g/ - GF (gu) - nueve
8. K - M - /m/ - KF (mu) - cadáver
9. Ж - F - /f/ - ЖF (fu) - soplar
10. J - S - /s/ - JF (su) - nieto
11. C - R - /ɹ/ - CF (ru) - hueso

12. Ɔ - L - /l/ - ƆF (lu) - venir
13. Z - W - /w/ - ZF (wu) - entrar
14. F - U - /u/, /y/ - F (u) - huevo
15. ꓱ - E - /e/ - ꓱ (e) - usar
16. M - Ö - /ø/ - M (ö) - cocinar al vapor
17. N - I - /i/ - N (i) - dormir
18. L - O - /o/ - L (o) - ganso
19. S - Ü - /y/ - S (ü) - pudrir
20. R - H - /h/ - RF (hu) - esperar
21. Я - V - /v/ - ЯF (vu) - cavar
22. Λ - NG - /ŋ/ - ΛB (nga) - uno
23. V - CH - /tʃ/ - VF (chu) - saltar
24. H - JH - /dʒ/ - HF (jhu) - cortar
25. Ɔ - SH - /ʃ/ - ƆF (shu) - fiebre
26. ſ - GH - /ɣ/ - ſF (ghu) - tener hambre
27. W - ZH - /ʒ/ - WF (zhu) - plantar
28. X - Y - /j/ - XF (yu) - arroz
29. Y - C - /ts/ - YF (cu) - conectar
30. ꓭ - J - /dz/ - ꓭF (ju) - agua
31. A - Z - /z/ - AB (za) - hijo
32. ∀ - N - /n/ - ∀B (na) - dos
33. E - Q - /tʃʰ/ - EF (qu) - lavar
34. Ǝ - X - /ʃ/ - ƎF (xu) - seis
35. I - TH - /tʰ/ - IF (thu) - dejar caer
36. O - DH - /d/ - OF (dhu) - pared
37. U - PH - /pʰ/ - UB (pha) - blanco

38. ∩ - KH - /kʰ/ - ∩F (khu) - robar
39. ⅂ - T' - /t/ - ⅂F (t'u) - escupir
40. ꓷ - K' - /k/ - ꓷF (k'u) - perro

Letras minúsculas:
    Las letras minúsculas en la escritura lisu tienen las mismas pronunciaciones y significados que sus contrapartes mayúsculas, pero se utilizan en diferentes contextos, como en nombres propios o al principio de las oraciones.

    La escritura lisu también incluye algunos signos de puntuación y marcas de tono, que se escriben encima o debajo de las letras para indicar diferentes tonos en la lengua lisu.

    El desarrollo de la escritura lisu ha desempeñado un papel crucial en la promoción de la alfabetización y la preservación de la lengua y la cultura lisu. Hoy en día, la escritura se utiliza en diversos contextos, incluyendo la educación, los textos religiosos y la comunicación personal entre la comunidad lisu.

ENCICLOPEDIA DE LA ESCRITURA UNIVERSAL

Makasar

El alfabeto makasar, también conocido como alfabeto makassarese o antiguo alfabeto makassarese, es un sistema de escritura que se utilizaba para escribir el idioma makassarese, hablado en la provincia de Sulawesi del Sur, en Indonesia. El alfabeto se deriva del alfabeto brahmi y está relacionado con otros alfabetos indonesios como el buguinés y el rejang. El alfabeto makasar se escribe de izquierda a derecha.

Aquí están las letras del alfabeto makasar, junto con sus transliteraciones y pronunciaciones aproximadas:

1. 〃 - ka - /ka/
2. ⌁ - ga - /ga/
3. ⋋ - nga - /ŋa/
4. ⋀ - pa - /pa/
5. ⌁ - ba - /ba/
6. ⪽ - ma - /ma/
7. ∨ - ta - /ta/
8. ⌁ - da - /da/
9. ⋀ - na - /na/
10. ∨ - ca - /tʃa/
11. ⋀ - ja - /dʒa/
12. ⌁ - nya - /ɲa/
13. ⌁ - ya - /ja/
14. ⌁ - ra - /ra/

ENCICLOPEDIA DE LA ESCRITURA UNIVERSAL

15. ᨒ - la - /la/
16. ᨓ - va - /va/ or /wa/
17. ᨔ - sa - /sa/
18. ᨕ - a - /a/

El alfabeto makasar también incluye varios signos diacríticos para modificar los sonidos vocálicos:

- ᨕ - i - /i/
- ᨕ - u - /u/
- ο - e - /e/
- ᨕ - o - /o/
- ∞ - virama - se utiliza para suprimir la vocal inherente de una consonante

Ejemplos de palabras en makassarese escritas en el alfabeto makasar:

1. ⫽ᨔᨕ - kina - "nosotros (inclusivo)"
2. ᨒᨔᨕ - tina - "cada"
3. ᨔᨔᨕᨕ - liya - "diferente"

Aunque el alfabeto makasar fue ampliamente utilizado para escribir el idioma makassarese, su uso ha disminuido en los últimos tiempos. Hoy en día, el idioma makassarese se escribe más comúnmente utilizando el alfabeto latino. Sin embargo, se han realizado esfuerzos para preservar y revitalizar el alfabeto makasar como una parte importante del patrimonio cultural makassarese.

ENCICLOPEDIA DE LA ESCRITURA UNIVERSAL

മലയാളം

ENCICLOPEDIA DE LA ESCRITURA UNIVERSAL

Malayalam

El alfabeto malayalam, también conocido como alfabeto malayali, se utiliza para escribir el idioma malayalam, que es el idioma oficial del estado indio de Kerala y del territorio de la Unión de Lakshadweep. El malayalam es un idioma dravídico hablado por aproximadamente 38 millones de personas. El alfabeto también se utiliza para escribir algunos otros idiomas minoritarios, como el irula, el paniya y el ravula. El alfabeto malayalam es un sistema de escritura abugida, donde las consonantes tienen una vocal inherente que puede ser alterada o silenciada mediante signos diacríticos. Se escribe de izquierda a derecha.

Aquí están las letras del alfabeto malayalam en su orden nativo, junto con las transliteraciones al alfabeto romano, las pronunciaciones IPA y ejemplos de palabras en malayalam:

Vocales (സ്വരങ്ങൾ):

1. അ - a - /a/ - അമ്മ (amma) - madre
2. ആ - ā - /a:/ - ആന (āna) - elefante
3. ഇ - i - /i/ - ഇല (ila) - hoja
4. ഈ - ī - /i:/ - ഈശ്വരൻ (īśwaran) - Dios
5. ഉ - u - /u/ - ഉപ്പ് (uppu) - sal
6. ഊ - ū - /u:/ - ഊഷ്മളം (ūṣmaḷaṁ) - calidez
7. ഋ - ṛ - /rɨ/ - ഋതു (ṛtu) - estación
8. എ - e - /e/ - എലി (eli) - rata
9. ഏ - ē - /e:/ - ഏലം (ēlaṁ) - cardamomo
10. ഐ - ai - /ai/ - ഐക്യം (aikyaṁ) - unidad

11. ഒ - o - /o/ - ഒരു (oru) - uno
12. ഓ - ō - /o:/ - ഓലക്കുടം (ōlakkuṭaṁ) - ruido
13. ഔ - au - /au/ - ഔഷധം (auṣadhaṁ) - medicina
14. അം - aṁ - /am/ - അംശം (aṁśaṁ) - parte
15. അഃ - aḥ - /ah/ - അഃ (aḥ) - (utilizado en préstamos del sánscrito)

Consonantes (വ്യഞ്ജനങ്ങൾ):

1. ക - ka - /ka/ - കടൽ (kaṭal) - mar
2. ഖ - kha - /kʰa/ - ഖഗോളം (khagōḷaṁ) - planeta
3. ഗ - ga - /ga/ - ഗജം (gajaṁ) - elefante
4. ഘ - gha - /gʱa/ - ഘടന (ghaṭana) - estructura
5. ങ - ṅa - /ŋa/ - ങ (ṅa) - (utilizado en préstamos del sánscrito)
6. ച - ca - /t͡ʃa/ - ചക്രം (cakraṁ) - rueda
7. ഛ - cha - /t͡ʃʰa/ - ഛായ (chāya) - sombra
8. ജ - ja - /d͡ʒa/ - ജനം (janaṁ) - gente
9. ഝ - jha - /d͡ʒʱa/ - ഝാൻസി (jhānsī) - Jhansi (ciudad)
10. ഞ - ña - /ɲa/ - ഞാൻ (ñān) - yo
11. ട - ṭa - /ṭa/ - ടമാല (ṭamāla) - tomate
12. ഠ - ṭha - /ṭʰa/ - ഠാണ (ṭhāṇa) - estación de policía
13. ഡ - ḍa - /ḍa/ - ഡൽഹി (ḍalhī) - Delhi (ciudad)
14. ഢ - ḍha - /ḍʱa/ - ഢക്ക (ḍhakka) - tambor
15. ണ - ṇa - /ṇa/ - ണ (ṇa) - (utilizado en préstamos del sánscrito)
16. ത - ta - /t̪a/ - തണ്ണീർ (taṇṇīr) - agua

17. ധ - tha - /t̪ʰa/ - ധാളി (thāḷi) - plato
18. ദ - da - /d̪a/ - ദളം (daḷaṁ) - pétalo
19. ധ - dha - /d̪ʰa/ - ധനം (dhanaṁ) - riqueza
20. ന - na - /na/ - നായ (nāya) - perro
21. പ - pa - /pa/ - പശു (paśu) - vaca
22. ഫ - pha - /pʰa/ - ഫലം (phalaṁ) - fruta
23. ബ - ba - /ba/ - ബലം (balaṁ) - fuerza
24. ഭ - bha - /bʰa/ - ഭവനം (bhavanaṁ) - edificio
25. മ - ma - /ma/ - മലർ (malar) - flor
26. യ - ya - /ja/ - യന്ത്രം (yantraṁ) - máquina
27. ര - ra - /ra/ - രാജാവ് (rājāv) - rey
28. ല - la - /la/ - ലളിത (laḷita) - simple
29. വ - va - /ʋa/ - വസന്തം (vasantaṁ) - primavera
30. ശ - śa - /ʃa/ - ശബ്ദം (śabdaṁ) - sonido
31. ഷ - ṣa - /ṣa/ - ഷഡ്പദം (ṣaḍpadaṁ) - hexágono
32. സ - sa - /sa/ - സമയം (samayaṁ) - tiempo
33. ഹ - ha - /ha/ - ഹരം (haraṁ) - collar
34. ള - ḷa - /ḷa/ - ളകാരം (ḷakāraṁ) - belleza
35. ഴ - ḻa - /ɻa/ - ഴ (ḻa) - (utilizado en préstamos del tamil)
36. ഠ - ṟa - /ra/ - റേഡിയോ (ṟēḍiyō) - radio

El alfabeto malayalam también incluye varios signos diacríticos para modificar vocales y consonantes, así como símbolos adicionales para representar grupos de consonantes, numerales y signos de puntuación.

ENCICLOPEDIA DE LA ESCRITURA UNIVERSAL

ascahvash

Mandaico

El alfabeto mandaico, también conocido como escritura mandaica, se utiliza para escribir el idioma mandaico, que es un idioma semítico hablado por el pueblo mandeo, un pequeño grupo etnorreligioso que reside principalmente en el sur de Irak y el suroeste de Irán. La religión mandea es una fe monoteísta y gnóstica que venera a Juan el Bautista. El alfabeto mandaico se deriva del alfabeto arameo y se escribe de derecha a izquierda.

Aquí están las letras del alfabeto mandaico en su orden nativo, junto con las transliteraciones al alfabeto romano, las pronunciaciones IPA y ejemplos de palabras en mandaico:

1. ο - a - /a/ - ܐܒܐ (aba) - padre
2. ݎ - b - /b/ - ܒܣܪܐ (bisra) - carne
3. ݏ - g - /g/ - ܓܒܪܐ (gabra) - hombre
4. ݑ - d - /d/ - ܕܪܝܐ (daria) - río
5. ݓ - h - /h/ - ܗܢܝܠ (hnil) - ir
6. ݔ - u, w - /u/, /w/ - ܘܪܕܐ (urda) - rosa
7. | - z - /z/ - ܙܪܙܐ (zarza) - semilla
8. ܗ - ḥ - /ħ/ - ܚܛܐ (ḥita) - pecado
9. ܛ - ṭ - /tˤ/ - ܛܠܝܢ (ṭalian) - sombra
10. ܥ - i, y - /i/, /j/ - ܝܪܕܢܐ (iardna) - Jordán (río)
11. ܟ - k - /k/ - ܟܪܣܐ (karsa) - estómago
12. ܠ - l - /l/ - ܠܫܢܐ (lišana) - lengua, idioma
13. ܡ - m - /m/ - ܡܝܐ (mia) - agua
14. ܢ - n - /n/ - ܢܗܪܐ (nhara) - luz

15. ‿ܣ - s - /s/ - ܐܝܣܘ (sina) - luna

16. ܭ - ʕ - /ʕ/ - ܐܝܭܘ (ʕina) - ojo

17. ܙ - p - /p/ - ܐܪܙ (pra) - fruta

18. ܫ - ṣ - /sˤ/ - ܐܨܠܡ (ṣalma) - imagen

19. ܩ - q - /q/ - ܐܠܐܩ (qala) - sonido, voz

20. ܪ - r - /r/ - ܐܒܪ (rba) - grande

21. ܭ - š - /ʃ/ - ܘܡܝܫ (šimia) - cielo

22. ܬ - t - /t/ - ܢܝܪܬ (trin) - dos

    El alfabeto mandaico también incluye algunos signos diacríticos y signos de puntuación.

    Aunque el idioma y el alfabeto mandaicos tienen una larga historia y son cruciales para la tradición religiosa mandea, el número de hablantes fluidos ha disminuido significativamente en los últimos años. Como resultado, el idioma se considera en grave peligro de extinción. Se están realizando esfuerzos para preservar y revitalizar el idioma y el alfabeto mandaicos entre la comunidad mandea.

ENCICLOPEDIA DE LA ESCRITURA UNIVERSAL

Marchen

El alfabeto marchen, también conocido como Gran Mar o Gran Escritura Hermosa, se utiliza para escribir el idioma tibetano en partes del oeste de China, particularmente en la región histórica de Kham, que incluye partes de las actuales provincias de Sichuan y Qinghai, y la Región Autónoma del Tíbet. El alfabeto está estrechamente relacionado con el alfabeto tibetano estándar, pero tiene algunas características distintivas y se considera un alfabeto separado. Es uno de varios alfabetos semicursivos utilizados para escribir tibetano.

Aquí están las letras del alfabeto marchen en su orden nativo, junto con las transliteraciones al alfabeto romano, las pronunciaciones IPA y ejemplos de palabras en tibetano:

Consonantes:

1. B - ka - /ka/ - BO (ka) - alfabeto
2. P - kha - /kʰa/ - P (kha) - nieve
3. d - ga - /ga/ - d: (gu) - nueve
4. D - nga - /ŋa/ - D (nga) - yo, mí
5. T - ca - /ca/ - T (ca) - hierro
6. ⊥ - cha - /cʰa/ - ⊥ (cha) - té
7. G - ja - /ɟa/ - G⎤ (ji) - uno
8. K - nya - /ɲa/ - K (nya) - pez
9. ℷ - ta - /ta/ - ℷ (ta) - caballo
10. J - tha - /tʰa/ - J (tha) - ver
11. C - da - /da/ - C (da) - flecha

12. ᴐ - na - /na/ - ᴐ (na) - bosque
13. Z - pa - /pa/ - Z (pa) - vaca
14. F - pha - /pʰa/ - F (pha) - bambú
15. ꓱ - ba - /ba/ - ꓱ (ba) - cabra
16. M - ma - /ma/ - M (ma) - madre
17. N - tsa - /tsa/ - N (tsa) - hierba
18. L - tsha - /tsʰa/ - L (tsha) - sal
19. S - dza - /dza/ - S (dza) - comer
20. R - wa - /wa/ - R (wa) - zorro
21. ᴚ - zha - /ʐa/ - ᴚ (zha) - dormir
22. ʌ - za - /za/ - ʌ (za) - hacer
23. V - 'a - /ʔa/ - V ('a) - venir
24. H - ya - /ja/ - H (ya) - ir
25. ᗡ - ra - /ra/ - ᗡ (ra) - cabra
26. ſ - la - /la/ - ſ (la) - paso de montaña
27. W - sha - /ɕa/ - W (sha) - carne
28. X - sa - /sa/ - X (sa) - tierra
29. Y - ha - /ha/ - Y (ha) - reír

Vocales (utilizadas como signos diacríticos):

1. ∩ - i - /i/
2. ꓶ - u - /u/
3. ᗡ - e - /e/
4. . - o - /o/

El alfabeto marchen también incluye varios otros signos diacríticos y caracteres especiales para representar préstamos del sánscrito y el chino, así como signos de puntuación.

Aunque el alfabeto marchen no se utiliza tan ampliamente como el alfabeto tibetano estándar, sigue siendo una parte importante de la cultura y la literatura budista tibetana en la región de Kham. Se están realizando esfuerzos para preservar y digitalizar los manuscritos marchen y para promover el uso del alfabeto entre las generaciones más jóvenes de tibetanos.

ENCICLOPEDIA DE LA ESCRITURA UNIVERSAL

Meitei Mayek

El alfabeto meitei mayek, también conocido como meetei mayek o alfabeto manipuri, se utiliza para escribir el idioma meitei (también llamado manipuri), que se habla principalmente en el estado indio de Manipur. El meitei es un idioma tibetano-birmano y el idioma oficial de Manipur. El alfabeto meitei mayek tiene una larga historia que se remonta al siglo XIII, pero cayó en desuso durante el siglo XVIII cuando se adoptó el alfabeto bengalí. En los últimos años, ha habido un resurgimiento del alfabeto meitei mayek, y ahora se está utilizando más ampliamente.

Aquí están las letras del alfabeto meitei mayek en su orden nativo, junto con las transliteraciones al alfabeto romano, las pronunciaciones IPA y ejemplos de palabras en meitei:

Vocales (Iyek Ipee):

1. ꯑ - a - /a/ - ꯑꯀꯟꯕ (akaŋba) - bueno
2. ꯑꯣ - ā - /aː/ - ꯃꯥ (mā) - persona
3. ꯏ - i - /i/ - ꯏꯔꯣꯢ (iroi) - dos
4. ꯏ꯫ - ī - /iː/ - ꯏꯔꯤ (irī) - sangre
5. ꯎ - u - /u/ - ꯎꯄꯥ (upā) - padre
6. ꯎ꯫ - ū - /uː/ - ꯀꯨꯟꯗꯦ (kūnde) - pequeño
7. ꯏꯦ - e - /e/ - ꯃꯦꯊꯣꯟ (methoŋ) - trueno
8. ꯏꯦ꯫ - ē - /eː/ - ꯃꯦꯀꯞ (mēkap) - cara
9. ꯑꯣ - o - /o/ - ꯍꯣꯟ (hoŋ) - almohada
10. ꯑꯣ꯫ - ō - /oː/ - ꯀꯣꯔꯥꯛ (kōrak) - cangrejo
11. ꯑꯩ - oi - /oi/ - ꯃꯣꯢ (moi) - ejemplo

Consonantes (Iyek Ipee):

1. ꯀ - k - /k/ - ꯀꯥ (ka) - mosquito
2. ꯁ - d - /d/ - ꯁꯝ (dam) - lleno
3. ꯒ - g - /g/ - ꯒꯩ (gai) - mono
4. ꯉ - ṅ - /ŋ/ - ꯉꯥ (ŋa) - pez
5. ꯄ - ń - /dʒ/ - ꯂꯥꯟ (lańā) - guerra
6. ꯆ - c - /tʃ/ - ꯆꯥ (ca) - té
7. ꯇ - t - /t/ - ꯇꯥ (ta) - mes
8. ꯊ - th - /tʰ/ - ꯊꯥ (tha) - fruta
9. ꯄ - p - /p/ - ꯄꯥ (pa) - año
10. ꯂ - l - /l/ - ꯂꯩꯔꯤꯛ (lairik) - libro
11. ꯃ - m - /m/ - ꯃꯤꯠ (mit) - ojo
12. ꯍ - h - /h/ - ꯍꯩ (hai) - mango
13. ꯌ - y - /j/ - ꯌꯨꯝ (yum) - aceite
14. ꯔ - r - /r/ - ꯔꯥ (ra) - camino
15. ꯕ - b - /b/ - ꯕꯨ (bu) - insecto
16. ꯋ - w - /w/ - ꯋꯥ (wa) - fuego
17. ꯡ - ṅ - /ŋ/ - ꯉꯥꯡ (ŋaŋ) - pato
18. ꯖ - j - /dʒ/ - ꯖꯛ (jak) - mano
19. ꯁ - s - /s/ - ꯁꯤꯟ (sin) - pelo
20. ꯈ - kh - /kʰ/ - ꯈꯨꯗꯤꯡ (khudiŋ) - único
21. ꯓ - jh - /dʒʱ/ - ꯖꯤꯟ (jin) - colina
22. ꯠ - ṭ - /ʈ/ - ꯙꯥꯟꯗꯣꯛ (jhandok) - cuchara
23. ꯡ - ḷ - /ɽ/ - ꯐꯨꯡ (phuŋ) - flor
24. ꯘ - ṭh - /ʈʰ/ - ꯃꯤꯊꯨ (mithu) - hombre

25. ঘ - dh - /dʱ/ - ꯃꯁꯤꯟ (masin) - luz
26. ꯅ - n - /n/ - ꯆꯕꯤ (naina) - plátano

El alfabeto meitei mayek también incluye algunos símbolos adicionales, como el anusvara (ꯪ) para la nasalización y el visarga (ꯍ) para una respiración sorda después de una vocal.

Se han realizado esfuerzos para promover y estandarizar el uso del alfabeto meitei mayek, y el gobierno de Manipur lo reconoció oficialmente como el alfabeto para el idioma meitei en 2005. El alfabeto ahora se está enseñando en las escuelas y se utiliza en documentos oficiales, señalización y espacios públicos junto con el alfabeto bengalí.

Mende Kikakui

El alfabeto mende kikakui, también conocido como ki-ka-kui, se utiliza para escribir el idioma mende, que es hablado por el pueblo mende en Sierra Leona y Liberia, en África Occidental. El alfabeto fue inventado a principios del siglo XX por Mohammed Turay, un erudito mende, y se basa en un sistema silábico, donde cada símbolo representa una sílaba en lugar de un solo sonido.

Aquí están los símbolos del alfabeto mende kikakui en su orden nativo, junto con las transliteraciones al alfabeto romano, las pronunciaciones IPA y ejemplos de palabras en mende:

1. 7 - i - /i/ - ⊢⊖·7 (iya) - madre
2. 7̇ - e - /e/ - 7̇⊖·7̇ (ehe) - sí
3. 7̈ - eh - /ɛ/ - 77̈ (ehi) - tú
4. 7· - u - /u/ - ⊢⊖·7· (uwa) - muerte
5. ⇝ - o - /o/ - ⊢⊖·⇝ (owa) - casa
6. ⊃⊂ - oo - /ɔ/ - 7⊃⊂ (ooi) - él/ella
7. 9̈ - a - /a/ - 7̇⊖·9̈ (ahe) - nosotros
8. ⁑ - ah - /ə/ - ⊢⊖·⁑ (ahwa) - granja
9. ꒐ - kay - /ke/ - ꒐⊖·꒐ (keyke) - cada
10. ꒐ - ki - /ki/ - ꒐⊖·꒐ (kiki) - jefe
11. ꒐ - ku - /ku/ - 7·⊖·꒐ (kuu) - sal
12. ⊢ʼ - ko - /ko/ - ⊢ʼ⊖·⊢ʼ (koko) - uno
13. 9ᒣ - wa - /wa/ - 9̈⊖·9ᒣ (waa) - aceite
14. ╪ - wi - /wi/ - 7·⊖·╪ (wiu) - agua

15. ꘓ - pee - /pe/ - ꘋꘌꘓ (peeh) - dos
16. ꘔ - mbee - /mbe/ - ꘋꘌꘔ (mbeeo) - lluvia
17. ꘕ - bee - /be/ - ꘋꘌꘕ (beeo) - mano
18. ꘖ - ngee - /ŋe/ - ꘋꘌꘖ (ngeea) - vaca
19. ꘗ - lee - /le/ - ꘋꘌꘗ (leeo) - tres
20. ꘘ - dee - /de/ - ꘋꘌꘘ (deeh) - fuego
21. ꘙ - ndee - /nde/ - ꘋꘌꘙ (ndeeo) - hombre
22. ꘚ - fee - /fe/ - ꘋꘌꘚ (feeo) - cuatro
23. ꘛ - vee - /ve/ - ꘋꘌꘛ (veeo) - cabra
24. ꘜ - tee - /te/ - ꘋꘌꘜ (teeo) - cinco
25. ꘝ - taa - /ta/ - ꘋꘌꘝ (taataa) - padre
26. ꘞ - baa - /ba/ - ꘋꘌꘞ (baaa) - seis
27. ꘟ - daa - /da/ - ꘋꘌꘟ (daaa) - árbol
28. ꘠ - kpaa - /kpa/ - ꘋꘌ꘠ (kpaao) - siete
29. ꘡ - jaa - /dʒa/ - ꘋꘌ꘡ (jaao) - ocho
30. ꘢ - yaa - /ja/ - ꘋꘌ꘢ (yaaa) - pez
31. ꘣ - kaa - /ka/ - ꘋꘌ꘣ (kau) - nueve
32. ꘤ - gaa - /ga/ - ꘋꘌ꘤ (gaaa) - diez
33. ꘥ - maa - /ma/ - ꘋꘌ꘥ (maaa) - arroz
34. ꘦ - naa - /na/ - ꘋꘌ꘦ (naaa) - serpiente
35. ꘧ - nyaa - /ɲa/ - ꘋꘌ꘧ (nyaawa) - mujer
36. ꘨ - haa - /ha/ - ꘋꘌ꘨ (haao) - cien
37. ꘩ - waa - /wa/ - ꘋꘌ꘩ (waawa) - mil

El alfabeto mende kikakui se escribe de derecha a izquierda y no tiene letras distintas para consonantes y vocales. En cambio, cada símbolo representa una sílaba, que normalmente combina un sonido consonántico y un sonido vocálico.

Aunque el uso del alfabeto mende kikakui ha disminuido en los últimos años, y muchos hablantes de mende han adoptado el alfabeto latino para escribir, se están realizando esfuerzos para preservar y promover el alfabeto como una parte única del patrimonio cultural mende. El alfabeto se ha incluido en el estándar Unicode, lo que facilita su uso en contextos digitales.

ENCICLOPEDIA DE LA ESCRITURA UNIVERSAL

Jeroglíficos Meroíticos

Los jeroglíficos meroíticos son un sistema de escritura utilizado en el antiguo Reino de Kush, también conocido como Meroe, que estaba ubicado en el actual Sudán. El alfabeto se utilizó desde alrededor del siglo II a. C. hasta el siglo IV d. C. Los jeroglíficos meroíticos están estrechamente relacionados con los jeroglíficos egipcios, pero se adaptaron para escribir el idioma meroítico, que era un idioma africano indígena no relacionado con el egipcio.

El alfabeto jeroglífico meroítico consta de signos tanto logográficos como fonéticos. Los signos fonéticos representan sonidos, mientras que los signos logográficos representan palabras o conceptos completos. El alfabeto se escribía de derecha a izquierda en columnas o horizontalmente.

Aquí hay algunos ejemplos de jeroglíficos meroíticos, junto con sus transliteraciones y pronunciaciones aproximadas:

1. 52 - a - /a/
2. 5 - e - /e/
3. 4 - i - /i/
4. I - o - /o/
5. III - ne - /ne/
6. ð - se - /se/
7. ν - te - /te/
8. ʑ - to - /to/
9. ʝ - 1 - /l/

10. ߁ - k - /k/

11. ⋌ - h - /h/

12. ɯ - kh - /x/

13. ʎ - s - /s/

14. ᴄ - sh - /ʃ/

15. ⌡ - n - /n/

16. Ɜ - b - /b/

17. ꟼ - m - /m/

18. ᐯ/// - r - /r/

19. ⌠ - q - /kʷ/

20. ᛁ⟩ - p - /p/

Ejemplos de palabras en jeroglíficos meroíticos:

1. ᐯ///⌠ɯ⌡ꟼɜ - abḫr - "Abḫr" (un nombre propio)

2. ///⌡ǒ⌠ - qslo - "Qslo" (un nombre propio)

3. ᐯ///////ᐯ/// - oror - "Oror" (un topónimo)

Los jeroglíficos meroíticos se utilizaron en diversos contextos, incluidas las inscripciones monumentales en templos y pirámides, así como en textos religiosos y funerarios. El alfabeto coexistió con otro alfabeto relacionado llamado Meroítico Cursivo, que se utilizaba para fines más informales o cotidianos.

El desciframiento de los jeroglíficos meroíticos aún es un proceso en curso, ya que el idioma meroítico aún no se comprende completamente. Sin embargo, el alfabeto proporciona información valiosa sobre la historia, la cultura y el idioma del antiguo Reino de Kush, que fue una civilización poderosa en la región del Valle del Nilo.

ENCICLOPEDIA DE LA ESCRITURA UNIVERSAL

wא฿ƚ

Meroítico Cursivo

El meroítico cursivo es un alfabeto utilizado en el antiguo Reino de Kush, también conocido como Meroe, que estaba ubicado en el actual Sudán. El alfabeto se utilizó junto con los jeroglíficos meroíticos desde alrededor del siglo II a. C. hasta el siglo IV d. C. El meroítico cursivo se utilizaba para escribir el idioma meroítico, un idioma africano indígena no relacionado con el egipcio.

El meroítico cursivo se deriva del demótico egipcio, un alfabeto cursivo utilizado para fines administrativos y cotidianos en el antiguo Egipto. El alfabeto meroítico cursivo se escribe de derecha a izquierda y consta de 23 signos, cada uno de los cuales representa una consonante o una vocal.

Aquí están los signos del alfabeto meroítico cursivo, junto con sus transliteraciones y pronunciaciones aproximadas:

1. 52 - a - /a/
2. 5 - e - /e/
3. 4 - i - /i/
4. / - o - /o/
5. /// - ne - /ne/
6. ð - se - /se/
7. ν - te - /te/
8. { - to - /to/
9.) - l - /l/

10. ዋ - k - /k/
11. Vll - ḫ - /x/
12. ኔ - ḥ - /ç/ or /ʃ/
13. ቦ - s - /s/
14. ካ - ś - /ʃ/
15. Iɬ - n - /n/
16. 𐤍 - b - /b/
   - m - /m/
   - r - /r/
   - q - /kʷ/
   - p - /p/
17. ⁝⁝ - t - /t/
18. ˘ - ṭ - /tˤ/
19. ᛈ - d - /d/

Ejemplos de palabras en meroítico cursivo:

1. IɈɈ˘ዋ - kmtllo - "Kmtllo" (un nombre propio)
2. Iɬ52 - amni - "Amun" (el nombre de una deidad)
3. Iɬ3/ɬV52 - atenḫn - "Atenḫn" (un nombre propio)

El meroítico cursivo se utilizaba para diversos fines, incluidos documentos administrativos, cartas y textos religiosos. El alfabeto se utilizaba a menudo junto con los jeroglíficos meroíticos, y los jeroglíficos se utilizaban para inscripciones más formales o monumentales, y el alfabeto cursivo se utilizaba para la escritura cotidiana.

El desciframiento del meroítico cursivo, al igual que los jeroglíficos meroíticos, es un proceso en curso debido a la comprensión limitada del idioma meroítico. Sin embargo, el estudio del meroítico cursivo y los jeroglíficos ha proporcionado información valiosa sobre la historia, la cultura y el idioma del antiguo Reino de Kush, que desempeñó un papel importante en la región durante varios siglos.

ENCICLOPEDIA DE LA ESCRITURA UNIVERSAL

ਗੁਰਮੁਖੀ

Modi

Modi es un alfabeto que se utilizaba para escribir el idioma marathi, que se habla principalmente en el estado indio de Maharashtra. El alfabeto se desarrolló en el siglo XVII y se utilizó ampliamente hasta el siglo XX, cuando fue reemplazado gradualmente por el alfabeto devanagari. Modi se deriva de la familia de alfabetos nāgarī y se escribe de izquierda a derecha.

Aquí hay algunos de los caracteres del alfabeto modi, junto con sus transliteraciones y pronunciaciones aproximadas:

1. 𑘀 - a - /ə/
2. 𑘁 - ā - /aː/
3. 𑘂 - i - /i/
4. 𑘃 - ī - /iː/
5. 𑘄 - u - /u/
6. 𑘅 - ū - /uː/
7. 𑘆 - e - /e/
8. 𑘇 - ai - /əi/
9. 𑘈 - o - /o/
10. 𑘉 - au - /əu/
11. 𑘎 - ka - /kə/
12. 𑘏 - kha - /kʰə/
13. 𑘐 - ga - /gə/
14. 𑘑 - gha - /gʱə/
15. 𑘒 - ṅa - /ŋə/

16. ਚ - ca - /tʃə/
17. ਛ - cha - /tʃʰə/
18. ਜ - ja - /d͡ʒə/
19. ਝ - jha - /d͡ʒʱə/
20. ਞ - ña - /ɲə/
21. ਟ - ṭa - /ʈə/
22. ਠ - ṭha - /ʈʰə/
23. ਡ - ḍa - /ɖə/
24. ਢ - ḍha - /ɖʱə/
25. ਣ - ṇa - /ɳə/
26. ਤ - ta - /t̪ə/
27. ਥ - tha - /t̪ʰə/
28. ਦ - da - /d̪ə/
29. ਧ - dha - /d̪ʱə/
30. ਨ - na - /nə/
31. ਪ - pa - /pə/
32. ਫ - pha - /pʰə/
33. ਬ - ba - /bə/
34. ਭ - bha - /bʱə/
35. ਮ - ma - /mə/
36. ਯ - ya - /jə/
37. ਰ - ra - /rə/
38. ਲ - la - /lə/
39. ਵ - va - /ʋə/
40. ਸ਼ - śa - /ɕə/
41. ਸ - ṣa - /ʂə/

ENCICLOPEDIA DE LA ESCRITURA UNIVERSAL

42. 𑘭 - sa - /sə/
43. 𑘺 - ha - /ɦə/
44. 𑘯 - ḷa - /ɭə/

Ejemplos de palabras en marathi escritas en el alfabeto modi:

1. 𑘢𑘰𑘡𑘲 - pāṇī - "agua"
2. 𑘫𑘰𑘩𑘰 - śālā - "escuela"
3. 𑘦𑘰𑘮𑘸 - bāhera - "fuera"

Aunque el alfabeto modi no se utiliza ampliamente en la actualidad, sigue siendo una parte importante del patrimonio cultural marathi. Se han realizado esfuerzos para digitalizar documentos en modi y preservar el conocimiento del alfabeto. El alfabeto modi se agregó al estándar Unicode en 2018, lo que permite su uso en la comunicación digital.

ENCICLOPEDIA DE LA ESCRITURA UNIVERSAL

Mongol

El alfabeto mongol, también conocido como Hudum Mongol bichig, se ha utilizado para escribir el idioma mongol desde principios del siglo XIII. Es el sistema de escritura tradicional del mongol, que es el idioma oficial de Mongolia y también se habla en partes de Rusia y China, particularmente en la Región Autónoma de Mongolia Interior. El alfabeto mongol también se ha adaptado para escribir otros idiomas, como el manchú y el xibe.

El alfabeto mongol se escribe verticalmente de arriba a abajo, con las columnas progresando de izquierda a derecha. Es un alfabeto con algunas características de un abugida, ya que las vocales se escriben como signos diacríticos unidos a las letras consonantes, excepto por la vocal "a", que es la vocal inherente y no se escribe.

Aquí están las letras del alfabeto mongol en su orden nativo, junto con las transliteraciones al alfabeto romano, las pronunciaciones IPA y ejemplos de palabras en mongol:

1. ᠡ - a - /a/ - ᠡᠮᠦ (amu) - vida
2. ᠡ - e - /e/ - ᠡᠳᠦᠷ (edür) - día
3. ᠢ - i - /i/ - ᠢᠰᠦ (iüsü) - pluma
4. ᠣ - o - /o/ - ᠣᠯᠠᠨ (olan) - muchos
5. ᠤ - u - /u/ - ᠤᠯᠤᠰ (ulus) - país
6. ᠥ - ö - /ø/ - ᠥᠪᠡᠷ (öber) - ser
7. ᠦ - ü - /u/ - ᠦᠯᠢᠭᠡᠷ (üliger) - cuento

ENCICLOPEDIA DE LA ESCRITURA UNIVERSAL

8. ˙ - n - /n/ - ˙ᵗ˙ᵗ˙ (naran) - sol

9. ˒ - ng - /ŋ/ - ⁺ᵈ˒ (süng) - profundo

10. ᵒ - b - /b/ - ᵒᵈᵑᵈ (boro) - gris

11. ᵒ - p - /p/ - ᵖᵈᵒᵈ⁺ᵈ˙ (hüpüsün) - corteza

12. ᵖ - h - /x/ - ᵖᵗᵒᵈᵑ (habur) - primavera (estación)

13. ˙ᵖ - g - /g/ - ˙ᵖᵗᵑᵗᵑ (gajar) - tierra

14. ˙⁺ - m - /m/ - ⁺ᵈᵑᵈ˙ (modun) - árbol

15. ˙⁻ - l - /l/ - ˙ᵗᵒ⁺˒ (labsi) - hoja

16. ⁺ - s - /s/ - ⁺ᵗᵑᵗ (sara) - luna

17. ⁺⁻ - š - /ʃ/ - ᵖᵈ⁺˒˙ (hüšin) - diligente

18. ᵖ - t - /tʰ/ - ᵖᴊ˒˙ᵖᴊᵑ˒ (tenggeri) - cielo

19. ᵑ - d - /t/ - ᵑᴊ˙ᵖᵈᵈ (degüü) - hermano menor

20. ᵘ - č - /t͡ʃʰ/ - ᵘ˒˙ᵈᵗ (činoa) - lobo

21. ᵑ - j - /d͡ʒ/ - ᵑᵗ⁺ (jam) - camino

22. ᵑ - y - /j/ - ᵑᵗ˙ᵖᵈ⁺ᵗ (yaguma) - qué

23. ᵑ - r - /r/ - ˙ᵗᵗᵑᵗ˙ (naran) - sol

24. ᵑ - w - /w/ - ᵑᵗᵑᵗ (dawa) - mes

25. ᵒ - f - /f/ - ᵒᵗᵑᵗ˙ᵸ˒ (faranci) - francés

26. ᵒ - k - /k/ - ᵒᵗᵑᵗᵒᵖᵗ (karakta) - letra

27. ᵒ - k - /k/ - ᵒᵗᵸᵗᵸᵗ (kacaca) - espinoso

28. ᴴ - c - /t͡s/ - ᴴᵗᴴᵗ˙ᵖᵗ (cacaga) - colmillo

29. ᴴ - z - /d͡z/ - ᵑᴊ˙ᴊᵑᵸ (jegezi) - huérfano

El alfabeto mongol también incluye signos diacríticos para las vocales y las consonantes finales, así como signos de puntuación y símbolos especiales para textos religiosos.

En los tiempos modernos, el uso del alfabeto mongol ha disminuido, y muchos hablantes de mongol han adoptado el alfabeto cirílico, que se introdujo durante el período socialista en el siglo XX. Sin embargo, se están realizando esfuerzos para revivir y promover el uso del alfabeto mongol tradicional, que se considera una parte importante del patrimonio cultural mongol.

N'Ko

El alfabeto N'Ko se utiliza para escribir los idiomas mandinga, que incluyen bamanankan (bambara), maninka (malinké), dyula (jula) y mandinka. Estos idiomas son hablados por millones de personas en África Occidental, principalmente en Malí, Guinea, Costa de Marfil, Burkina Faso, Senegal y Gambia. El alfabeto N'Ko fue inventado en 1949 por Solomana Kante, un escritor y erudito guineano, con el objetivo de proporcionar un sistema de escritura único para los idiomas mandinga que promoviera la alfabetización y el orgullo cultural.

El alfabeto N'Ko es un alfabeto con 26 consonantes y 7 vocales. Se escribe de derecha a izquierda, y cada letra tiene una forma única, a diferencia del alfabeto árabe, que tiene diferentes formas para cada letra dependiendo de su posición dentro de una palabra.

Aquí están las letras del alfabeto N'Ko en su orden nativo, junto con las transliteraciones al alfabeto romano, las pronunciaciones IPA y ejemplos de palabras en bamanankan:

Consonantes:

1. F - b - /b/ - ߓߊ (ba) - cabra
2. ߔ - p - /p/ - ߔߊߟߊ (pala) - cementerio
3. ߕ - t - /t/ - ߕߊߣ (tan) - tabú
4. ߖ - j - /d͡ʒ/ - ߖߊ (jaa) - comida
5. ߗ - c - /t͡ʃ/ - ߗߏ (co) - hierba
6. ߘ - d - /d/ - ߘߊ (da) - boca

ENCICLOPEDIA DE LA ESCRITURA UNIVERSAL

7. † - r - /r/ - Ũ (raa) - agua
8. ʠ - rr - /r/ - Ẽʠ (rron) - alma
9. ⌑ - s - /s/ - ũ⌑ (suu) - caballo
10. ∇ - g - /g/ - ⎣∇ (gan) - baile
11. ♂ - f - /f/ - ⨺♂ (foo) - padre
12. ⊣ - k - /k/ - ⨼⊣ (ko) - ñame
13. ? - l - /l/ - ⎣? (la) - mercado
14. T - n - /n/ - ũT (nuu) - persona
15. ∆ - m - /m/ - ⎣∆ (ma) - arroz
16. ? - ñ - /ɲ/ - ?̃? (ñon) - arrozal
17. ⏄ - ŋ - /ŋ/ - ?̃⏄ (ŋon) - alma
18. ⊢ - h - /h/ - ⎣̃⊢ (haa) - el
19. ∂ - w - /w/ - ⎣̃∂ (waa) - leche
20. ⋔ - y - /j/ - ⎣̃⋔ (yaa) - mujer
21. ⨹ - ñ - /ɲ/ - ⎣̃⨹ (ña) - comida
22. ⨻ - p - /p/ - ⨺̃⨻ (pon) - piel
23. ⨻ - kp - /k͡p/ - ⎣̃⨻ (kpa) - semilla
24. ╀ - gb - /g͡b/ - ⎣̃╀ (gba) - edificio
25. ō - n - /ŋ/ - ⨺̄∇ (gon) - colina
26. õ - n - /ŋ/ - ⋏̃⊣ (ken) - grano

Vocales:

1. Ɩ - a - /a/ - ⎣F (ba) - cabra
2. O - e - /e/ - ⌑F (be) - excremento
3. Y - i - /i/ - Ỹ F (bi) - calabaza
4. ∧ - ɛ - /ɛ/ - ⋏̄F (bɛ) - bolígrafo

ENCICLOPEDIA DE LA ESCRITURA UNIVERSAL

5. ᴜ - u - /u/ - ᴜF (bun) - rojo
6. ꓱ - o - /o/ - ᴣ̃F (bo) - choza
7. ℉ - ɔ - /ɔ/ - ℉̃F (bɔ) - mano

    El alfabeto N'Ko también incluye signos diacríticos para la duración y nasalización de las vocales, así como signos de puntuación y símbolos especiales para números y monedas.

    Desde su creación, el alfabeto N'Ko ha ganado popularidad entre los hablantes de mandinga como un medio para preservar y promover su idioma y cultura. Se utiliza en una variedad de contextos, incluyendo la educación, la literatura y los medios de comunicación. El alfabeto también se ha adaptado para su uso con la tecnología, con teclados y fuentes N'Ko disponibles para computadoras y dispositivos móviles.

ENCICLOPEDIA DE LA ESCRITURA UNIVERSAL

प्रवलिग नेपाल

Newa (Pracalit)

El alfabeto newa, también conocido como prachalit o alfabeto newar, se utiliza principalmente para escribir el idioma newari, que es hablado por el pueblo newar, los habitantes indígenas del valle de Katmandú en Nepal. El alfabeto se deriva del alfabeto brahmi y está estrechamente relacionado con el alfabeto devanagari utilizado para escribir nepalí y otros idiomas indoarios. El alfabeto newa se ha utilizado durante siglos para escribir literatura newari clásica, textos religiosos y documentos históricos.

Aquí están las letras del alfabeto newa en su orden nativo, junto con las transliteraciones al alfabeto romano, las pronunciaciones IPA y ejemplos de palabras en newari:

Vocales (स्वर):

1. अ - a - /ɔ/ - अपा (aji) - abuela
2. आ - ā - /a/ - आव् (āsan) - trono
3. इ - i - /i/ - इपा (iji) - hoz
4. ई - ī - /i/ - ई (ī) - este
5. उ - u - /u/ - उर् (upāy) - solución
6. ऊ - ū - /u/ - ऊ (ū) - ese
7. ऋ - ṛ - /ri/ - ऋगा (ṛṣi) - sabio
8. ॠ - ṝ - /ri/ - ॠ (ṝ) - (utilizado en préstamos del sánscrito)
9. ऌ - ḷ - /li/ - ऌ (ḷ) - (utilizado en préstamos del sánscrito)

10. ॢ - ḷ - /li/ - ॢ (ḷ) - (utilizado en préstamos del sánscrito)
11. ए - e - /e/ - एमा (epi) - mango
12. ऐ - ai - /ɔi/ - ऐमा (aipi) - madre
13. ओ - o - /o/ - ओढमा (opi) - caña de azúcar
14. औ - au - /ɔu/ - औमें (auli) - chal

Consonantes (व्यञ्जन):

1. क - k - /k/ - कमा (kapi) - mono
2. ख - kh - /kʰ/ - खि (khī) - abeja
3. ग - g - /g/ - गा (gi) - vaca
4. घ - gh - /gɦ/ - घटा (ghaṇṭi) - campana
5. ङ - ṅ - /ŋ/ - ङिपा (ṅipā) - frente
6. छ - c - /tʃ/ - छमा (capi) - techo
7. च - ch - /tʃʰ/ - चि (chī) - vena
8. ङ - j - /dʒ/ - जल् (jal) - agua
9. झ - jh - /dʒɦ/ - झट (jhaṇ) - platillo
10. ञ - ñ - /ɲ/ - ञमा (ñapi) - pez
11. ट - ṭ - /ʈ/ - टमा (ṭapi) - trenza
12. ठ - ṭh - /ʈʰ/ - ठम् (ṭhāl) - plato
13. ट - ḍ - /ɖ/ - टॅ (ḍu) - dos
14. ढ - ḍh - /ɖɦ/ - ढाकु (ḍhāku) - tapa
15. ण - ṇ - /ɳ/ - णमा (ṇapi) - anillo de nariz
16. त - t - /t̪/ - तमा (tapi) - plato
17. थ - th - /t̪ʰ/ - थमा (thapi) - golpear
18. द - d - /d̪/ - दमा (dapi) - hoja

19. थ - dh - /dʱ/ - थमें (dhāu) - invitación
20. द - n - /n/ - दमा (napi) - moco
21. ध - p - /p/ - धमा (papi) - párpado
22. न - ph - /pʰ/ - नि (phī) - huevo
23. ऋ - b - /b/ - ऋमा (bapi) - padre
24. प - bh - /bʱ/ - पें (bhu) - tierra
25. रु - m - /m/ - रुमा (mapi) - búfalo
26. व - y - /j/ - वमें (yāu) - cebada
27. र - r - /r/ - रमढें (ratu) - sangre
28. म - l - /l/ - में (lu) - cabra
29. क्र - v - /ʋ/ - क्राढि (vatī) - año
30. य - ś - /s/ - यमा (śapi) - serpiente
31. न - ṣ - /s/ - नि (ṣī) - noche
32. क - s - /s/ - कि (sī) - piojo
33. ल - h - /h/ - लमढें (hatu) - mercado
34. क्ष - kṣ - /kʰ/ - क्षें (kṣu) - niño

El alfabeto newa también incluye varios signos diacríticos y letras conjuntas para representar grupos de consonantes y modificaciones de vocales. Tiene su propio conjunto de números y signos de puntuación.

En los últimos años, se han realizado esfuerzos para revivir y promover el uso del alfabeto newa entre la comunidad newar. Ahora se está enseñando en algunas escuelas y se utiliza en señalización, publicaciones y medios digitales junto con el alfabeto devanagari, que se utiliza más ampliamente.

ENCICLOPEDIA DE LA ESCRITURA UNIVERSAL

Odia (Oriya)

El alfabeto odia, también conocido como alfabeto oriya, se utiliza para escribir el idioma odia, que se habla principalmente en el estado indio de Odisha. El odia es un idioma indoario con aproximadamente 35 millones de hablantes. El alfabeto también se utiliza ocasionalmente para escribir otros idiomas regionales, como el santali y el ho. El alfabeto odia es un alfabeto bráhmico estrechamente relacionado con los alfabetos bengalí y asamés. Es un abugida, lo que significa que las consonantes tienen una vocal inherente que puede modificarse o silenciarse mediante signos diacríticos.

Aquí están las letras del alfabeto odia en su orden nativo, junto con las transliteraciones al alfabeto romano, las pronunciaciones IPA y ejemplos de palabras en odia:

Vocales (ସ୍ୱର):

1. ଅ - a - /ɔ/ - ଅମ୍ବ (amba) - mango
2. ଆ - ā - /a/ - ଆଖି (ākhi) - ojo
3. ଇ - i - /i/ - ଇଟା (iṭā) - ladrillo
4. ଈ - ī - /i/ - ଈଶ୍ୱର (īśwara) - Dios
5. ଉ - u - /u/ - ଉତ୍ତର (uttara) - respuesta
6. ଊ - ū - /u/ - ଊଷର (ūṣara) - estéril
7. ଋ - ṛ - /ru/ - ଋତୁ (ṛtu) - estación
8. ୠ - ṝ - /ru/ - ଋଷି (ṝṣi) - sabio
9. ଌ - ḷ - /lu/ - ଌହ (ḷha) - hierro
10. ୡ - ḹ - /lu/ - ୡତା (ḹtā) - enredadera
11. ଏ - e - /e/ - ଏକ (eka) - uno
12. ଐ - ai - /ɔi/ - ଐରାବତ (airābata) - elefante

ENCICLOPEDIA DE LA ESCRITURA UNIVERSAL

13. ଓ - o - /o/ - ଓଡ଼ିଆ (oṛiā) - odia
14. ଔ - au - /ɔu/ - ଔଷଧ (auṣadha) - medicina

Consonantes (ବ୍ୟଞ୍ଜନ):

1. କ - ka - /kɔ/ - କଅଁଳ (kaāḷa) - loto
2. ଖ - kha - /kʰɔ/ - ଖଡ଼ଗ (khaḍaga) - espada
3. ଗ - ga - /gɔ/ - ଗଛ (gacha) - árbol
4. ଘ - gha - /gʱɔ/ - ଘର (ghara) - casa
5. ଙ - ṅa - /ŋɔ/ - ଙ (ṅa) - (utilizado en préstamos del sánscrito)
6. ଚ - ca - /t͡ʃɔ/ - ଚକା (cakā) - rueda
7. ଛ - cha - /t͡ʃʰɔ/ - ଛତା (chatā) - paraguas
8. ଜ - ja - /d͡ʒɔ/ - ଜଳ (jaḷa) - agua
9. ଝ - jha - /d͡ʒʱɔ/ - ଝଡ଼ (jhaḍa) - tormenta
10. ଞ - ña - /ɲɔ/ - ଜ୍ଞାନ (ñāna) - conocimiento
11. ଟ - ṭa - /ʈɔ/ - ଟମାଟୋ (ṭamāṭo) - tomate
12. ଠ - ṭha - /ʈʰɔ/ - ଠିକଣା (ṭhikaṇā) - dirección
13. ଡ - ḍa - /ɖɔ/ - ଡାଳିମ୍ (ḍāḷimba) - granada
14. ଢ - ḍha - /ɖʱɔ/ - ଢେଙ୍କାନାଳ (ḍheṅkānāḷa) - tambor
15. ଣ - ṇa - /ɳɔ/ - ଣ (ṇa) - (utilizado en préstamos del sánscrito)
16. ତ - ta - /t̪ɔ/ - ତାଳ (tāḷa) - palma
17. ଥ - tha - /t̪ʰɔ/ - ଥାଲି (thāḷi) - plato
18. ଦ - da - /d̪ɔ/ - ଦାନ୍ତ (dānta) - diente
19. ଧ - dha - /d̪ʱɔ/ - ଧନ (dhana) - riqueza
20. ନ - na - /nɔ/ - ନଦୀ (nadī) - río
21. ପ - pa - /pɔ/ - ପାଦ (pāda) - pie
22. ଫ - pha - /pʰɔ/ - ଫଳ (phaḷa) - fruta
23. ବ - ba - /bɔ/ - ବାଘ (bāgha) - tigre
24. ଭ - bha - /bʱɔ/ - ଭାତ (bhāta) - arroz

25. ମ - ma - /mɔ/ - ମାଛ (mācha) - pez
26. ଯ - ya - /d͡ʒɔ/ - ଯାତ୍ରା (yātrā) - viaje
27. ର - ra - /ɾɔ/ - ରଙ୍ଗ (raṅga) - color
28. ଲ - la - /lɔ/ - ଲେବୁ (lebu) - limón
29. ଳ - ḷa - /ɭɔ/ - ଳ (ḷa) - (utilizado en palabras nativas de odia)
30. ବ - va - /ʋɔ/ - ବାଣିଜ୍ୟ (vāṇijya) - comercio
31. ଶ - śa - /sɔ/ - ଶାନ୍ତି (śānti) - paz
32. ଷ - ṣa - /sɔ/ - ଷଡ଼ଋତୁ (ṣaḍartu) - seis estaciones
33. ସ - sa - /sɔ/ - ସକାଳ (sakāḷa) - mañana
34. ହ - ha - /ɦɔ/ - ହାତୀ (hātī) - elefante
35. କ୍ଷ - kṣa - /kʰjɔ/ - ଅକ୍ଷର (akṣara) - letra
36. ଜ୍ଞ - jña - /d͡ʒɲɔ/ - ଜ୍ଞାନ (jñāna) - conocimiento

 El alfabeto odia también incluye signos diacríticos para modificar vocales y consonantes, así como símbolos adicionales para representar grupos de consonantes, números y signos de puntuación.

Ogham

Ogham es un alfabeto medieval temprano utilizado principalmente para escribir el idioma irlandés antiguo temprano y, más tarde, el idioma irlandés antiguo. El alfabeto lleva el nombre de Ogma, una figura legendaria en la mitología irlandesa a quien se le atribuye la invención del alfabeto. Se cree que Ogham se utilizó desde el siglo IV hasta el siglo X d. C., y se encuentra principalmente en inscripciones monumentales y algunos manuscritos.

El alfabeto ogham consta de 20 letras primarias, cada una correspondiente a un sonido fonético. Estas letras están representadas por una serie de trazos o muescas, que generalmente se tallan en los bordes de las piedras verticales o a lo largo de los bordes de los manuscritos. Las letras se dividen en cuatro grupos, cada uno con el nombre de un árbol o planta.

Aquí están las letras ogham, sus transliteraciones, pronunciaciones aproximadas y los nombres de árboles asociados:

1. ᛐ - B - /b/ - Beith (Abedul)
2. ᛐᛐ - L - /l/ - Luis (Serbal)
3. ᛐᛐᛐ - F, V - /f/, /v/ - Fearn (Aliso)
4. ᛐᛐᛐᛐ - S - /s/ - Sail (Sauce)
5. ᛐᛐᛐᛐᛐ - N - /n/ - Nion (Fresno)
6. ⊥ - H - /h/ - Huath (Espino)
7. ⊥⊥ - D - /d/ - Duir (Roble)
8. ⊥⊥⊥ - T - /t/ - Tinne (Acebo)
9. ⊥⊥⊥⊥ - C, K - /k/ - Coll (Avellano)
10. ⊥⊥⊥⊥⊥ - Q - /kʷ/ - Quert (Manzano)

11. ᚋ - M - /m/ - Muin (Vid)
12. ᚌ - G - /g/ - Gort (Hiedra)
13. ᚍ - NG - /ŋ/ - nGéadal (Carrizo)
14. ᚎ - Z, ST - /z/, /st/ - Straif (Endrino)
15. ᚏ - R - /r/ - Ruis (Saúco)
16. ᚐ - A - /a/ - Ailm (Pino)
17. ᚑ - O - /o/ - Onn (Tojo)
18. ᚒ - U - /u/ - Úr (Brezo)
19. ᚓ - E - /e/ - Eadha (Álamo)
20. ᚔ - I - /i/ - Iodhadh (Tejo)

Ejemplos de palabras en irlandés antiguo escritas en ogham:

1. ᚋᚐᚊᚔ - MAQI - /mak_{w}i/ - "hijo"
2. ᚐᚅᚋ - ANM - /anm/ - "nombre"
3. ᚂᚓᚌᚌ - LEGG - /legg/ - "tumba"

Las inscripciones de Ogham a menudo seguían una fórmula que incluía el nombre de la persona conmemorada y su linaje, como "X hijo de Y" o "X descendiente de Y". El alfabeto se utilizaba principalmente para inscripciones monumentales, pero también se utilizaba ocasionalmente en manuscritos y para notas o mensajes cortos.

El alfabeto ogham disminuyó en uso con la difusión del latín y el alfabeto romano en Irlanda. Sin embargo, sigue siendo una parte importante del patrimonio cultural irlandés y continúa siendo estudiado por académicos interesados en el idioma, la historia y la arqueología irlandeses antiguos.

ENCICLOPEDIA DE LA ESCRITURA UNIVERSAL

ENCICLOPEDIA DE LA ESCRITURA UNIVERSAL

Ol Chiki (Santali)

El alfabeto ol chiki, también conocido como ol cemet' o alfabeto santali, se utiliza para escribir el idioma santali, que se habla principalmente por el pueblo santali en partes de India, Bangladesh y Nepal. El santali es un idioma austroasiático con aproximadamente 7 millones de hablantes. El alfabeto ol chiki fue creado en la década de 1920 por Pandit Raghunath Murmu, un escritor y erudito santali, para proporcionar un sistema de escritura único para el idioma santali.

Aquí están las letras del alfabeto ol chiki en su orden nativo, junto con las transliteraciones al alfabeto romano, las pronunciaciones IPA y ejemplos de palabras en santali:

Vocales (ᱚᱛᱜᱝ):

1. ᱚ - a - /a/ - ᱚᱜ (ag) - fuego
2. ᱛ - ā - /aː/ - ᱛᱶᱺ (āhe) - sí
3. ᱜ - i - /i/ - ᱜᱤᱹᱞ (irid) - dormir
4. ᱝ - ī - /iː/ - ᱝᱹ (īl) - caminar
5. ᱹ - u - /u/ - ᱹᱵᱳᱵ (utu) - hongo
6. ᱠ - ū - /uː/ - ᱠ.ᱤᱵ (ūru) - serpiente
7. ᱵ - e - /e/ - ᱵᱤᱺ (ere) - aquí
8. ᱶ - ē - /eː/ - ᱶᱷᱚᱺ (ēhān) - nariz
9. ᱷ - o - /o/ - ᱷᱹ (od) - hongo
10. ᱳ - ō - /oː/ - ᱳᱵ (ōk) - casa

ENCICLOPEDIA DE LA ESCRITURA UNIVERSAL

Consonantes (bƧƘƎƧƎƧƎƐO):

1. Ɛ - ṅ - /ŋ/ - ƐƎƋ (ṅāṛ) - pez
2. Ƥ - d - /d/ - ƤƎƋ (dāṛ) - rama
3. G - g - /g/ - GƎƐ (gān) - canción
4. ꟽ - b - /b/ - ꟽƎƧ (bāre) - doce
5. Ƨ - r - /r/ - ƧƎƋ (rāi) - semilla
6. Ʊ - p - /p/ - ƱƎꟺƎƋ (pāhāṛ) - montaña
7. Ρ - l - /l/ - ΡƎ.GƛƤ (lāgid) - para
8. ꟽ - ḍ - /ḍ/ - ꟽƎƋ (ḍāi) - agua
9. ꝗ - ṛ - /ṛ/ - ꝗƧꝗ (ṛeṛ) - lejos
10. G - g - /g/ - GƧΡ (gel) - cuello
11. Ʊ - p - /p/ - ƱƎ.ƧƘƛ (pārsi) - guisante
12. ꟺ - h - /h/ - ꟺƎƋ (hāṛ) - tortuga
13. Ƅ - j - /dʒ/ - ƄƎƋƎ (jhātā) - arbusto
14. Ɗ - ṭ - /ṭ/ - ƊƎƋ (ṭāi) - frío
15. Ʊ - m - /m/ - ƱƎƤ (mād) - bambú
16. Ɛ - n - /n/ - ƐƎƧƛ (nāri) - tigre
17. Ʒ - ṛ - /ṛ/ - ƷƎƋ (ṛāi) - noche
18. Ǝ - ń - /ɲ/ - ƎƎƧ (ńār) - mangosta
19. ˙ - ṅ - /ŋ/ - ˙ (/ṅ/) - (utilizado para grupos de consonantes)
20. Ƙ - s - /s/ - ƘƎƧ (sāre) - flecha
21. Ƅ - j - /dʒ/ - ƄƎ.Ρ (jāl) - red
22. Ƨ - r - /r/ - ƧƎ.Ƅ (rāj) - rey
23. Ⴁ - c - /tʃ/ - ႱƎ.Ρb (cālu) - arroz
24. b - k - /k/ - bƎ.ƊƛƄ (kāṭij) - letra

25. O - t - /t̪/ - OⱭⱲƧ (tāhe) - allí
26. ⅄ - i - /i/ - ⅄ℓ (in) - esto
27. ⴱ - p - /p/ - ⴱⱭⱲⱨⱭ (pāhṭā) - montaña
28. Ɑ - a - /ə/ - ⱭbⱭⱭⱭ (akhār) - palabra

    El alfabeto ol chiki también incluye algunos símbolos adicionales para representar grupos de consonantes y signos diacríticos para modificar vocales.

    A pesar de ser un alfabeto relativamente nuevo, el ol chiki ha ganado una popularidad significativa entre la comunidad santali como un medio para preservar y promover su idioma y cultura. Ahora se utiliza en varios ámbitos, incluyendo la educación, la literatura y la señalización oficial en regiones con una población santali significativa.

ENCICLOPEDIA DE LA ESCRITURA UNIVERSAL

Orkhon

El alfabeto Orkhon, también conocido como alfabeto turco antiguo o alfabeto Göktürk, se utilizaba para escribir varios idiomas túrcicos en Asia Central durante los siglos VIII y IX d. C. El alfabeto lleva el nombre del valle de Orkhon en Mongolia, donde se encontraron las inscripciones conocidas más antiguas.

El alfabeto Orkhon se utilizaba principalmente para escribir el idioma turco antiguo, que es el antepasado de los idiomas túrcicos modernos como el turco, el azerbaiyano, el turcomano, el uzbeko y el kazajo.

Aquí están las letras del alfabeto Orkhon en su orden nativo, junto con las transliteraciones al alfabeto romano, las pronunciaciones IPA y ejemplos de palabras en turco antiguo:

Consonantes:

𐰉 - b - /b/ - 𐰞𐰆𐰉 (bol) - ser

𐰑 - d - /d/ - 𐰑𐰍 (daγ) - montaña

𐰏 - g - /g/ - 𐰏𐰇𐰏 (gög) - cielo

𐰍 - ğ - /ɣ/ - 𐰍𐰺 (ğar) - mano

𐰚 - k - /k/ - 𐰚𐰇𐰚 (kök) - raíz

𐰴 - q - /q/ - 𐰴𐰍𐰣 (qaγan) - kan

𐰃 - l - /l/ - 𐰀𐰞𐰃 (altı) - seis

𐰢 - m - /m/ - 𐰢𐰤 (men) - yo

𐰣 - n - /n/ - 𐰣 (ne) - qué

𐰪 - ń - /ɲ/ - 𐰴𐰆𐰪𐰴 (qońaq) - invitado

𐰯 - ṗ - /p/ - 𐰯𐰆 (oṗ) - pensar

𐰓 - r - /r/ - 𐰼𐰓𐰢 (erdem) - virtud

𐰽 - s - /s/ - 𐰽𐰣𐰀 (saňa) - a ti

𐱃 - t - /t/ - 𐱃𐰍 (taɣ) - dispersar

𐰖 - ẏ - /j/ - 𐰖𐰸 (ẏoq) - no

𐰔 - z - /z/ - 𐰔 (ez) - aplastar

Vocales:

𐰀 - a - /a/ - 𐰀𐱁 (aš) - comida

𐰁 - ä - /æ/ - 𐰀𐱁𐰏𐰇 (äšgü) - bueno

𐰂 - e - /e/ - 𐰀𐱁 (eš) - camarada

𐰃 - ï - /ɯ/ - 𐰃𐰺𐰴 (ïraq) - lejos

𐰄 - i - /i/ - 𐰄𐰠 (il) - gente

𐰅 - o - /o/ - 𐰆𐰞 (ol) - ser

𐰆 - ö - /ø/ - 𐰇𐱁 (öš) - estar enojado

𐰈 - u - /u/ - 𐰆𐰔 (uz) - hábil

𐰉 - ü - /y/ - 𐰇𐰺𐰇𐰣 (ürün) - producto

    El alfabeto Orkhon se escribe de derecha a izquierda y no tiene letras distintas para las vocales. En cambio, las vocales se indican mediante el uso de signos diacríticos o por su ausencia (por ejemplo, la ausencia de un marcador de vocal denota la vocal "a").

    Aunque el alfabeto Orkhon cayó en desuso después del siglo IX, desempeñó un papel importante en la historia y la cultura de los pueblos túrcicos de Asia Central. El alfabeto se descifró en el siglo XIX, proporcionando información valiosa sobre el idioma, la historia y la sociedad de los antiguos pueblos túrcicos. Hoy en día, las inscripciones de Orkhon se consideran una parte importante del patrimonio cultural del mundo túrcico.

ENCICLOPEDIA DE LA ESCRITURA UNIVERSAL

Osage

La escritura osage es un sistema de escritura desarrollado en 2006 para la lengua osage, hablada por la Nación Osage, una tribu nativa americana en Oklahoma, Estados Unidos. La escritura fue creada por Herman Mongrain Lookout, un lingüista y miembro de la Nación Osage, para ayudar a preservar y revitalizar la lengua osage.

La escritura osage es un alfabeto unicameral, lo que significa que no tiene letras mayúsculas y minúsculas separadas. Se escribe de izquierda a derecha.

Aquí están las letras de la escritura osage en su orden nativo, junto con transliteraciones al alfabeto romano, pronunciaciones IPA y palabras de ejemplo en osage:

1. 𐓘 - a - /a/ - 𐓘𐓒𐓣𐓟 (adzí) - águila
2. 𐓗 - ts - /ts/ - 𐓗𐓣 (tsí) - casa
3. 𐓚 - br - /bɹ/ - 𐓚𐓚𐒻𐓘𐓚 (brabra) - tres
4. 𐓝 - ch - /tʃ/ - 𐓝𐓝𐒻𐓡 (chadó) - árbol
5. 𐓡 - hd - /hd/ - 𐓡𐓚𐓒𐓚 (hdadzá) - maíz
6. 𐓟 - e - /e/ - 𐓟𐓡𐓚 (ezhá) - hija
7. 𐓠 - eh - /eː/ - 𐓠𐒻𐓚 (ehká) - salvaje
8. 𐒻 - d - /d/ - 𐒻𐓚 (dá) - allí
9. 𐒻 - k - /k/ - 𐒻𐓚 (ká) - acto de dar
10. 𐓤 - g - /g/ - 𐓤𐓚𐓚 (gchá) - madre
11. 𐓤 - h - /h/ - 𐓤𐓣 (hí) - dientes
12. 𐓣 - i - /i/ - 𐓣𐓚𐓚 (ibrá) - macho/masculino

13. Ƙ - z - /z/ - Ƙʎʌ (zchá) - sueño
14. Ƙ - l - /l/ - Ƙʌʌʌ (labrá) - luz
15. Ƙ - m - /m/ - ƘՈᏌʌ (miká) - mapache
16. ᒪ - n - /n/ - ᒪՈ (ní) - níquel
17. ᖴ - o - /o/ - ᖴᒪʎʌ (onchá) - trigo
18. ⅃ - p - /p/ - ⅃ʌʃʎʌ (pahchá) - pájaro
19. O - s - /s/ - OʌᏌʌ (saká) - negro
20. Ө - sh - /ʃ/ - Өʌᖴ (sho) - ser consciente
21. Þ - th - /ð/ - ÞʌᖴᒪʃΛ (thaonha) - no
22. Þ - t - /t/ - Þʌ (ta) - ciervo
23. ᑕ - d - /t/ - ᑕᑕʌ (nda) - corazón
24. ᕃ - u - /u/ - ᕃOʌʃᏌ (usagd) - tarde
25. Ɖ - w - /w/ - ƉʌƘʌ (walá) - osage
26. Ɖ - ah - /ɑ/ - ƉᏌʌ (ahká) - sur
27. Ƣ - p - /pʰ/ - Ƣʌ (pa) - alce
28. Ƣ - tsh - /tʃʰ/ - ƢʌᏌ (tshad) - cuatro
29. Ƣ - hg - /ʔ/ - Ƣʌᒪ (hgan) - noche
30. Ƕ - ks - /ks/ - Ƕʎʌ (kschá) - nieto/a
31. U - br - /bɹʰ/ - Uʌʌʌ (brabra) - enfermedad
32. ㇹ - xi - /ʒ/ - ㇹʌƘʌ (xiamá) - cielo
33. ㅠ - zr - /zɹ/ - ㅠՈᏌʌ (zriká) - serpiente
34. ' - oclusión glotal - /ʔ/ - ʃʎʌ'ᕃ (gcha'é) - abuela

La escritura osage también incluye signos diacríticos para indicar el acento tónico y el tono, así como signos de puntuación.

Aunque la escritura osage es un sistema de escritura relativamente nuevo, ha ganado importancia en los esfuerzos de la Nación Osage para preservar y revitalizar su lengua y cultura. La escritura se está enseñando en clases de idiomas y se utiliza en diversos materiales lingüísticos, como libros, señalización y recursos digitales.

ENCICLOPEDIA DE LA ESCRITURA UNIVERSAL

ბgჩos

Osmanya

La escritura osmanya, también conocida como far soomaali o cismaanya, es un sistema de escritura creado en la década de 1920 por Osman Yusuf Kenadid, un poeta y erudito somalí, para escribir la lengua somalí. La escritura fue diseñada para representar mejor la fonología única de la lengua somalí en comparación con la escritura árabe, que se utilizaba anteriormente para escribir somalí.

La escritura osmanya consta de 29 letras, cada una representando una consonante o una vocal. Se escribe de izquierda a derecha y utiliza una serie de puntos y signos diacríticos para indicar sonidos vocálicos y el tono.

Aquí están las letras de la escritura osmanya, sus transliteraciones, pronunciaciones aproximadas y palabras de ejemplo en somalí:

1. 𐒆 - ' - /ʔ/ - 𐒆𐒖𐒇 ('aqal) - "casa"
2. 𐒁 - b - /b/ - 𐒁𐒖𐒈 (bar) - "profesor/a"
3. 𐒂 - t - /t/ - 𐒂𐒙𐒇 (tir) - "pilar"
4. 𐒃 - j - /d͡ʒ/ - 𐒃𐒛𐒅 (jaga) - "lugar"
5. 𐒄 - x - /ħ/ - 𐒄𐒙𐒇 (xir) - "atar"
6. 𐒅 - kh - /x/ - 𐒅𐒙𐒇 (khir) - "bondad"
7. 𐒇 - d - /d/ - 𐒇𐒖𐒍 (dag) - "piedra"
8. 𐒈 - r - /r/ - 𐒈𐒖𐒅 (rag) - "hombre"
9. 𐒉 - s - /s/ - 𐒉𐒖𐒍 (sag) - "vaca"
10. 𐒊 - sh - /ʃ/ - 𐒊𐒖𐒅 (shag) - "mitad"

ENCICLOPEDIA DE LA ESCRITURA UNIVERSAL

11. 𐒆 - dh - /ḍ/ - 𐒆𐒈9 (dhar) - "era"
12. 𐒌 - g - /g/ - 𐒌𐒈𐒐 (gan) - "lado"
13. 𐒇 - f - /f/ - 𐒇𐒈𐒅 (fag) - "entendimiento"
14. 𐒅 - g - /ɢ/ - 𐒅𐒑𐒅 (gig) - "bebé"
15. 𐒎 - q - /q/ - 𐒎𐒈O (qad) - "antes"
16. 𐒏 - k - /k/ - 𐒏𐒈𐒐 (kan) - "oreja"
17. 𐒐 - l - /l/ - 𐒐𐒈𐒌 (lab) - "cuchillo"
18. 𐒍 - m - /m/ - 𐒍𐒈𐒅 (mag) - "serpiente"
19. 𐒒 - n - /n/ - 𐒒𐒈𐒑 (naq) - "piedra"
20. 𐒓 - w - /w/ - 𐒓𐒈9 (war) - "noticias"
21. 𐒔 - h - /h/ - 𐒔𐒑𐒈 (hia) - "ella"
22. 𐒕 - y - /j/ - 𐒕𐒈𐒌 (yag) - "aceite"
23. 𐒈 - a - /a/ - 𐒈𐒅 (ag) - "boca"
24. 𐒜 - e - /e/ - 𐒜9 (er) - "cabra"
25. 9 - i - /i/ - 9𐒅 (ig) - "tú mismo/a"
26. 𐒙 - o - /o/ - 𐒙𐒐 (ol) - "arriba"
27. 𐒚 - u - /u/ - 𐒚𐒐 (ul) - "y"
28. 𐒛 - aa - /a:/ - 𐒛9𐒈𐒅 (aarag) - "ver"
29. 𐒑 - ee - /e:/ - 𐒑9 (eer) - "burro"

Palabras de ejemplo en somalí escritas en la escritura osmanya:

1. 𐒍𐒛𐒐9𐒐 - maaliil - "pez"
2. 𐒆𐒈𐒅𐒛𐒐 - dhagaal - "lucha"
3. 𐒈𐒙𐒙𐒍𐒛𐒐9 - soomaali - "somalí"

Aunque la escritura osmanya ganó cierta popularidad en las décadas de 1920 y 1930, no logró una adopción generalizada. Hoy en día, el somalí se escribe principalmente con el alfabeto latino, con una ortografía estandarizada introducida en la década de 1970. Sin embargo, la escritura osmanya sigue siendo una parte importante del patrimonio cultural somalí y todavía es utilizada por algunas personas y organizaciones para promover la lengua y la cultura somalíes.

ENCICLOPEDIA DE LA ESCRITURA UNIVERSAL

Pahawh Hmong

La escritura pahawh hmong, también conocida como escritura Pollard o escritura Sayaboury, se utiliza para escribir la lengua hmong, hablada por el pueblo hmong en varios países, incluidos China, Vietnam, Laos, Tailandia y Estados Unidos. La escritura fue desarrollada en la década de 1950 por Shong Lue Yang, un líder espiritual hmong, y luego adaptada por el misionero Samuel Pollard.

La escritura pahawh hmong es un sistema de escritura abugida, donde las consonantes tienen una vocal inherente que puede modificarse mediante signos diacríticos. La escritura se escribe de izquierda a derecha.

Aquí están las letras de la escritura pahawh hmong en su orden nativo, junto con transliteraciones al alfabeto romano, pronunciaciones IPA y palabras de ejemplo en hmong:

Consonantes:

1. ɰ - ch - /tʃ/ - ɰ̇ (chi) - morder
2. ʍ - nch - /ntʃ/ - ʍ̇ (nchi) - cuerda
3. ɰ - s - /s/ - ɰ̇ (si) - cuatro
4. ɷ - ns - /ns/ - ɷ̇ (nsi) - descansar
5. ʊ - r - /r/ - ʊ̇ (ri) - caer
6. ʋ - nr - /nr/ - ʋ̈ (nri) - enfermedad
7. ʌ - v - /v/ - ʌ̈ (vi) - comprar
8. ɘ - nv - /nv/ - ɘ̈ (nvi) - hígado
9. ʊ - x - /sʰ/ - ʊ̇ (xi) - pelar/descascarar

10. Ʇ - nx - /nsʰ/ - Ʇ̈ (nxi) - sentir lástima
11. Ӆ - k - /kʰ/ - Ӆ̈ (ki) - amargo
12. Ɩə - nk - /nkʰ/ - Ɩə̈ (nki) - frijol/haba
13. Iʊ - l - /l/ - Ïʊ̈ (li) - lamer
14. C - nl - /nl/ - C̈ (nli) - olvidar
15. K - z - /z/ - K̈ (zi) - alimentar
16. ɯ - nz - /nz/ - ɯ̈ (nzi) - pez
17. Π - t - /tʰ/ - Π̈ (ti) - llorar
18. Ʊ - nt - /ntʰ/ - Ʊ̈ (nti) - pequeño
19. Ʉ - d - /t/ - Ʉ̇ (di) - uno
20. Π - nd - /nt/ - Π̈ (ndi) - tú
21. E - p - /pʰ/ - Ë (pi) - taro
22. Ɯ - np - /npʰ/ - Ɯ̈ (npi) - atrapar/coger
23. Ч - b - /p/ - Ӵ (bi) - hembra
24. Π - nb - /np/ - Π̈ (nbi) - golpear
25. Ӿ - m - /m/ - Ӿ̈ (mi) - cinco
26. Ꮁ - hm - /m̥/ - Ꮁ̈ (hmi) - crepúsculo
27. Ж - f - /f/ - Ӝ (fi) - soplar
28. m - h - /h/ - m̈ (hi) - saber/conocer
29. M - w - /ʋ/ - Ṁ (wi) - limpiar
30. Ʊ - y - /j/ - Ʊ̇ (yi) - venir
31. Ƈ - ny - /ɲ/ - Ƈ̈ (nyi) - ser pocos
32. ∀ - g - /k/ - ∀̈ (gi) - máquina
33. ȯ - ng - /ŋ/ - ȯ̈ (ngi) - oír/escuchar

Vocales (indicadas por consonantes finales o signos diacríticos):

1. Ŏ - i - /i/
2. Ö - a - /a/
3. ⵙ - aa - /aː/
4. ꜗ - u - /u/
5. ଃ - e - /e/
6. ᘧ - o - /o/
7. ∴ - w - /ɨ/

La escritura pahawh hmong también incluye varios marcadores de tono, consonantes finales y símbolos para representar grupos de consonantes y nasales silábicas.

Aunque la escritura pahawh hmong no es el sistema de escritura más utilizado para la lengua hmong, tiene un significado cultural e histórico para algunas comunidades hmong. Se han realizado esfuerzos para promover y preservar la escritura, particularmente entre las comunidades de la diáspora hmong.

لاددا3

Pahlavi Inscriptional

El pahlavi inscriptional es una escritura utilizada para escribir la lengua persa media, que fue el idioma oficial del Imperio Sasánida (224-651 d.C.) en el antiguo Irán. La escritura se utilizó principalmente para inscripciones monumentales, monedas y sellos durante el período sasánida.

El pahlavi inscriptional es una escritura abyad, lo que significa que consta principalmente de consonantes, y las vocales se representan opcionalmente mediante signos diacríticos. La escritura se escribe de derecha a izquierda.

Aquí están algunos de los caracteres básicos de la escritura pahlavi inscriptional, junto con sus transliteraciones y pronunciaciones:

1. ⅃ - ʾ - /a, ā/
2. ⌐ - b - /b/
3. ⅃ - g - /g/
4. 3 - d - /d/
5. ᴨ - h - /h/
6. 2 - w - /w, u, ō/
7. ς - z - /z/
8. ᴨ - ḥ - /h/
9. ς - ṭ - /t/
10. ꓕ - y - /y, ē, ī/
11. ӡ - k - /k/

12. ↳ - l - /l/
13. ߓ - m - /m/
14. ⌋ - n - /n/
15. ⅅ - s - /s/
16. զ - ʿ - /ʿ/
17. ℘ - p - /p/
18. 22 - c - /č/
19. ℘ - r - /r/
    ○ š - /š/
    ○ t - /t/

Ejemplos de palabras en persa medio escritas con la escritura pahlavi inscriptional:

1. 2ﬡ22⌋⊔2℘22 - čwpʾnčhy - /čōpānčahī/ - "pastoreo"
2. ⊃℘ﬡ22 - čhry - /čihr/ - "cara, apariencia"
3. ⌋2⊃⊔22ﬡ22 - ččʾywn - /čičāyōn/ - "cómo"

El pahlavi inscriptional se utilizaba junto con otras escrituras, como el pahlavi salterio y el pahlavi de libro, que se empleaban con fines religiosos y literarios. La escritura desempeñó un papel importante en la administración y la propagación del Imperio Sasánida.

La escritura pahlavi inscriptional evolucionó a partir de la escritura aramea anterior e influyó en el desarrollo de escrituras iraníes posteriores, como las escrituras pahlavi de libro y avéstica. Comprender el pahlavi inscriptional es crucial para el estudio de la lengua persa media, la literatura y la historia del Imperio Sasánida.

Pahlavi Salterio

La escritura pahlavi salterio, también conocida como pahlavi de libro o salterio pahlavi, era un sistema de escritura utilizado principalmente para escribir textos en persa medio (pahlavi), particularmente textos religiosos zoroástricos, en los siglos VI y VII d. C. La escritura se desarrolló a partir de la escritura aramea imperial y se utilizó junto con la escritura pahlavi inscripcional.

El pahlavi salterio es un abyad, lo que significa que se compone principalmente de consonantes, y las vocales se representan opcionalmente mediante el uso de signos diacríticos. La escritura se escribe de derecha a izquierda.

Aquí están algunas de las letras del pahlavi salterio, sus transliteraciones, pronunciaciones aproximadas y palabras de ejemplo en persa medio:

1. u - ʾ - /a, ā/ - سلحسك (ʾnšʾn) - "humanidad"
2. ل - b - /b/ - رعد (bwzw) - "salvar"
3. ذ - g - /g/ - رلىu (gbkʾ) - "destino"
4. و - d - /d/ - وسحد (dʾnʾ) - "sabio"
5. ط - h - /h/ - ط لع (hmw) - "todo"
6. ا - w - /w, u, ō/ - اطلسس (whkʾm) - "juicio"
7. ح - z - /z/ - عسك (zmʾn) - "tiempo"
8. ٨ - ḥ - /ḥ/ - عى (ḥzm) - "madera"
9. ח - y - /y, ē, ī/ - كوعد (yzdʾn) - "Dios"
10. ع - k - /k/ - السلوع (knʾn) - "realizar/ejecutar"
11. 5 - l - /l/ - لسحدu (lʾyhʾ) - "pureza"

12. ܒ - m - /m/ - ܡܗܝܕܘ (mhydd) - "Mihr (Mitra)"
13. ܠ - n - /n/ - ܢܟܥܠܘ (n'kzyld) - "inmaculado"
14. ܣ - s - /s/ - ܣܠܝܢ (sl'n) - "habitar"
15. ܥ - ʿ - /ʿ/ - ܘܚܠܥ ('wḥl') - "puro"
16. ܦ - p - /p/ - ܦܠܗܘܝܟ (p'lhwyk) - "Parto"
17. ܨ - c - /č/ - ܚܕܠܘܣܘ (ch'ld'd) - "cuarenta"
18. ܪ - r - /r/ - ܪܘܣܝܗܝ (rwsy'hy) - "brillo"
    ○ š - /š/ - ܕܫܠܝܠ (šhly'l) - "rey"
    ○ t - /t/ - ܬܘܠ (twl') - "espada"

Palabras de ejemplo en persa medio escritas en pahlavi salterio:

1. ܣܥܙܢ - 'bzwn - "aumento"
2. ܦܠܗܘܝ - phlwy - "Pahlavi"
3. ܝܙܕܢ - yzd'n - "Dios"

La escritura pahlavi salterio se utilizaba principalmente con fines religiosos, especialmente para escribir textos zoroástricos como traducciones y comentarios del Avesta, los textos sagrados del zoroastrismo. La escritura coexistió con otras escrituras como la pahlavi inscripcional y la escritura maniquea durante la era sasánida.

El estudio de los textos en pahlavi salterio ha proporcionado información valiosa sobre la lengua persa media, la religión zoroástrica y la historia del Irán preislámico. Sin embargo, la escritura cayó en desuso después de la conquista árabe de Persia en el siglo VII d.

C. y fue gradualmente reemplazada por la escritura persa-árabe para escribir en persa.

עֲבֹדַל

Parto Inscriptional

El parto inscriptional es una escritura utilizada para escribir la lengua parta, que fue la lengua del Imperio Parto (247 a.C. - 224 d.C.) en el antiguo Irán. La escritura se utilizaba principalmente para inscripciones monumentales y relieves rupestres durante el período parto.

El parto inscriptional es una escritura abyad, lo que significa que consta principalmente de consonantes, y las vocales se representan opcionalmente mediante signos diacríticos. La escritura se escribe de derecha a izquierda.

Aquí están algunos de los caracteres básicos de la escritura parto inscriptional, junto con sus transliteraciones y pronunciaciones:

1. ⅃ - ʾ - /a, ā/
2. ⊃ - b - /b/
3. ⅃ - g - /g/
4. ⱬ - d - /d/
5. ʜ - h - /h/
6. ⊃ - w - /w, u, ō/
7. ꓢ - z - /z/
8. ⅃ - ḥ - /h/
9. ⅄ - ṭ - /t/
10. J - y - /y, ē, ī/
11. ⊃ - k - /k/
12. ƅ - l - /l/

13. 𐭌 - m - /m/
14. 𐭍 - n - /n/
15. 𐭎 - s - /s/
16. 𐭏 - ʿ - /ʿ/
17. 𐭐 - p - /p/
18. 𐭑 - c - /č/
19. 𐭓 - r - /r/
20. 𐭔 - š - /š/
21. 𐭕 - t - /t/

Ejemplos de palabras en parto escritas con la escritura parto inscriptional:

1. 𐭌𐭋𐭊𐭀 - mlkʾ - /malkā/ - "rey"
2. 𐭁𐭂𐭉 - bgy - /baγī/ - "dios"
3. 𐭕𐭓𐭉𐭍 - tryn - /tarīn/ - "más joven"

El parto inscriptional comparte muchas similitudes con el pahlavi inscriptional, ya que ambas escrituras se utilizaron en el antiguo Irán y evolucionaron a partir de la escritura aramea. Sin embargo, existen algunas diferencias en las formas de ciertos caracteres y su uso.

La escritura parto inscriptional proporciona información valiosa sobre la lengua, la historia y la cultura del Imperio Parto. Es una herramienta esencial para estudiar las inscripciones partas y comprender el desarrollo de las lenguas y escrituras iraníes.

ENCICLOPEDIA DE LA ESCRITURA UNIVERSAL

Pau Cin Hau

La escritura pau cin hau, también conocida como escritura zo o escritura zomi, se utiliza para escribir la lengua tedim (también llamada zomi o zo), hablada por el pueblo zo en el estado de Chin de Myanmar (Birmania) y las regiones vecinas de India y Bangladesh. La escritura fue creada en la década de 1930 por Pau Cin Hau, un hablante de tedim y líder religioso, quien afirmó haber recibido la escritura en una revelación divina.

La escritura pau cin hau es un alfabeto con 35 letras, cada una representando un sonido consonántico o vocálico. La escritura se escribe de izquierda a derecha.

Aquí están las letras de la escritura pau cin hau en su orden nativo, junto con transliteraciones al alfabeto romano, pronunciaciones IPA y palabras de ejemplo en tedim:

1. ꓚ - a - /a/ - ꓚ (a) - yo
2. ꓳ - b - /b/ - ꓳꓡ (bel) - hierba
3. ꓚ - l - /l/ - ꓚꓡꓲ (lei) - puente
4. ꓢ - s - /s/ - ꓢꓠ (sa) - animal
5. ꓐ - g - /g/ - ꓐꓠꓲ (gal) - arroyo
6. ꓴ - p - /p/ - ꓴꓠ (pa) - padre
7. ꓠ - c - /ts/ - ꓠꓲ: (caw) - caminar
8. ꓮ - i - /i/ - ꓮꓰ (in) - casa
9. ꓷ - d - /d/ - ꓷꓲ (dim) - huevo

ENCICLOPEDIA DE LA ESCRITURA UNIVERSAL

10. Ɏ - m - /m/ - ɎͰC (mel) - cara
11. Ӿ - t - /t/ - ӾႶ (ta) - matar
12. ꬲ - h - /h/ - ꬲႶ (ha) - diente
13. Ɛ - v - /v/ - ƐႶC (val) - cielo
14. Ⴎ - k - /k/ - Ⴎll: (kua) - tumba/sepultura
15. L - z - /z/ - LႶC (zal) - camino
16. Ꮆ - n - /n/ - Ꮆll: (nua) - madre
17. Ⅽ - ng - /ŋ/ - ⅭIC (ngel) - plata
18. Z - th - /tʰ/ - ZP (thi) - sangre
19. Ꝑ - f - /f/ - ꝐO (fi) - dormir
20. h - kh - /kʰ/ - hႶ (kha) - ser amargo
21. Ⱶ - tl - /tl/ - ⱵႶƧ (tlai) - ala
22. ૪ - y - /j/ - ૪Ⴖ (ya) - volar
23. Ƨ - n - /n/ - ƧႶ (na) - oreja
24. Ꝿ - ph - /pʰ/ - ꝿPӨ (phis) - serpiente
25. A - o - /o/ - AꞱ (aw) - cerdo
26. d - oo - /ɔ/ - dC (awl) - llamar
27. Ꞇ - w - /w/ - ꞆႶ (wa) - bambú
28. Λ - e - /e/ - ΛꞱ (ew) - vomitar
29. Ꙋ - ee - /ɛ/ - Ꙋꝿ (eng) - dormir
30. T - j - /dʒ/ - TlƧ (jen) - noche
31. Ⱶ - gh - /ɣ/ - ⱵPƧ (ghen) - amar
32. V - c - /s/ - VO (ci) - saber/conocer
33. Ꮆ - r - /ɹ/ - ꮆlƧ (rei) - reír
34. Ⴖ - aa - /aː/ - ႶƧ (aan) - curry
35. P - ii - /iː/ - PƧ (iin) - beber

La escritura pau cin hau también incluye signos de puntuación y números.

Aunque la escritura pau cin hau tiene un significado histórico y cultural para el pueblo zo, su uso ha disminuido con el tiempo. Hoy en día, la lengua tedim se escribe más comúnmente con el alfabeto romano o la escritura bengalí. Sin embargo, se han realizado esfuerzos para preservar y promover la escritura pau cin hau como una parte única del patrimonio cultural zo.

ENCICLOPEDIA DE LA ESCRITURA UNIVERSAL

OTTARY

Pérmico Antiguo

El pérmico antiguo, también conocido como abur o anbur, es un alfabeto creado en el siglo XIV por el misionero ruso Esteban de Perm para escribir el idioma komi, que pertenece a la rama pérmica de la familia de idiomas urálicos. El alfabeto se utilizó en los siglos XIV y XV en la región de habla komi del noreste de la Rusia europea.

El alfabeto pérmico antiguo es un alfabeto que presenta letras que se asemejan a formas geométricas, con algunas similitudes con las letras cirílicas y griegas. El alfabeto se escribía de izquierda a derecha y tenía letras tanto para consonantes como para vocales.

Aquí hay algunas de las letras del pérmico antiguo, sus transliteraciones, pronunciaciones aproximadas y ejemplos de palabras en komi moderno:

1. Ƨ - A - /a/ - Ƨ˥ (ad) - "red"
2. ⌽ - B - /b/ - ⌽▽˥ (byd) - "cada"
3. T - G - /g/ - TШ (gy) - "nadar"
4. ʌ - D - /d/ - ʌ⊢˥ (dod) - "trineo"
5. Ⱶ - E - /e/ - ⱵԼ (ež) - "campo"
6. Ⲙ - Ž - /ʒ/ - Ⲙ▽ᐯ (žyr) - "nuca"
7. ⊡ - Dz - /d͡z/ - ⊡Л˥ (dzod) - "palabra"
8. ⊐ - Dž - /d͡ʒ/ - ⊐▽ᐯ (džyr) - "colina"
9. ᐯ - Z - /z/ - ᐯ⊢I (zon) - "hijo"
10. ⊢ - I - /i/ - ⊢Ɫ (iz) - "piedra"
11. Ɫ - K - /k/ - ɫШ (ky) - "lengua"

ENCICLOPEDIA DE LA ESCRITURA UNIVERSAL

12. V - L - /l/ - VlNl (lyz) - "azul"
13. Vl - M - /m/ - VlV (my) - "nosotros"
14. I - N - /n/ - IlNv (nyl) - "cuatro"
15. ҍ - O - /o/ - ҍL (ok) - "cabeza"
16. L - Ö - /ø/ - Lɰ (öš) - "puerta"
17. ∇ - P - /p/ - ∇r (pi) - "madera, árbol"
18. ſ - R - /r/ - ſr⅂ (rid) - "barco"
19. ⱬ - S - /s/ - ⱬrI (sin) - "vosotros"
20. Ʀ - T - /t/ - ƦlN (ty) - "lago"
21. ɰ - U - /u/ - ɰv (uz) - "nuevo"
22. Ʋ - V - /v/ - ƲlNI (vyn) - "hermano"
23. ∩ - Ja - /ja/ - ∩L (jak) - "caminar"
24. lN - Y - /ɨ/ - lNv (yl) - "debajo, abajo"

Ejemplos de palabras en komi escritas en alfabeto pérmico antiguo:

1. ſ∇⅂lNL - rödyk - "pariente"
2. LrⱬƲlNɰ - kisvyu - "verter"
3. VrⱬƦҍƲr - listovi - "hoja"

El alfabeto pérmico antiguo cayó en desuso después del siglo XVII, y el idioma komi ahora se escribe principalmente con el alfabeto cirílico. Sin embargo, el alfabeto pérmico antiguo sigue siendo una parte esencial del patrimonio cultural komi y un ejemplo significativo de un sistema de escritura único creado para un idioma urálico. Se han realizado esfuerzos para revivir el interés en el alfabeto y promover su uso en contextos culturales y educativos.

ENCICLOPEDIA DE LA ESCRITURA UNIVERSAL

Persa Antiguo

El persa antiguo es un alfabeto utilizado para escribir el idioma persa antiguo, que era el idioma principal del Imperio aqueménida (c. 550-330 a. C.) en el antiguo Irán. El alfabeto persa antiguo se clasifica como un sistema de escritura semialfabético o semisilábico, ya que consta de signos tanto alfabéticos como silábicos. Se escribía de izquierda a derecha y se utilizaba principalmente para inscripciones monumentales en paredes rocosas, edificios y objetos.

El alfabeto persa antiguo se desarrolló durante el reinado de Darío I (c. 522-486 a. C.) y probablemente se inspiró en los alfabetos cuneiforme acadio y arameo. Consta de 36 signos, incluyendo tres vocales, 22 consonantes y once signos silábicos.

Aquí están los signos del persa antiguo, sus transliteraciones, pronunciaciones aproximadas y ejemplos de palabras:

Vocales:

𐎠 - a - /a/

𐎡 - i - /i/

𐎢 - u - /u/

Consonantes:

𐎲 - b - /b/

𐎨 - c - /ts/

𐎭 - d - /d/

𐎳 - f - /f/

⟨|⊦ - g - /g/
⟨⋅⟨ - h - /h/
|⋲ - j - /dʒ/
|⊧ - k - /k/
⊒| - l - /l/
⊦||| - m - /m/
⊐⟨ - n - /n/
≢ - p - /p/
⊒| - r - /r/
|⊧ - s - /s/
⋜⋜ - š - /ʃ/
|||⊦ - t - /t/
|⟨| - v - /v/
|⊦| - x - /x/
|⋲ - y - /j/
⊨| - z - /z/
⊒||| - ḍ - /d̪/
|⊤⊦ - θ - /θ/

Signos silábicos:

⟨⟨|| - ku - /ku/
⊨⊦ - xa - /xa/
Ψ - ça - /tsa/
⊣⟨ - ji - /dʒi/
⟨ - ṭa - /ţa/
⟨ - di - /di/
⊳⊢ - mi - /mi/

𐎻 - vi - /vi/

𐏃 - hu - /hu/

𐎷 - mu - /mu/

𐏂 - ru - /ru/

Ejemplos de palabras en persa antiguo:

𐎭𐎠𐎼𐎹𐎺𐎢𐏁 - Dārayavauš - "Darío"

𐎧𐏁𐎹𐎰𐎡𐎹 - Xšayaθiya - "Rey"

𐏃𐎧𐎠𐎶𐎴𐎡𐏁𐎡𐎹 - Haxāmanišiya - "Aqueménida"

𐎠𐎢𐎼𐎶𐏀𐎭𐎠 - Auramazdā - "Ahura Mazda" (deidad suprema zoroástrica)

El alfabeto persa antiguo se utilizó durante un período relativamente corto, principalmente durante la era aqueménida. Coexistió con otros alfabetos, como el cuneiforme elamita y acadio, en las inscripciones multilingües de los reyes persas. Las inscripciones en persa antiguo más famosas se encuentran en Behistún, Persépolis y Naqsh-e Rustam.

El desciframiento del persa antiguo en el siglo XIX fue un hito importante en la comprensión de la historia y el idioma persas antiguos. El alfabeto proporciona información valiosa sobre el idioma, la cultura y la ideología real del Imperio aqueménida.

ENCICLOPEDIA DE LA ESCRITURA UNIVERSAL

Rejang

La escritura rejang, también conocida como surat ulu o kaganga, se utiliza para escribir la lengua rejang, hablada por el pueblo rejang en la provincia de Bengkulu, Indonesia, particularmente en las regencias de Rejang Lebong, Kepahiang y Lebong. La escritura se deriva de la escritura brahmi y está estrechamente relacionada con otras escrituras indonesias, como la batak y la kerinci.

La escritura rejang es un sistema de escritura silábico, donde cada símbolo representa una sílaba en lugar de un sonido individual. Se escribe de izquierda a derecha.

Aquí están las letras de la escritura rejang en su orden nativo, junto con transliteraciones al alfabeto romano, pronunciaciones IPA y palabras de ejemplo en rejang:

1. ᨀ - ka - /ka/ - ᨀ (kayu) - madera
2. ᨁ - ga - /ga/ - ᨁ (gayu) - cansado
3. ᨂ - nga - /ŋa/ - ᨂ (ngay) - no
4. ᨈ - ta - /ta/ - ᨈ (taun) - año
5. ᨉ - da - /da/ - ᨉ (day) - sangre
6. ᨊ - na - /na/ - ᨊ (naw) - seis
7. ᨄ - pa - /pa/ - ᨄ (pak) - clavo/uña
8. ᨅ - ba - /ba/ - ᨅ (bau) - olor
9. ᨆ - ma - /ma/ - ᨆ (may) - madre
10. ᨌ - ca - /t͡ʃa/ - ᨌ (cay) - pierna

11. ⱥ - ja - /dʒa/ - ⱥ (jad) - convertirse

12. ⱥ - nya - /ɲa/ - ⱥ (nyay) - campo de arroz

13. ⱥ - sa - /sa/ - ⱥ (saw) - uno

14. ⱥ - ra - /ra/ - ⱥ (rak) - raíz

15. ⱥ - la - /la/ - ⱥ (lay) - camino

16. ⱥ - ya - /ja/ - ⱥ (yoh) - enfermo

17. ⱥ - wa - /wa/ - ⱥ (wakau) - tiempo

18. ⱥ - ha - /ha/ - ⱥ (hau) - querer

19. ⱥ - mba - /mba/ - ⱥ (mbau) - hedor

20. ⱥ - nda - /nda/ - ⱥ (ndaun) - hoja

21. ⱥ - nja - /ɲdʒa/ - ⱥ (njay) - coser

22. ⱥ - ngga - /ŋga/ - ⱥ (nggaray) - coral

23. a - /a/ - ⱥ (ka) - pez

24. i - /i/ - ⱥ (gi) - dientes

25. u - /u/ - ⱥ (tuk) - cabeza

26. e - /ə/ - ⱥ (ke) - nosotros

27. o - /o/ - ⱥ (bo) - ellos

28. 'O - ai - /ai/ - ⱥ (cai) - agua

29. 'O - au - /au/ - ⱥ (hau) - querer

La escritura rejang también incluye algunas consonantes finales, que se escriben como signos diacríticos sobre las vocales, así como signos de puntuación.

Aunque la escritura rejang tiene una larga historia y un significado cultural para el pueblo rejang, su uso ha disminuido en los últimos tiempos. Muchos hablantes de rejang han cambiado al uso del alfabeto latino para escribir su lengua, y la escritura no se enseña ampliamente en las escuelas. Sin embargo, se están realizando esfuerzos para preservar y promover la escritura rejang como una parte importante del patrimonio cultural rejang.

ԾԿՂՄՆ

Rohingya Hanifi

La escritura rohingya hanifi, también conocida como escritura rohingyalish, se utiliza para escribir la lengua rohingya, hablada por el pueblo rohingya, principalmente en el estado de Rakhine de Myanmar (Birmania) y en las comunidades de refugiados en Bangladesh y otros países. La escritura fue desarrollada en la década de 1980 por Molana Hanif, un erudito islámico rohingya, como una forma de representar los sonidos únicos de la lengua rohingya, que no están representados eficazmente por las escrituras árabe, bengalí o birmana.

La escritura rohingya hanifi es un alfabeto con 26 letras que representan consonantes y 5 letras que representan vocales. Se escribe de derecha a izquierda. Aquí están las letras de la escritura rohingya hanifi en su orden nativo, junto con transliteraciones al alfabeto romano, pronunciaciones IPA y palabras de ejemplo en rohingya:

Consonantes:

1. 𐴀 - a - /a/ - 𐴀𐴝𐴡 (ain) - ojo
2. 𐴁 - b - /b/ - 𐴁𐴝𐴞 (baá) - padre
3. 𐴂 - s - /s/ - 𐴂𐴝𐴝𐴊 (saád) - siete
4. 𐴃 - t - /t/ - 𐴃𐴡𐴝𐴔 (toám) - ajo
5. 𐴄 - f - /f/ - 𐴄𐴡𐴃𐴢 (foto) - foto
6. 𐴅 - g - /g/ - 𐴅𐴡𐴕 (gon) - olor
7. 𐴇 - h - /h/ - 𐴇𐴝𐴝𐴃 (haát) - mano
8. 𐴈 - c - /c/ - 𐴈𐴢𐴔 (cum) - pelo/cabello

9. ꜱ - d - /d/ - كهܩ (danco) - garganta
10. ڢ - z - /z/ - ڢهل (zat) - raza/casta
11. ꭓ - r - /r/ - ꭓٞ (ram) - camino
12. ط - l - /l/ - طهڔ (laf) - salto
13. ꝑ - m - /m/ - ꝑߊ (ma) - madre
14. ꞗ - n - /n/ - ꞗߊꞗٞ (naanz) - bebé
15. ﻠ - w - /w/ - ﻠهܩ (waáro) - pulsera
16. ꝋ - o - /o/ - ꝋܣ (ódo) - estómago
17. ꝋ - p - /p/ - ꝋߊߊٞ (pani) - agua
18. ܩ - q - /q/ - ܩܠܩ (qiam) - bolígrafo
19. ꭓ - k - /k/ - ꭓܢꭓٞ (kuni) - niña
20. ܠ - sh - /ʃ/ - ܠهܠ (shaáf) - limpio
21. ܩ - tt - /ṭ/ - ܩهܠܩ (ttato) - cesta
22. ܩ - gh - /ɣ/ - ܩܢܩ (ghus) - ira
23. ꝫ - j - /dʒ/ - ꝫܩꝫٞ (jom) - cara
24. ꝑ - kh - /x/ - ꝑܢܔ (khot) - carta
25. ꝑ - y - /j/ - ꝑߊܔ (yaá) - hermana
26. ܝ - u - /u/ - ܝܟܝ (udu) - jengibre

Vocales:

1. ܔ - i - /i/ - ܔܟܔ (iju) - oso
2. ܔ - e - /e/ - ܔܠܔ (ena) - henna
3. ꝋ̊ - aa - /a:/ - ꝋܠܠ (aawo) - luz
4. ܣ - i - /i/ - ܣܠܣ (iti) - ladrillo
5. ܝ - o - /o/ - ܝܢܔ (oru) - pájaro

La escritura rohingya hanifi también incluye algunos signos diacríticos para representar sonidos vocálicos y nasalización, así como signos de puntuación.

Aunque la escritura rohingya hanifi fue creada para representar mejor la lengua rohingya, su uso no está muy extendido y muchos rohingya siguen utilizando las escrituras árabe, bengalí o birmana para escribir. La continua persecución y el desplazamiento del pueblo rohingya también han dificultado la promoción y la preservación de la escritura. Sin embargo, algunos activistas y estudiosos rohingya están haciendo esfuerzos para fomentar el uso y la enseñanza de la escritura rohingya hanifi como una forma de afirmar la identidad cultural rohingya.

ENCICLOPEDIA DE LA ESCRITURA UNIVERSAL

Rúnico

La escritura rúnica, también conocida como futhark o fuþark (derivado de las seis primeras letras del alfabeto), es un antiguo sistema de escritura utilizado por los pueblos germánicos, incluidos los nórdicos, desde alrededor del siglo II d. C. hasta finales de la Edad Media. La escritura se utilizó para escribir varias lenguas germánicas, como el nórdico antiguo, el inglés antiguo, el sajón antiguo y el alto alemán antiguo.

La escritura rúnica se divide en tres variantes principales: futhark antiguo, futhorc anglosajón y futhark joven.

Aquí están las letras de la escritura rúnica futhark antiguo en su orden nativo, junto con transliteraciones al alfabeto romano, pronunciaciones IPA y palabras de ejemplo en nórdico antiguo:

1. ᚠ - f - /f/ - ᚠᛖ (fe) - ganado, riqueza
2. ᚢ - u - /u/ - ᚢᚱ (ur) - uro (buey salvaje)
3. ᚦ - þ - /θ/ - ᚦᚢᚱᛋ (þurs) - gigante
4. ᚨ - a - /a/ - ᚨᛋᚲ (ask) - fresno (árbol)
5. ᚱ - r - /r/ - ᚱᚨᛁᛞᛟ (raido) - cabalgar, viaje
6. ᚲ - k - /k/ - ᚲᚨᚢᚾᚨ (kauna) - úlcera, llaga
7. ᚷ - g - /g/ - ᚷᛁᚠᚢ (gifu) - regalo
8. ᚹ - w - /w/ - ᚹᚢᚾᛃᛟ (wunjo) - alegría
9. ᚺ - h - /h/ - ᚺᚨᚷᚨᛚᚨᛉ (hagalaz) - granizo
10. ᚾ - n - /n/ - ᚾᚨᚢᛞᛁᛉ (naudiz) - necesidad
11. ᛁ - i - /i/ - ᛁᛋᚨ (isa) - hielo
12. ᛃ - j - /j/ - ᛃᛖᚱᚨ (jera) - año, cosecha
13. ᛇ - ï - /ɪ/ - ᛇᚹᚨᛉ (ïwaz) - tejo (árbol)
14. ᛈ - p - /p/ - ᛈᛖᚱᚦ (perþ) - cubilete de dados

15. ᛉ - z - /z/ - ᛉᚨᛁ (zai) - ramita
16. ᛋ - s - /s/ - ᛋᛟᚹᛁᛚᛟ (sowilo) - sol
17. ᛏ - t - /t/ - ᛏᛁᚹᚨᛉ (tiwaz) - el dios Tyr
18. ᛒ - b - /b/ - ᛒᛖᚱᚲᚨᚾᚨ (berkana) - abedul (árbol)
19. ᛖ - e - /e/ - ᛖᚺᚹᚨᛉ (ehwaz) - caballo
20. ᛗ - m - /m/ - ᛗᚨᚾᚾᚨᛉ (mannaz) - hombre
21. ᛚ - l - /l/ - ᛚᚨᚷᚢᛉ (laguz) - agua, lago
22. ᛜ - ŋ - /ŋ/ - ᛜᛟᛞ (ŋod) - necesidad, deseo
23. ᛟ - o - /o/ - ᛟᚦᚨᛚᚨ (oþala) - propiedad heredada
24. ᛞ - d - /d/ - ᛞᚨᚷᚨᛉ (dagaz) - día

El futhorc anglosajón y el futhark joven tienen algunas letras adicionales y ligeras variaciones en el orden de las letras y la pronunciación.

Se han encontrado inscripciones rúnicas en varios objetos, como joyas, armas, herramientas y piedras, en toda Europa. La escritura se utilizó para diversos fines, incluidas inscripciones religiosas y mágicas, monumentos conmemorativos y comunicación cotidiana.

Aunque la escritura rúnica ya no se utiliza activamente, sigue siendo una parte esencial del patrimonio cultural germánico y todavía es estudiada por académicos y entusiastas. Su influencia se puede ver en la cultura popular moderna, como en la literatura de fantasía, los juegos y las películas.

ENCICLOPEDIA DE LA ESCRITURA UNIVERSAL

ENCICLOPEDIA DE LA ESCRITURA UNIVERSAL

Samaritano

La escritura samaritana se utiliza para escribir la lengua samaritana, que es un dialecto del hebreo antiguo hablado por el pueblo samaritano. Los samaritanos son un grupo etnorreligioso que se originó en el antiguo Levante y actualmente reside principalmente en Israel y los territorios palestinos. La lengua y la escritura samaritanas se utilizan principalmente con fines religiosos, como en el Pentateuco samaritano, su texto sagrado.

La escritura samaritana es un descendiente directo de la escritura paleohebrea, que se utilizaba en el antiguo Israel antes de la adopción de la escritura hebrea cuadrada influenciada por el arameo. Se escribe de derecha a izquierda.

Aquí están las letras de la escritura samaritana en su orden nativo, junto con transliteraciones al alfabeto romano, pronunciaciones IPA y palabras de ejemplo en la lengua samaritana:

1. ✦ - A - /a/, /ɔ/ - ✲ℑℨℳℒ✦ (aluhim) - Dios
2. ℑ - B - /b/, /v/ - ✦ℨℑ (bit) - casa
3. ℸ - G - /g/ - ℳℸ (gan) - jardín
4. ℚ - D - /d/, /ð/ - ℚℑℚ (dabar) - palabra, cosa
5. ℑ - Ē - /eː/ - ℑℚℑ (hurēh) - montaña
6. ℳ - W - /w/, /u/ - ℳℒℳ (wzin) - y arma
7. ℒ - Z - /z/ - ℳℳℒ (zman) - tiempo
8. ℍ - Ḥ - /ħ/ - ℑℒℍ (ḥalab) - leche
9. ⊕ - Ṭ - /tˤ/ - ✦ℳ⊕ (ṭama) - impuro

10. 𐡉 - Y - /j/, /i/ - ⊲𐡆 (yad) - mano

11. 𐡊 - K - /k/, /x/ - 𐡉𐡀𐡊 (kēhin) - sacerdote

12. 𐡋 - L - /l/ - 𐡁𐡋 (lab) - corazón

13. 𐡌 - M - /m/ - 𐡌𐡉𐡌 (mayim) - agua

14. 𐡍 - N - /n/ - 𐡀𐡍𐡔𐡌 (nishmah) - aliento, alma

15. 𐡎 - S - /s/ - ⊲𐡅𐡎 (siphar) - libro

16. 𐡏 - E - /ʕ/, /ʔ/ - 𐡆𐡍𐡏 (ēni) - ojo

17. 𐡐 - F - /f/, /p/ - 𐡌𐡆𐡍𐡐 (fanīm) - cara

18. 𐡑 - Ṣ - /sˁ/ - 𐡒𐡆𐡀𐡑 (ṣadiq) - justo

19. 𐡒 - Q - /q/ - 𐡔𐡀𐡒 (qadhash) - sagrado

20. 𐡓 - R - /r/ - 𐡔𐡀𐡓 (riash) - cabeza

21. 𐡔 - Š - /ʃ/ - 𐡔𐡌𐡔 (shamash) - sol

22. 𐡕 - T - /t/, /θ/ - 𐡌𐡅𐡀𐡕 (tihum) - abismo

La escritura samaritana también incluye algunos signos diacríticos para las vocales, pero no se utilizan de manera consistente.

Debido al pequeño tamaño de la comunidad samaritana y al uso limitado de su lengua, la escritura samaritana se considera en peligro de extinción. Se han realizado esfuerzos para preservar y digitalizar los manuscritos samaritanos, y la escritura se ha incluido en el estándar Unicode para facilitar su uso en contextos digitales. Sin embargo, la lengua y la escritura samaritanas se siguen utilizando principalmente con fines litúrgicos y culturales dentro de la comunidad samaritana.

ENCICLOPEDIA DE LA ESCRITURA UNIVERSAL

ENCICLOPEDIA DE LA ESCRITURA UNIVERSAL

ENCICLOPEDIA DE LA ESCRITURA UNIVERSAL

Saurashtra

La escritura saurashtra se utiliza para escribir la lengua saurashtra, hablada por el pueblo saurashtra, principalmente en los estados de Tamil Nadu, Kerala y Karnataka en el sur de la India. La lengua saurashtra es un miembro de la familia de lenguas indoarias y está estrechamente relacionada con el guyaratí.

La escritura saurashtra es un abyugida, lo que significa que las consonantes tienen una vocal inherente que puede modificarse o silenciarse mediante signos diacríticos. Se escribe de izquierda a derecha.

Aquí están las letras de la escritura saurashtra en su orden nativo, junto con transliteraciones al alfabeto romano, pronunciaciones IPA y palabras de ejemplo en la lengua saurashtra:

Vocales (ᰎᰍᰜ):

1. ᰀ - a - /ə/ - ᰀ++ (akki) - hermana mayor
2. ᰀ - ā - /a/ - ᰀ⊥ᰋ (ānai) - traer
3. ∵ - i - /i/ - ∵ᰍ (ini) - hoy
4. ·l· - ī - /i/ - ·l·ᰍ̄ (īt) - pluma
5. ᰍ - u - /u/ - ᰍᰒ (ūḍhā) - camello
6. ᰍ - ū - /u/ - ᰍᰍ̄ (ūn) - lana
7. ᰊ - e - /e/ - ᰆᰐ (eli) - rata
8. ᰊ - ē - /e/ - ᰊd (ēja) - clavija
9. ʔ - ai - /əi/ - ʔᰍ' (airi) - árbol de neem
10. ʔ - o - /o/ - ʔᰆ (oḍa) - romper
11. ᰆ - ō - /o/ - ᰆᰆ (ōḍi) - habiendo roto

373

ENCICLOPEDIA DE LA ESCRITURA UNIVERSAL

12. ᗡ - au - /əu/ - ᗡЄᑕ (auḍāḍi) - embotamiento

Consonantes (ō⊥ħd⊥):

1. ✝ - ka - /k/ - ✝Ī𝚰 (kanni) - virgen
2. ᒣ - kha - /kʰ/ - ᒣᑕ̄ᑕ✝ (khaḍḍak) - ciertamente
3. Λ - ga - /g/ - Λ-ᒍ (gali) - viento
4. ᑗ - gha - /gʰ/ - ᑗᑕ (ghaḍi) - reloj
5. ᒧ - ṅa - /ŋ/ - ᗴĪ (ṅān) - conocimiento
6. d - ca - /c/ - d✝✝ (cakki) - gorrión
7. ɸ - cha - /cʰ/ - ɸᑕ̄ᑕ (chaḍḍi) - escoba
8. Ɛ - ja - /ɟ/ - Ɛᒍ✝ᑕ (jalkaḍi) - musgo
9. ᑋ - jha - /ɟʰ/ - dᑋ𝚰 (cajhani) - tamiz
10. ħ - ña - /ɲ/ - ħĪ (ñān) - peine
11. ᑕ - ṭa - /ṭ/ - ᑕ✝ (ṭaki) - nuca
12. O - ṭha - /ṭʰ/ - O✝ᒍ (ṭhākali) - cincel
13. ŕ - ḍa - /ḍ/ - ŕ✝✝ (ḍakka) - tambor
14. ᕽ - ḍha - /ḍʰ/ - ᕽ✝✝ (ḍhakka) - empujar
15. I - ṇa - /ŋ/ - I|λ̄ (ṇārat) - coco
16. λ - ta - /t̪/ - λ✝✝ᑕ (takkaḍi) - arsénico
17. Θ - tha - /t̪ʰ/ - Θ-ᒍ (thāli) - plato
18. ⊃ - da - /d̪/ - ⊃Є (dāḍā) - barba
19. D - dha - /d̪ʰ/ - D⊥ (dhana) - riqueza
20. ⊥ - na - /n/ - ⊥ſ (nāri) - mujer
21. ᑐ - pa - /p/ - ᑐ𝚰 (pāyu) - pájaro
22. ᑲ - pha - /pʰ/ - ᑲᒍ (phala) - fruta
23. □ - ba - /b/ - □|λ̄ (bārat) - carga

374

ENCICLOPEDIA DE LA ESCRITURA UNIVERSAL

24. ㄩ' - bha - /bɦ/ - ㄩ'Iㅅ (bharat) - India
25. ម - ma - /m/ - មƐ (māḍā) - taza
26. ⌡ - ya - /j/ - ⌡ſ (yāri) - colmillo
27. I - ra - /r/ - ꓶϹ (rōḍi) - pan
28. ⌡ - la - /l/ - ⌡ⅠⱢꓥ (linpat) - fatiga
29. ර - va - /ʋ/ - රꙅϹꓥ (vēḍat) - caza
30. ⋀ - śa - /ɕ/ - ⋀∓+I (śakkara) - azúcar
31. ᄂ - ṣa - /ʂ/ - ᄂϹ̄+Ū (ṣaḍkap) - engaño
32. rL - sa - /s/ - rL∓+I (sakkara) - dulce
33. Ļ - ha - /ɦ/ - ĻѲ (hāthi) - elefante
34. rˡ - ḷa - /ɭ/ - rˡĪ (ḷar) - agua
35. ꝑ - l̥a - /ɻ/ - ꝑⱢ⌡ (l̥ayya) - noche

La escritura saurashtra también incluye varios signos diacríticos para signos vocálicos, conjunciones consonánticas y nasalización, así como números y signos de puntuación.

En los últimos años, el uso de la escritura saurashtra ha disminuido, y muchos hablantes de saurashtra han adoptado las escrituras tamil o devanagari para escribir su lengua. Sin embargo, se están realizando esfuerzos para preservar y promover la escritura saurashtra como una parte importante del patrimonio cultural saurashtra.

ENCICLOPEDIA DE LA ESCRITURA UNIVERSAL

ιδιςϲτ

Shaviano

La escritura shaviana, también conocida como alfabeto Shaw, es un alfabeto diseñado por Ronald Kingsley Read basándose en un concepto del reconocido dramaturgo irlandés George Bernard Shaw. El alfabeto tenía como objetivo proporcionar una representación fonéticamente más precisa de la lengua inglesa, donde cada letra corresponde a un sonido específico. Shaw creía que la ortografía inglesa tradicional era inconsistente y difícil de aprender, lo que generaba la necesidad de una reforma ortográfica. Aunque Shaw dejó la mayor parte de su patrimonio para financiar la creación del alfabeto después de su muerte, nunca logró una adopción generalizada.

La escritura shaviana consta de 40 letras, cada una representando un fonema distinto en inglés. Se escribe de izquierda a derecha, y las letras tienen una apariencia única, casi futurista.

Aquí están las letras de la escritura shaviana, sus transliteraciones y pronunciaciones aproximadas:

1.] - /ə/ - a en "about"
2. ʟ - /æ/ - a en "cat"
3. ᴛ - /ɑː/ - a en "father"
4. Ɉ - /ɛ/ - e en "bet"
5. ʟ - /eɪ/ - a en "bait"
6. ʜ - /ɪ/ - i en "bit"
7. ɪ - /iː/ - ee en "beet"
8. ʔ - /ɒ/ - o en "hot"
9. ʔ - /ɔː/ - aw en "bought"

ENCICLOPEDIA DE LA ESCRITURA UNIVERSAL

10. ſ - /oʊ/ - o en "boat"
11. ᴠ - /ʊ/ - u en "put"
12. ʌ - /uː/ - oo en "boot"
13. Ɔ - /ʌ/ - u en "but"
14. ʃ - /aɪ/ - i en "bite"
15. ⟨ - /aʊ/ - ou en "bout"
16. O - /ɔɪ/ - oy en "boy"
17. ɤ - /juː, uː/ - u en "pure"
18. 1 - /b/ - b en "boy"
19. ℓ - /ʧ/ - ch en "chin"
20. J - /d/ - d en "dog"
21. ʀ - /f/ - f en "fan"
22. ρ - /g/ - g en "get"
23. ʔ - /h/ - h en "hat"
24. \ - /ʤ/ - j en "jet"
25. ɗ - /k/ - k en "kit"
26. C - /l/ - l en "let"
27. ʃ - /m/ - m en "man"
28. ʟ - /n/ - n en "not"
29. ʇ - /ŋ/ - ng en "sing"
30. ϙ - /p/ - p en "pet"
31. Ɔ - /r/ - r en "rat"
32. ℓ - /s/ - s en "sit"
33. ʀ - /ʃ/ - sh en "ship"
34. ʔ - /t/ - t en "top"
35. ð - /θ/ - th en "thin"
36. ϙ - /ð/ - th en "then"
37. ſ - /v/ - v en "van"
38. / - /w/ - w en "wet"
39. ʍ - /z/ - z en "zip"
40. ʔ - /ʒ/ - s en "vision"

Palabras de ejemplo en inglés escritas en la escritura shaviana:

1. 𐑕𐑨𐑥𐑐𐑩𐑤 - sɑːmpol - "sample" (muestra)
2. 𐑕𐑱 - seɪ - "say" (decir)
3. 𐑜𐑫𐑛 - gʊd - "good" (bien/bueno)

Aunque la escritura shaviana nunca logró un uso generalizado, sigue siendo un ejemplo interesante de un intento de reformar la ortografía inglesa y hacerla más fonéticamente consistente. La escritura se ha utilizado en algunas publicaciones y es compatible con varias fuentes digitales, lo que permite su uso en contextos modernos.

ENCICLOPEDIA DE LA ESCRITURA UNIVERSAL

Siddham

La escritura siddham, también conocida como siddhamatrika o kutila, es una antigua escritura bráhmica que se utilizaba para escribir sánscrito, particularmente en textos budistas e hindúes, desde alrededor del siglo VI al XIV d. C. Fue ampliamente utilizada en India, China, Japón y otras partes de Asia Oriental para escribir manuscritos e inscripciones budistas. La escritura se considera sagrada en el budismo esotérico, particularmente en las escuelas Shingon y Tendai del budismo japonés, donde se utiliza para escribir mantras y dharanis.

Aquí están las letras de la escritura siddham en su orden tradicional, junto con transliteraciones al alfabeto romano, pronunciaciones IPA y palabras de ejemplo en sánscrito:

Vocales (स्वर):

1. अ - a - /a/ - अग् (agni) - fuego
2. आ - ā - /aː/ - आत् (ātman) - alma
3. इ - i - /i/ - इद् (indriya) - sentido
4. ई - ī - /iː/ - ईश्व (īśvara) - señor
5. उ - u - /u/ - उत् (uttara) - norte
6. ऊ - ū - /uː/ - ऊर् (ūrdhva) - hacia arriba
7. ऋ - ṛ - /ṛ/ - ऋषि (ṛṣi) - sabio

8. ॠ - ṝ - /ṛ:/ - ॠष (ṛṣabha) - toro

9. ऌ - ḷ - /ḷ/ - ऌत (ḷta) - enredadera

10. ॡ - ḹ - /ḷ:/ - ॡघ्न (ḹtāghna) - eliminar la desgracia

11. ए - e - /e:/ - एक (eka) - uno

12. ऐ - ai - /ai/ - ऐश्वर्य (aiśvarya) - prosperidad

13. ओ - o - /o:/ - ओम् (om) - sílaba sagrada

14. औ - au - /au/ - औषध (auṣadha) - medicina

Consonantes (व्यञ्जन):

1. क - ka - /k/ - कर्म (karma) - acción

2. ख - kha - /kʰ/ - खड्ग (khaḍga) - espada

3. ग - ga - /g/ - गण (gaṇa) - grupo

4. घ - gha - /gʱ/ - घट (ghaṭa) - olla

5. ङ - ṅa - /ŋ/ - ङ्यम्भु (ṅyambhu) - autoexistente

6. च - ca - /c/ - चक्र (cakra) - rueda

7. छ - cha - /cʰ/ - छत्र (chatra) - parasol

8. ज - ja - /ɟ/ - जय (jaya) - victoria

9. झ - jha - /ɟʱ/ - झष (jhaṣa) - pez

10. ꫞ - ña - /ɲ/ - ꫞ꪻ (jñāna) - conocimiento

11. ꯃ - ṭa - /ṭ/ - ꯃꪻ (ṭaṅka) - dinero

12. ꯑ - ṭha - /ṭʰ/ - ꯑꫝꪶ (ṭhakkura) - señor

13. ꯗ - ḍa - /ḍ/ - ꯗꪑꫜ (ḍamaru) - tambor

14. ꯘ - ḍha - /ḍʱ/ - ꯘꪼ (ḍhaḍḍha) - instrumento musical

15. ꯘ - ṇa - /ɳ/ - ꯘ (ṇa) - (utilizado en préstamos sánscritos)

16. ꯒ - ta - /t̪/ - ꯒꪻ (tattva) - esencia

17. ꯕ - tha - /t̪ʰ/ - ꯕꪕ (thūpa) - montículo

18. ꯗ - da - /d̪/ - ꯗꫜ (dāna) - regalo

19. ꯙ - dha - /d̪ʱ/ - ꯙꪻ (dharma) - ley

20. ꯅ - na - /n/ - ꯅꪑꪺ (namaḥ) - homenaje

21. ꯄ - pa - /p/ - ꯄꪻ (padma) - loto

22. ꯐ - pha - /pʰ/ - ꯐꪻ (phala) - fruta

23. ꯕ - ba - /b/ - ꯕꪻ (buddha) - iluminado

24. ꯚ - bha - /bʱ/ - ꯚꪻ (bhadra) - auspicioso

25. ꯃ - ma - /m/ - ꯃꪻ (mātṛ) - madre

26. ꯌ - ya - /j/ - ꯌꪻ (yatra) - viaje

27. र - ra - /r/ - रत्न (ratna) - joya

28. ल - la - /l/ - लक्ष्मी (lakṣmī) - prosperidad

29. व - va - /ʋ/ - वर्त (varta) - sustento

30. श - śa - /ɕ/ - शून्य (śūnya) - cero

31. ष - ṣa - /ʂ/ - षडङ्ग (ṣaḍaṅga) - seis partes

32. स - sa - /s/ - सत्य (satya) - verdad

33. ह - ha - /ɦ/ - हस्त (hasta) - mano

La escritura siddham también incluye varias ligaduras, signos diacríticos y signos de puntuación.

Aunque el uso de la escritura siddham ha disminuido en la India, sigue siendo una parte importante del patrimonio religioso y cultural del budismo del este de Asia. En Japón, la escritura todavía se utiliza para la caligrafía y para escribir mantras y textos sagrados en las escuelas Shingon y Tendai del budismo.

ENCICLOPEDIA DE LA ESCRITURA UNIVERSAL

ENCICLOPEDIA DE LA ESCRITURA UNIVERSAL

[N77 77L₃G

Sundanés

La escritura sundanesa, también conocida como aksara sunda, se utiliza para escribir la lengua sundanesa, hablada por aproximadamente 40 millones de personas, principalmente en la parte occidental de la isla indonesia de Java. La escritura sundanesa se deriva de la antigua escritura sundanesa, que a su vez es descendiente de la antigua escritura brahmi. Es un sistema de escritura silábico, donde cada consonante tiene un sonido vocálico inherente que puede modificarse mediante signos diacríticos.

Aquí están las letras de la escritura sundanesa en su orden tradicional, junto con transliteraciones al alfabeto romano, pronunciaciones IPA y palabras de ejemplo en sundanés:

Consonantes (Aksara Ngalagena):

77 - ka - /ka/ - 77𖬵 (kadah) - deber

𞤐 - ga - /ga/ - 𞤐𞤐 (gunung) - montaña

𞤐 - nga - /ŋa/ - 𞤐𞤐𞤐 (ngan) - sólo

𖬉 - ca - /t͡ʃa/ - 𖬉𖬉 (cai) - agua

𖬌 - ja - /d͡ʒa/ - 𖬌𖬌𖬌 (jalan) - camino

𖬍 - nya - /ɲa/ - 𖬍𖬍 (nyaah) - doloroso

𖬎 - ta - /ta/ - 𖬎𖬎 (tua) - viejo

𖬏 - da - /da/ - 𖬏𖬎𖬎 (ditaa) - arriba

𖬐 - na - /na/ - 𖬐 (nu) - que

𖬑 - pa - /pa/ - 𖬑𖬑 (paa) - muslo

ENCICLOPEDIA DE LA ESCRITURA UNIVERSAL

ᨒ - ba - /ba/ - *ᨒᨖ* (batu) - piedra

ᨆ - ma - /ma/ - *ᨆᨛ* (maneh) - tú

ᨐ - ya - /ja/ - *ᨐᨀᨊ* (yakan) - voluntad

ᨑ - ra - /ra/ - *ᨑᨀ* (rak) - no

ᨒ - la - /la/ - *ᨒᨘᨖ* (luhur) - noble

ᨕ - wa - /wa/ - *ᨕᨀᨖ* (waktu) - tiempo

ᨔ - sa - /sa/ - *ᨔᨆ* (sama) - mismo

ᨖ - ha - /ha/ - *ᨖᨈ* (hate) - corazón

Vocales (Aksara Swara):

ᨀ - a - /a/ - *ᨀᨐ* (ayah) - padre

ᨁ - i - /i/ - *ᨁᨅ* (ibu) - madre

ᨂ - u - /u/ - *ᨂᨆ* (umur) - edad

ᨃ - é - /ɛ/ - *ᨃᨈᨂ* (énténg) - ligero

ᨄ - o - /ɔ/ - *ᨄᨅ* (obor) - antorcha

ᨅ - e - /ə/ - *ᨅᨆ* (eweh) - quién

ᨆ - eu - /ɨ/ - *ᨆᨒ* (seulih) - reemplazar

 La escritura sundanesa también incluye varios signos diacríticos (rarangkén) para modificar los sonidos vocálicos inherentes, así como signos de puntuación y números.

 Aunque la escritura sundanesa fue ampliamente utilizada en el pasado, su uso ha disminuido significativamente desde la introducción del alfabeto latino durante el período colonial holandés. Hoy en día, la lengua sundanesa se escribe principalmente con el alfabeto latino. Sin embargo, se están realizando esfuerzos para preservar y promover el uso de la escritura sundanesa como una parte importante del patrimonio cultural sundanés, y la escritura se enseña en algunas escuelas y se utiliza en eventos culturales y señalización tradicional.

ENCICLOPEDIA DE LA ESCRITURA UNIVERSAL

ਦ੍ਰੀਨਠੀ

Sylheti Nagari

La escritura sylheti nagari, también conocida como sylheti nagori o syloti nagri, se utiliza para escribir la lengua sylheti, hablada por aproximadamente 11 millones de personas, principalmente en la región de Sylhet de Bangladesh y en partes de los estados indios vecinos de Assam y Meghalaya. El sylheti es una lengua indoaria estrechamente relacionada con el bengalí y el asamés.

La escritura sylheti nagari es descendiente de la antigua escritura brahmi y comparte similitudes con las escrituras bengalí y asamés. Es un abyugida, lo que significa que las consonantes tienen una vocal inherente que puede modificarse o silenciarse mediante signos diacríticos.

Aquí están las letras de la escritura sylheti nagari en su orden tradicional, junto con transliteraciones al alfabeto romano, pronunciaciones IPA y palabras de ejemplo en sylheti:

Vocales (স্বরবর্ণ):

1. ঀ - স্ৰা - /ɔ/ - ঀঌ (ঌগবন্) - mango
2. ম - এ - /a/ - মঌ (এজন) - fuego
3. ꠂ - ৱ - /i/ - ꠂঌ (বদ্দদ) - jengibre
4. ꠃ - ৺ - /i/ - ꠃঌ (দ্ন) - ladrillo
5. ꠄ - দা - /u/ - ꠄঌ (দাদদ) - camello
6. ꠅ - দা - /u/ - ꠅঌ (দাদদ) - serpiente
7. ꠆ - গ - /e/ - ꠆ঌ (গাগ) - cardamomo

8. ꠅ - ব - /ɔe/ - ꠅꠃ (ব°) - venir

9. ɛ - ° - /o/ - ɛꠐ (ꠢꠇꠞ) - sal

Consonantes (ব্যঞ্জনবর্ণ):

1. ꠇ - ক - /k/ - ꠉꠍ (ক্ꠟ) - plátano
2. ꠈ - খ - /kʰ/ - ꠈꠡ (খজ়ꠖꠞ) - tristeza
3. ꠉ - গ - /g/ - ꠉꠥ (গꠟꠗ) - caballo
4. ꠅ - ব - /gʰ/ - ꠅꠡ (বꠟꠖꠞ) - casa
5. ɛ - ° - /ŋ/ - ɛꠅ (ꠋꠟ) - yo
6. ꠌ - ব - /c/ - ꠌꠡ (বꠊꠞ) - piel
7. ꠍ - ছ - /cʰ/ - ꠍꠊ (ছꠖ) - paraguas
8. ꠎ - জ - /ɟ/ - ꠎꠡ (জꠊꠞ) - agua
9. ꠏ - ঝ - /ɟʰ/ - ꠏꠟ (ঝ°ꠟ) - nube
10. ꠐ - ঞ - /ɲ/ - ꠑꠅ (ꠐꠖꠟ) - luna
11. ꠒ - ট - /ʈ/ - ꠉꠟꠅ (ꠐꠁꠇꠟ) - búho
12. ꠓ - ঠ - /ʈʰ/ - ꠉꠥꠡ - leche
13. 2 - ড - /ɖ/ - ꠍ2ꠅ (ডꠞ) - rama
14. ꠕ - ঢ - /ɖʰ/ - ꠕꠅ (ঢꠖꠞ) - pez
15. ꠖ - ণ - /ɳ/ - ꠖꠅ (ꠇꠖ) - barco
16. ꠗ - ত - /t̪/ - ꠗꠥꠑ (ꠖꠇꠞ) - estrella
17. ꠘ - থ - /t̪ʰ/ - ꠘꠥꠡ (ꠕꠇꠞ) - tazón
18. ꠙ - দ - /d̪/ - ꠚꠅꠟ (ꠖ°ꠞ) - lámpara
19. ꠛ - ধ - /d̪ʰ/ - ꠛꠡ (ꠖꠇꠞ) - ganado

20. ಕ - দঃ - /n/ - ಕঅঃ (দঃসস) - nombre
21. ು - ব - /p/ - ುঅঃ (বসদসস) - hoja
22. ও - ৱ - /pʰ/ - ওঙ (ৱাাস) - fruta
23. ು - ষ - /b/ - ುঅঙ (সসঙদস) - nube
24. ಙ - ন - /bʱ/ - ಙঅঙ (সসদস) - arroz
25. ಲ - ৰ - /m/ - ಲঅಲ (সসদস) - pez
26. ω - ট - /ɟ/ - ωঅঙ (টসদাস) - hígado
27. ಣ - দ - /r/ - ಣಲ (দসদাসদস) - sangre
28. ಌ - ᅵ - /l/ - ಌঅঃ (সদসস) - rojo
29. ೦ - ᅵ - /w/ - ೦অঙ (সদ°) - aire
30. ಐ -ু- /ʃ/ - ಐঙঙ (ুদঙদস) - viernes
31. ಔ ̀ - /ʃ/ - ಔঙ (দস) - invierno
32. ó - ᅵ - /s/ - óঙঙ (ঙদঙজস) - sol
33. ° - ° - /h/ - °ঙঙ (°সদস) - mano
34. ǫ - ೮ - /r/ - ǫঅঙ (ঙবদসস) - rey
35. ǫ - ೮೮ - /r/ - ǫঙঙ (ঙসাস) - garganta

  La escritura sylheti nagari también incluye varios signos diacríticos para modificar vocales y consonantes, así como consonantes conjuntivas adicionales, números y signos de puntuación.

  A pesar de haber sido utilizada durante siglos, el uso de la escritura sylheti nagari ha disminuido significativamente en favor de la escritura bengalí, especialmente desde la partición de la India en 1947. Sin embargo, la comunidad sylheti está haciendo esfuerzos para preservar y promover la escritura como una parte importante de su patrimonio lingüístico y cultural. La escritura se ha incluido en Unicode, lo que facilita su uso en los medios y la comunicación digitales.

Siríaco

La escritura siríaca se utiliza para escribir la lengua siríaca, una lengua semítica que se originó en la antigua región de Mesopotamia. El siríaco se utiliza principalmente como lengua litúrgica por varias denominaciones cristianas, incluyendo la Iglesia Ortodoxa Siríaca, la Iglesia Asiria de Oriente y la Iglesia Católica Caldea. También se ha utilizado para escribir otras lenguas, como el árabe, el persa y el malayalam, particularmente en el contexto de las comunidades cristianas en Oriente Medio, Asia Central e India.

La escritura siríaca es un abyad, lo que significa que se compone principalmente de consonantes, y las vocales se indican mediante signos diacríticos opcionales. Se escribe de derecha a izquierda.

Aquí están las letras de la escritura siríaca en su orden tradicional, junto con transliteraciones al alfabeto romano, pronunciaciones IPA y palabras de ejemplo en siríaco (pronunciación siríaca clásica):

1. ܐ - ʼ (ʼālap) - /ʔ/ - ܐܝܕܐ (ʼiḏā) - mano
2. ܒ - b (bēṯ) - /b/ - ܒܪܐ (brā) - hijo
3. ܓ - g (gāmal) - /g/ - ܓܒܪܐ (gaḇrā) - hombre
4. ܕ - d (dālaḏ) - /d/ - ܕܡܐ (dmā) - sangre
5. ܗ - h (hē) - /h/ - ܗܢܐ (hānā) - esto
6. ܘ - w (wāw) - /w/ - ܘܠܕܐ (waldā) - niño
7. ܙ - z (zayn) - /z/ - ܙܒܢܐ (zaḇnā) - tiempo
8. ܚ - ḥ (ḥēṯ) - /ħ/ - ܚܝܠܐ (ḥaylā) - poder
9. ܛ - ṭ (ṭēṯ) - /tˤ/ - ܛܒܐ (ṭāḇā) - bueno

ENCICLOPEDIA DE LA ESCRITURA UNIVERSAL

10. ܝ - y (yōḏ) - /j/ - ܝܘܡܐ (yawmā) - día
11. ܟ - k (kāp̄) - /k/ - ܟܬܒܐ (kṯāḇā) - libro
12. ܠ - l (lāmaḏ) - /l/ - ܠܚܡܐ (laḥmā) - pan
13. ܡ - m (mīm) - /m/ - ܡܠܟܐ (malkā) - rey
14. ܢ - n (nūn) - /n/ - ܢܦܫܐ (napšā) - alma
15. ܣ - s (semkaṯ) - /s/ - ܣܦܪܐ (sephrā) - libro
16. ܥ - ʿ (ʿē) - /ʕ/ - ܥܝܢܐ (ʿaynā) - ojo
17. ܦ - p (pē) - /p/ - ܦܓܪܐ (pagrā) - cuerpo
18. ܨ - ṣ (ṣāḏē) - /sʕ/ - ܨܠܝܒܐ (ṣlīḇā) - cruz
19. ܩ - q (qōp̄) - /q/ - ܩܠܐ (qālā) - voz
20. ܪ - r (rēš) - /r/ - ܪܚܡܬܐ (rḥemtā) - amor
21. ܫ - š (šīn) - /ʃ/ - ܫܠܡܐ (šlāmā) - paz
22. ܬ - t (tāw) - /t/ - ܬܪܥܐ (tarʿā) - puerta

La escritura siríaca también incluye varios signos diacríticos para indicar las vocales, así como signos de puntuación y símbolos para la recitación y fines litúrgicos.

El uso de la escritura siríaca ha disminuido a lo largo de los siglos, particularmente después de las conquistas árabes y la adopción de la escritura árabe. Sin embargo, sigue siendo una parte importante del patrimonio religioso y cultural de las comunidades cristianas de habla siríaca, y se están haciendo esfuerzos para preservar y promover su uso en contextos litúrgicos y académicos.

ENCICLOPEDIA DE LA ESCRITURA UNIVERSAL

Tagbanwa

La escritura tagbanwa, también conocida como surat tagbanwa, se utiliza para escribir la lengua tagbanwa, hablada por el pueblo tagbanwa, un grupo étnico indígena que vive en las regiones central y septentrional de la isla de Palawan en Filipinas. La lengua tagbanwa pertenece a la rama malayo-polinesia de la familia de lenguas austronesias.

La escritura tagbanwa es un abyugida, lo que significa que las consonantes tienen un sonido vocálico inherente /a/, que puede modificarse o suprimirse mediante signos diacríticos. Se escribe de izquierda a derecha.

Aquí están las letras de la escritura tagbanwa en su orden tradicional, junto con transliteraciones al alfabeto romano, pronunciaciones IPA y palabras de ejemplo en tagbanwa:

1. ✗ - a - /a/ - ✗C✗ (asa) - uno
2. ꓩ - i - /i/ - ꓩꓴ (isu) - tú
3. ꓧ - u - /u/ - ꓧꓴꓔ (usuk) - mi
4. ꓐ - e - /ɛ/ - ꓐQ (eku) - yo
5. ꓥ - o - /o/ - ꓥC (osi) - otra vez
6. ꓔ - ka - /ka/ - ꓔꓩꓴ (kita) - nosotros (inclusivo)
7. ꓴ - ga - /ga/ - ꓴꓴ✗ (gasa) - ascua
8. O - nga - /ŋa/ - OC✗ (ngasa) - nombre
9. ꓥ - ta - /ta/ - ꓥQꓴ (tungus) - señalar

10. 𝑣̃ - da - /da/ - 𝑣̃GO (dusung) - pueblo
11. 𝑘 - sa - /sa/ - 𝑘ȶȶO (siing) - día
12. G - pa - /pa/ - G𝑘ȶT (pasik) - arena
13. 𝑣̃ - ba - /ba/ - 𝑣̃X𝑣̃ (batu) - piedra
    ○   ma - /ma/ - 𝑣X (mata) - ojo
14. Ȯ - ya - /ja/ - Ȯ𝑣̃ (yasu) - ese
15. Q̇ - la - /la/ - Q̇GT (lupuk) - saltar
    ○   wa - /wa/ - 𝑣ȶ (wati) - no

La escritura tagbanwa también incluye pamudpod, que es un virama (/) utilizado para cancelar la vocal inherente de una consonante, así como signos diacríticos para cambiar el sonido vocálico inherente /a/ a otras vocales:

- ∥ - i
- [Signo diacrítico para u] - u
- [Signo diacrítico para e] - e

Aquí hay un ejemplo de una palabra que usa pamudpod:

- T/ȮQ̇ (k^wal) - poder, ser capaz

La escritura tagbanwa tiene una larga historia que se remonta al siglo XIII. Sin embargo, su uso ha disminuido gradualmente, y ahora se considera un sistema de escritura en peligro de extinción. La comunidad tagbanwa y los académicos están haciendo esfuerzos para preservar y revitalizar la escritura como una parte esencial de su patrimonio cultural. La escritura se ha incluido en el estándar Unicode, lo que permite utilizarla en la comunicación y la documentación digitales.

ENCICLOPEDIA DE LA ESCRITURA UNIVERSAL

Tai Ahom

La escritura tai ahom, también conocida como likthai, es un sistema de escritura que se utilizaba para escribir la lengua ahom, que es una lengua extinta de la familia de lenguas tai-kadai. El pueblo ahom gobernó el reino ahom en la actual Assam, India, desde el siglo XIII hasta el siglo XVIII. Se cree que la escritura se desarrolló durante el siglo XIII y se utilizó hasta finales del siglo XIX.

La escritura tai ahom es un abyugida, lo que significa que cada consonante tiene una vocal inherente (generalmente /a/) que puede modificarse o silenciarse mediante signos diacríticos. La escritura se escribe de izquierda a derecha y tiene un total de 41 letras, incluyendo 33 consonantes y 8 vocales.

Aquí están las letras de la escritura tai ahom, sus transliteraciones, pronunciaciones aproximadas y palabras de ejemplo:

Consonantes:

ой - k - /k/ - ой (ka) - "hacer"

α - kh - /kʰ/ - α (khan) - "matar"

ʋ - ng - /ŋ/ - ʋ (nga) - "oír"

ɯ - ch - /c/ - ɯ (cha) - "atar"

ʋ - s - /s/ - ʋ (saa) - "tigre"

ʋ - j - /ɟ/ - ʋ (ju) - "estar de pie"

ɯ - ṭ - /ṭ/ - ɯ (ṭun) - "uno mismo"

𝜈ʊ - ṭh - /ṭʰ/ - 𝜈ʊɧ (ṭhan) - "camino"

ɷ - ḍ - /ḍ/ - ɷ;ₒ (ḍen) - "caminar"

ʣ - ṇ - /ṇ/ - ʣ (ṇa) - "campo"

w - t - /t̪/ - ʕw (tun) - "beber"

ʍ - th - /t̪ʰ/ - ʍ (than) - "tazón"

ʋ - d - /d̪/ - ʋ (dan) - "rojo"

ᴎ - dh - /d̪ʰ/ - ᴎ (dhon) - "riqueza"

ḿ - n - /n/ - ḿ (na) - "plántula de arroz"

ҕ - p - /p/ - ҕ (pa) - "padre"

ϕ - ph - /pʰ/ - ϕ (pha) - "dividir"

ᴑ - f - /f/ - ᴑ (fa) - "fuego" (préstamo lingüístico)

ɷ - b - /b/ - ɷ (ba) - "hombro"

ɤ - bh - /bʱ/ - ɤɑ (bhak) - "flor"

ɰ - m - /m/ - ɰ (ma) - "venir"

ѱ - y - /j/ - ѱ (ya) - "medicina"

o - r - /r/ - ŏ (rai) - "camino"

[Letra para l] - l - /l/ - o͡ (la) - "luna"

[Letra para w] - w - /w/ - o͡ (wa) - "decir"

ǫ - sh - /ɕ/ - ǫɣoo⁹ (shu) - "mano"

Ⓒ - ś - /s/ - Ⓒo (śon) - "enseñar"

ŏ - ṣ - /ṣ/ - ŏɣoo (ṣui) - "derecho"

○ͦ - h - /h/ - ○ͦ○ͦ (han) - "ganso"

○ͺ - ḷ - /ḷ/ - ○ͺ○ͦ (ḷan) - "lamer"

○⁰ - ṛ - /r/ - ○⁰○ͦ (ṛa) - "pato"

○θ - ḥ - /ʔ/ - ○θ○ͦ (ḥah) - "fluir"

○̣ - ṁ - /m/ - 𑜈 (taṁ) - "guardar"

Vocales:

○⁹ - i - /i/ - ○⁹○ (in) - "dormir"

○̊ - ī - /i:/ - ○̊○ (īn) - "comprar"

○͡ - a - /a/ - ○͡ (a) - "hermano mayor"

[Letra para ā] - ā - /a:/ - 𑜠 (ām) - "agua"

[Letra para u] - u - /u/ - ○ͦ (uh) - "soplar"

[Letra para ū] - ū - /u:/ - 𑜈 (ūt) - "ladrillo"

[Letra para e] - e - /e/ - 𑜀̇ (en) - "recibir"

o - o - /o/ - ó (oa) - "caña de azúcar"

    La escritura tai ahom también utiliza varios signos diacríticos y ligaduras para representar grupos de consonantes y consonantes finales.

    Aunque la lengua ahom ya no se habla, se han realizado esfuerzos para revivir la escritura tai ahom y preservar el patrimonio cultural ahom. La escritura se añadió al estándar Unicode en 2019, lo que permite su uso en la comunicación y la documentación digitales.

ENCICLOPEDIA DE LA ESCRITURA UNIVERSAL

Tai Le

La escritura tai le, también conocida como tai nüa o escritura de Dehong Dai, se utiliza para escribir la lengua tai nüa, hablada por el pueblo tai nüa, un grupo étnico que vive principalmente en la prefectura autónoma de Dehong Dai y Jingpo en la provincia de Yunnan, China, así como en partes de Myanmar (Birmania). La lengua tai nüa pertenece a la familia de lenguas tai-kadai.

La escritura tai le es un abyugida, lo que significa que las consonantes tienen un sonido vocálico inherente /a/, que puede modificarse o suprimirse mediante signos diacríticos vocálicos y marcas de tono. Se escribe de izquierda a derecha.

Aquí están las letras de la escritura tai le en su orden tradicional, junto con transliteraciones al alfabeto romano, pronunciaciones IPA y palabras de ejemplo en tai nüa:

Consonantes:

1. ᥐ - k - /k/ - ᥐᥘ (ka) - cuervo
2. ᥑ - kh - /kʰ/ - ᥑᥘ (kha) - amargo
3. ᥒ - kh̄ - /x/ - ᥒᥘ (kh̄a) - hierba
4. ᥓ - ṅ - /ŋ/ - ᥓᥘ (ṅa) - ngaw (un tipo de planta)
5. ᥔ - c - /tɕ/ - ᥔᥘ (ca) - arreglar
6. ᥕ - s - /s/ - ᥕᥘ (sa) - tigre
7. ᥖ - y - /j/ - ᥖᥘ (ya) - estar de pie
8. ᥗ - d - /d/ - ᥗᥘ (da) - caminar
9. ᥘ - t - /t/ - ᥘᥘ (ta) - ojo

10. ᴜ - th - /tʰ/ - ᴜl (tha) - morir
11. ᴌᴏ - t̄h - /t̄ʰ/ - ᴌᴏl (t̄ha) - lugar
12. ᴂ - n - /n/ - ᴂl (na) - grueso
13. ᴌᴑ - b - /b/ - ᴌᴑl (ba) - delgado
14. ᴏ - p - /p/ - ᴏl (pa) - pez
15. ɡɲ - ph - /pʰ/ - ɡɲl (pha) - dividir
16. ɲ - f - /f/ - ɲl (fa) - fuego
17. ᴈ - m - /m/ - ᴈl (ma) - caballo
18. ʏ - l - /l/ - ʏl (la) - lamer
19. ʍ - w - /w/ - ʍl (wa) - decir
20. ʟ - h - /h/ - ʟʍ (ha) - cinco
21. ᴆ - ʔ - /ʔ/ - ᴆl (ʔa) - pollo

Vocales:
- ʟ - a - /a/ (vocal inherente)
- ʄ - i - /i/
- ʃ - ī - /i:/
- ʟ - ü - /ɯ/
- ʟ - ǖ - /ɯ:/
- ᴜ - u - /u/
- ᴆ - ū - /u:/
- ᴘ - e - /e/
- ʄ - ē - /e:/
- ʯ - ə - /ɤ/
- [Signo para ə̄] - ə̄ - /ɤ:/
- [Signo para o] - o - /o/
- ɴ - ō - /o:/

e - ɔ - /ɔ/

a - ɔ̄ - /ɔː/

La escritura tai le también incluye marcas de tono y consonantes finales, que se escriben encima o debajo de la consonante o vocal.

Aunque la escritura tai le tiene una larga historia y es una parte esencial del patrimonio cultural tai nüa, su uso ha disminuido en los últimos años. Muchos hablantes de tai nüa han cambiado al uso de las escrituras china o birmana para escribir su lengua. Sin embargo, se están realizando esfuerzos para preservar y promover la escritura tai le entre la comunidad tai nüa.

ENCICLOPEDIA DE LA ESCRITURA UNIVERSAL

Tai Lue (Nuevo Tai Lue)

La escritura tai lue, también conocida como tai lü o escritura xishuangbanna dai, se utiliza para escribir la lengua tai lue, hablada por el pueblo tai lü, un grupo étnico que vive principalmente en la prefectura autónoma dai de Xishuangbanna en la provincia de Yunnan, China, así como en partes de Myanmar (Birmania), Laos, Tailandia y Vietnam. La lengua tai lue pertenece a la familia de lenguas tai-kadai.

La escritura tai lue es un abyugida, lo que significa que las consonantes tienen un sonido vocálico inherente /a/, que puede modificarse o suprimirse mediante signos diacríticos vocálicos y marcas de tono. Se escribe de izquierda a derecha.

Aquí están las letras de la escritura tai lue en su orden tradicional, junto con transliteraciones al alfabeto romano, pronunciaciones IPA y palabras de ejemplo en tai lue:

Consonantes:

1. ᨣ - h - /h/ - ᨣᨢ (ha) - cinco
2. ᨤ - s - /s/ - ᨤᨢ (sa) - tigre
3. ᨥ - r - /r/ - ᨥᨢ (ra) - nosotros
4. ᨦ - v - /v/ - ᨦᨢ (va) - entrar
5. ᨧ - l - /l/ - ᨧᨢ (la) - lamer
6. ᨨ - kh - /kʰ/ - ᨨᨢ (kha) - galanga
7. ᨩ - k - /k/ - ᨩᨢ (ka) - cuervo
8. ᨪ - ṅ - /ŋ/ - ᨪᨢ (ṅa) - serpiente
9. ᨫ - c - /tɕ/ - ᨫᨢ (ca) - atar

10. ꊂ - y - /j/ - ꊂꊃ (ya) - medicina
11. ꂅ - ñ - /ɲ/ - ꂅꊃ (ña) - tenedor
12. ꉨ - ph - /pʰ/ - ꉨꊃ (pha) - cortar
13. ꉦ - p - /p/ - ꉦꊃ (pa) - año
14. ꀸ - m - /m/ - ꀸꊃ (ma) - perro
15. ꂠ - th - /tʰ/ - ꂠꊃ (tha) - morir
16. ꉩ - t - /t/ - ꉩꊃ (ta) - ojo
17. ꉭ - n - /n/ - ꉭꊃ (na) - campo de arroz
18. ꉡ - ch - /tɕʰ/ - ꉡꊃ (cha) - elefante
19. ꀍ - x - /x/ - ꀍꊃ (xa) - huevo
20. ꉫ - ś - /s/ - ꉫꊃ (śa) - carne
21. ꀈ - d - /d/ - ꀈꊃ (da) - caminar
22. ꂆꀂ - f - /f/ - ꂆꀂꊃ (fa) - tapa
23. ꉬ - b - /b/ - ꉬꊃ (ba) - hombro

Vocales:

- ꊃ - a - /a/ (vocal inherente)
- θ - ā - /aː/
- ꒉ - i - /i/
- ꀕ - ī - /iː/
- ꂧ - ɯ - /ɯ/
- ꂧꂧ - ɯ̄ - /ɯː/
- ε - u - /u/
- ℓ - ū - /uː/
- θ - e - /e/
- ꒒ - ē - /eː/

ᨧ - ə - /ə/
ᨨ - ɛ - /ɛ/
ᨩ - ɔ - /ɔ/
ᨫ - o - /o/
ᨬ - ō - /oː/

 La escritura tai lue también incluye marcas de tono y consonantes finales, que se escriben encima o debajo de la consonante o vocal.
 Aunque la escritura tai lue tiene una larga historia y es una parte importante del patrimonio cultural tai lü, su uso ha disminuido en los últimos años. Muchos hablantes de tai lue han cambiado al uso de las escrituras china, birmana, lao o tailandesa para escribir su lengua. Sin embargo, se están realizando esfuerzos para preservar y promover la escritura tai lue entre la comunidad tai lü.

ENCICLOPEDIA DE LA ESCRITURA UNIVERSAL

Tai Tham

La escritura tai tham, también conocida como escritura lanna o tua mueang, se utiliza para escribir la lengua tailandesa del norte, hablada en el norte de Tailandia, así como en algunas zonas vecinas de Laos y China. La escritura también se utiliza para textos religiosos en tai khün, tai lue y lao. El tai tham tiene una larga historia que se remonta al siglo XIII y se deriva de la escritura mon, que a su vez se deriva de la brahmi.

El tai tham es un sistema de escritura abyugida, donde cada consonante tiene una vocal inherente que puede modificarse o silenciarse mediante signos diacríticos. La escritura se escribe de izquierda a derecha.

Aquí están las consonantes y vocales básicas de la escritura tai tham, junto con sus transliteraciones, pronunciaciones aproximadas y palabras de ejemplo:

Consonantes:

1. ᨠ - k - /k/ - ᨠᩲ(kai) - "pollo"
2. ᨡ - kh - /kʰ/ - ᨡᩴ᩵ (khüü) - "persona"
3. ᨦ - ṅ - /ŋ/ - ᨦᩴ (ṅü) - "serpiente"
4. ᨧ - c - /tɕ/ - ᨧᩣ (ca) - "reunirse"
5. ᨩ - ch - /tɕʰ/ - ᨩᩴ᩵ (chao) - "príncipe, señor"
6. ᨬ - ñ - /ɲ/ - ᨬᩣ (ña) - "hierba"
7. ᨭ - ṭ - /t/ - ᨭᩪ (ṭü) - "golpear"
8. ᨮ - ṭh - /tʰ/ - ᨮᨣᩲ(ṭhakai) - "cárcel"
9. ᨯ - ḍ - /ɖ/ - ᨯᩫᨠ (ḍok) - "flor"

10. သ - ṇ - /ɳ/ - သာ (ṇa) - "grueso"

11. ဒ - t - /t/ - ဒာ (ta) - "ojo"

12. ဎ - th - /tʰ/ - ဎူ (thüü) - "morir"

13. ૩ - n - /n/ - ૩ါ (nüü) - "rata"

14. ဗ - b - /b/ - ဗ်ၡ (bürchüng) - "Nam"

15. က - p - /p/ - ကာ (pa) - "ir"

16. ဏ - ph - /pʰ/ - ccဏ် (phüü) - "abeja"

17. ၉ - f - /f/ - ၉ၟ (fok) - "espuma" (préstamo lingüístico)

18. ၊၃ - m - /m/ - ၃ံက (mük) - "cerdo"

19. ၀ - y - /j/ - ၀၃ (yak) - "gigante"

20. ҁ - r - /r/ - ҁၟ (rü) - "barco"

21. ပ - l - /l/ - ပၟ (lok) - "mundo"

22. ပ် - w - /w/ - ပ်ၟ (wok) - "sartén"

23. က - h - /h/ - ဧက် (hao) - "llamar"

24. ဃ - ḷ - /l̩/ - ဃၟ (ḷok) - "profundo"

25. 0 - '(oclusión glotal) - /ʔ/ - 0၃ ('ai) - "cangrejo"

Vocales:

1. ၁ - a - /a/ - ૩၁ (na) - "campo de arroz"

2. ၢ - i - /i/ - ૩ါ (nüü) - "rata"

3. ° - o - /o/ - ၃ၟ (nok) - "pájaro"

4. ° - ü - /ɯ/ - ҁၟ (rü) - "barco"

5. ° - e - /e/ - ၉ၟ ('er) - "estar atascado"

6. ᩉ - ü - /ɤ/ - ᦵᩣᩴ (bürchüng) - "Nam"

7. ᦵ- ö - /ɔ/ - ᩋ ('ö') - "tazón"

8. ᦶ- ae - /ɛ/ - ᦶᩉ (mae) - "ser duro"

9. ᩱ - ai - /ai/ - ᨣᩴ (khüü) - "persona"

10. ᦺ- aü - /aɯ/ - ᩉᩴ (haü) - "dar"

La escritura tai tham también incluye numerosas ligaduras, signos diacríticos para las vocales y marcas de tono. También tiene su propio conjunto de dígitos y signos de puntuación.

Aunque el uso del tai tham ha disminuido en los últimos tiempos, y muchas personas prefieren escribir el tailandés del norte utilizando la escritura tailandesa, se están haciendo esfuerzos para preservar y promover la escritura como una parte importante del patrimonio cultural de la región. La escritura se ha incluido en el estándar Unicode, lo que facilita su uso en la comunicación y la documentación digitales.

ENCICLOPEDIA DE LA ESCRITURA UNIVERSAL

Tai Viet

La escritura tai viet, también conocida como escritura tay viet o tai dam, se utiliza para escribir la lengua tai dam, hablada por el pueblo tai dam, un grupo étnico que vive principalmente en el noroeste de Vietnam, así como en partes de Laos y Tailandia. La lengua tai dam pertenece a la familia de lenguas tai-kadai.

La escritura tai viet es un abyugida, lo que significa que las consonantes tienen un sonido vocálico inherente /a/, que puede modificarse o suprimirse mediante signos diacríticos vocálicos y marcas de tono. Se escribe de izquierda a derecha.

Aquí están las letras de la escritura tai viet en su orden tradicional, junto con transliteraciones al alfabeto romano, pronunciaciones IPA y palabras de ejemplo en tai dam:

Consonantes:

1. ꪀ - k - /k/ - ꪀꪱ (ka) - pez
2. ꪁ - kh - /kʰ/ - ꪁꪱ (kha) - blanco
3. ꪂ - kh - /x/ - ꪂꪱ (kha) - fluir
4. ꪃ - ng - /ŋ/ - ꪃꪱ (nga) - caña de azúcar
5. ꪄ - s - /s/ - ꪄꪱ (sa) - tigre
6. ꪅ - x - /ɕ/ - ꪅꪱ (xa) - rasgar
7. ꪆ - s - /s/ - ꪆꪱ (sa) - carne
8. ꪇ - y - /j/ - ꪇꪱ (ya) - medicina
9. ꪈ - d - /d/ - ꪈꪱ (da) - caminar
10. ꪉ - t - /t/ - ꪉꪱ (ta) - ojo

11. � - th - /tʰ/ - ⵐl (tha) - morir
12. ɑ - n - /n/ - ɑl (na) - campo de arroz
13. ⵐ - b - /b/ - ⵐl (ba) - hombro
14. ⵐ - p - /p/ - ⵐl (pa) - año
15. x - ph - /pʰ/ - xl (pha) - dividir
16. ⴖ - f - /f/ - ⴖl (fa) - fuego
17. ʊɲ - m - /m/ - ʊɲl (ma) - caballo
18. ɱ - l - /l/ - ɱl (la) - lamer
19. ∩ - j - /ɟ/ - ∩l (ja) - curar
20. ⱪ - w - /w/ - ⱪl (wa) - decir
21. m - h - /h/ - ml (ha) - cinco
22. ʊ - ʔ - /ʔ/ - ʊl (ʔa) - pollo

Vocales:
- l - a - /a/ (vocal inherente)
- ŏ - å - /a˧/
- ó - ą - /a˩/
- õ - ă - /a˥/
- ⼁ - å - /a˧˩/
- ⺄ - å - /a˩˥/
- ⼁⼁ - i - /i/
- ⼰ - į - /i˩/
- ʔ - î - /i˧/
- ⺄ - ĩ - /ĩ/
- ⱪ - į - /i˩/
- ő - į - /i˩/

ENCICLOPEDIA DE LA ESCRITURA UNIVERSAL

- ô - ư - /ɯ/
- ọ - ự - /ɯ˧/
- ６ - ụ - /ɯ˩/
- ừ - ữ - /ɯ˥/
- ɑ̨ - ử - /ɯ˦/
- ɘ - o - /o/
- ɘ̣ - ọ - /o˩/
- ŏ - ỏ - /o˧/

    La escritura tai viet también incluye marcas de tono y consonantes finales, que se escriben encima o debajo de la consonante o vocal.

    Aunque la escritura tai viet tiene una larga historia y es una parte importante del patrimonio cultural tai dam, su uso ha disminuido en los últimos años. Muchos hablantes de tai dam han cambiado al uso de las escrituras vietnamita o lao para escribir su lengua. Sin embargo, se están realizando esfuerzos para preservar y promover la escritura tai viet entre la comunidad tai dam, incluyendo su inclusión en el estándar Unicode, lo que facilita su uso en entornos digitales.

Takri

La escritura takri, también conocida como ṭākrī o ṭākarī, es un sistema de escritura que se utilizaba en partes del norte de la India, principalmente en los actuales estados de Himachal Pradesh, Punjab, Jammu y Cachemira, y Uttarakhand. Se utilizaba para escribir varias lenguas indoarias, incluyendo el chambeali, el dogri, el kangri y el mandeali. La escritura tiene sus orígenes en la escritura sharada y estuvo en uso desde el siglo XVI hasta el siglo XX antes de ser reemplazada en gran medida por la escritura devanagari.

El takri es un sistema de escritura abyugida, donde cada consonante tiene una vocal inherente (generalmente /a/) que puede modificarse o silenciarse mediante signos diacríticos. La escritura se escribe de izquierda a derecha.

Aquí están las consonantes y vocales básicas de la escritura takri, junto con sus transliteraciones, pronunciaciones aproximadas y palabras de ejemplo:

Consonantes:

1. ಠ - ka - /k/ - ಠกิ (kam) - "trabajo"
2. ಠ́ - kha - /kʰ/ - ಠ́ಠ (khan) - "mina"
3. ૯ - ga - /g/ - ૯ฺૄ| (gam) - "pueblo"
4. ૯ - gha - /gʱ/ - ૯౩ಠ (ghan) - "campana"
5. ૯ - ṅa - /ŋ/ - ૯| (ṅa) - "cinco"
6. ಟ - ca - /t͡ʃ/ - ಟกิ (cam) - "piel"
7. ટ - cha - /t͡ʃʰ/ - ટಠ (chan) - "luna"
8. ਟ̄ - ja - /d͡ʒ/ - ਟ̄กิ (jam) - "melodía"

9. ঝ - jha - /d͡ʒɦ/ - ঝান (jhan) - "lluvia"
10. ঞ - ña - /ɲ/ - ঞান (ñan) - "conocimiento"
11. ট - ṭa - /ʈ/ - টপ (ṭap) - "fingimiento"
12. ঠ - ṭha - /ʈʰ/ - ঠান (ṭhan) - "lugar"
13. ড - ḍa - /ɖ/ - ডপ (ḍap) - "campamento"
14. ঢ - ḍha - /ɖɦ/ - ঢপ (ḍhap) - "cubierta"
15. ণ - ṇa - /ɳ/ - ণম (ṇam) - "nombre"
16. ত - ta - /t̪/ - তন (tan) - "cuerpo"
17. থ - tha - /t̪ʰ/ - থন (than) - "lugar"
18. দ - da - /d̪/ - দম (dam) - "precio"
19. ধ - dha - /d̪ɦ/ - ধন (dhan) - "riqueza"
20. ন - na - /n/ - নম (nam) - "nombre"
21. প - pa - /p/ - পন (pan) - "hoja"
22. ফ - pha - /pʰ/ - ফল (phal) - "fruta"
23. ব - ba - /b/ - বন (ban) - "bosque"
24. ভ - bha - /bɦ/ - ভাল (bhal) - "frente"
25. ম - ma - /m/ - মাল (mal) - "bienes"
26. য - ya - /j/ - যম (yama) - "Yama"
27. র - ra - /r/ - রাত (rat) - "noche"
28. ল - la - /l/ - লাঞ (lañ) - "ganancia"
29. ব - va - /v/ - বায় (vay) - "aire"
30. শ - śa - /ʃ/ - শম (śam) - "paz"
31. ষ - ṣa - /ʂ/ - ষট (ṣaṭ) - "seis"
32. স - sa - /s/ - সাত (sat) - "siete"
33. হ - ha - /ɦ/ - হাত (hath) - "mano"

Vocales (representadas como signos diacríticos):

1. ऒ - a - /ə/
2. ○ - ā - /aː/
3. ○ - i - /i/
4. ō - ī - /iː/
5. ō - u - /u/
6. õ - ū - /uː/
7. ö - e - /eː/
8. ò - ai - /ɛː/
9. ○ - o - /oː/
10. ㅠ - au - /ɔː/

  La escritura takri también incluye algunos caracteres adicionales para las conjunciones consonánticas y la nasalización. También tiene su propio conjunto de números.
  Aunque la escritura takri ya no se utiliza ampliamente, se han realizado esfuerzos para preservar y digitalizar los manuscritos takri. La escritura se añadió al estándar Unicode en 2012, lo que permite su uso en la comunicación y la documentación digitales. El estudio de la escritura takri ofrece valiosos conocimientos sobre el patrimonio lingüístico y cultural de la región occidental del Himalaya.

ENCICLOPEDIA DE LA ESCRITURA UNIVERSAL

Tamil

La escritura tamil, también conocida como vatteluttu o tamil brahmi, es un sistema de escritura abyugida utilizado para escribir la lengua tamil, una de las lenguas clásicas más antiguas del mundo. El tamil se habla principalmente en Tamil Nadu, India, y también es lengua oficial en Sri Lanka y Singapur. La escritura tamil ha evolucionado con el tiempo, y la forma moderna se estandarizó en el siglo XX.

La escritura tamil consta de 12 vocales, 18 consonantes y un carácter especial llamado āytam. Cada consonante tiene una vocal inherente /a/, que puede modificarse o silenciarse mediante signos diacríticos. La escritura se escribe de izquierda a derecha.

Aquí están las vocales y consonantes básicas de la escritura tamil, junto con sus transliteraciones y pronunciaciones aproximadas:

Vocales:

அ - a - /a/

ஆ - ā - /aː/

இ - i - /i/

ஈ - ī - /iː/

உ - u - /u/

ஊ - ū - /uː/

எ - e - /e/

ஏ - ē - /eː/

ஐ - ai - /ai/

ஒ - o - /o/
ஓ - ō - /oː/
ஔ - au - /au/

Consonantes:
க் - k - /k/
ங் - ṅ - /ŋ/
ச் - c - /t͡ʃ/
ஞ் - ñ - /ɲ/
ட் - ṭ - /ṭ/
ண் - ṇ - /ɳ/
த் - t - /t̪/
ந் - n - /n̪/
ப் - p - /p/
ம் - m - /m/
ய் - y - /j/
ர் - r - /r/
ல் - l - /l/
வ் - v - /ʋ/
ழ் - ḻ - /ɻ/
ள் - ḷ - /ɭ/
ற் - ṟ - /r/
ன் - ṉ - /n/

Carácter especial:

ஃ - āytam - /ʔ/ (utilizado para representar sonidos no nativos del tamil)

Palabras de ejemplo en tamil:

தமிழ் - tamiḻ - "tamil"

வணக்கம் - vaṇakkam - "saludos"

நன்றி - naṉri - "gracias"

அன்பு - aṉpu - "amor"

நீர் - nīr - "agua"

La escritura tamil tiene una rica tradición literaria que abarca más de dos milenios, con un vasto cuerpo de literatura que incluye poesía, prosa y obras filosóficas. La escritura es una parte integral de la cultura y la identidad tamil, y sigue utilizándose ampliamente en Tamil Nadu y otras regiones de habla tamil.

Además de la tradición literaria, la escritura tamil se utiliza en diversos ámbitos, como la educación, la administración, los medios de comunicación y la señalización pública. La escritura se ha adaptado a la tecnología moderna, con varias fuentes digitales y métodos de entrada disponibles para su uso en ordenadores y dispositivos móviles.

ENCICLOPEDIA DE LA ESCRITURA UNIVERSAL

తెలుగు

Telugu

La escritura telugu es un sistema de escritura abyugida utilizado para escribir la lengua telugu, que se habla principalmente en los estados indios de Andhra Pradesh y Telangana. El telugu es una lengua dravídica con aproximadamente 85 millones de hablantes, lo que la convierte en una de las lenguas más habladas en la India. La escritura telugu está estrechamente relacionada con la escritura kannada y comparte muchas similitudes con otras escrituras del sur de la India, como la tamil y la malayalam.

La escritura telugu consta de 52 letras, incluyendo 16 vocales y 36 consonantes. Cada consonante tiene una vocal inherente /a/, que puede modificarse o silenciarse mediante signos diacríticos. La escritura se escribe de izquierda a derecha.

Aquí están las vocales y consonantes básicas de la escritura telugu, junto con sus transliteraciones y pronunciaciones aproximadas:

Vocales:

1. అ - a - /ə/
2. ఆ - ā - /ɑː/
3. ఇ - i - /i/
4. ఈ - ī - /iː/
5. ఉ - u - /u/
6. ఊ - ū - /uː/
7. ఋ - r̥ - /ru/

8. ಋ - r̥ - /ruː/
9. ಲ - l̥ - /lu/
10. ಋ - l̥̄ - /luː/
11. ಎ - e - /e/
12. ಏ - ē - /eː/
13. ಐ - ai - /əj/
14. ಒ - o - /o/
15. ಓ - ō - /oː/
16. ಔ - au - /əw/

Consonantes:
1. ಕ - ka - /kə/
2. ಖ - kha - /kʰə/
3. ಗ - ga - /gə/
4. ಘ - gha - /gʱə/
5. ಙ - ṅa - /ŋə/
6. ಚ - ca - /t͡ʃə/
7. ಛ - cha - /t͡ʃʰə/
8. ಜ - ja - /d͡ʒə/
9. ಝ - jha - /d͡ʒʱə/
10. ಞ - ña - /ɲə/
11. ಟ - ṭa - /ʈə/
12. ಠ - ṭha - /ʈʰə/
13. ಡ - ḍa - /ɖə/
14. ಢ - ḍha - /ɖʱə/

15. ణ - ṇa - /ɳə/
16. త - ta - /t̪ə/
17. థ - tha - /t̪ʰə/
18. ద - da - /d̪ə/
19. ధ - dha - /d̪ʱə/
20. న - na - /nə/
21. ప - pa - /pə/
22. ఫ - pha - /pʰə/
23. బ - ba - /bə/
24. భ - bha - /bʱə/
25. మ - ma - /mə/
26. య - ya - /jə/
27. ర - ra - /rə/
28. ల - la - /lə/
29. వ - va - /ʋə/
30. శ - śa - /ɕə/
31. ష - ṣa - /ʂə/
32. స - sa - /sə/
33. హ - ha - /ɦə/
34. ళ - ḷa - /ɭə/
35. క్ష - kṣa - /kʂə/
36. జ్ఞ - jña - /d͡ʒɲə/

Palabras de ejemplo en telugu:

1. తెలుగు - telugu - "telugu"
2. నమస్కారం - namaskāraṁ - "hola"
3. అన్నం - annaṁ - "comida"
4. నీళ్ళు - nīḷḷu - "agua"
5. పుస్తకం - pustakaṁ - "libro"

El telugu tiene una rica tradición literaria que se remonta al siglo XI d. C., con un vasto cuerpo de obras que abarcan poesía, prosa, drama y filosofía. La escritura ha evolucionado para adaptarse a las necesidades de la lengua y se ha adaptado a las tecnologías modernas, incluyendo fuentes digitales y métodos de entrada.

Además de su uso en la literatura y la comunicación cotidiana, la escritura telugu también se utiliza en textos religiosos, inscripciones y señalización pública. Sigue siendo una parte esencial de la identidad cultural del pueblo de habla telugu y continúa prosperando como una escritura viva en la era moderna.

ENCICLOPEDIA DE LA ESCRITURA UNIVERSAL

ENCICLOPEDIA DE LA ESCRITURA UNIVERSAL

ތިރުވޮރު

Thaana

La escritura thaana es el sistema de escritura utilizado para escribir la lengua dhivehi, que es la lengua oficial de las Maldivas, una nación archipielágica en el Océano Índico. El dhivehi es una lengua indoaria estrechamente relacionada con el cingalés, hablado en Sri Lanka. La escritura thaana es exclusiva de las Maldivas y se utiliza desde el siglo XVIII, reemplazando la escritura dhives akuru utilizada anteriormente.

Thaana es un sistema de escritura abyad, lo que significa que representa principalmente consonantes, y las vocales se indican mediante signos diacríticos. La escritura se escribe de derecha a izquierda, a diferencia de la mayoría de las otras escrituras utilizadas para las lenguas indoarias.

La escritura thaana consta de 24 letras primarias, cada una representando una consonante. Las vocales se denotan mediante signos diacríticos encima o debajo de las letras consonantes.

Aquí están las 24 letras consonantes primarias de la escritura thaana, junto con sus transliteraciones y pronunciaciones aproximadas:

1. ✓ - h - /h/
2. ↗ - sh - /ʃ/
3. ↗ - n - /n/
4. ✗ - r - /r/
5. ⌀ - b - /b/

6. ﻋ - lh - /ļ/
7. ں - k - /k/
8. ﺎ - a - /ʔ/
9. ؏ - v - /ʊ/
10. ﻭ - m - /m/
11. ﺝ - f - /f/
12. ﻈ - dh - /d/
13. ص - th - /t/
14. ﻝ - l - /l/
15. ﺱ - g - /g/
16. ﺡ - gn - /ɲ/
17. ﺳ - s - /s/
18. ﻉ - d - /ḍ/
19. ﻉ - z - /z/
20. ﻉ - t - /ṭ/
21. ﻥ - y - /j/
22. ﺝ - p - /p/
23. ﻉ - j - /dʒ/
24. ﺝ - ch - /tʃ/

Las vocales se representan utilizando los siguientes signos diacríticos:

- ́- a - /a/
- ̋- aa - /aː/
- ̗- i - /i/
- ̗- ee - /iː/
- ʾ- u - /u/
- ʾʾ- oo - /uː/
- ʿ- e - /e/
- ʿʿ- ey - /eː/
- ˣ- o - /o/
- ͡- oa - /oː/

Palabras de ejemplo en dhivehi escritas con la escritura thaana:

1. ދިވެހި - dhivehi - "maldivo"
2. ބަހުރުވަ - bahuruvaa - "lengua"
3. މާލެ - malé - "Malé" (la ciudad capital de las Maldivas)
4. ގައުމު - gaummu - "nación"
5. އަތޮޅު - atholhu - "atolón"

La escritura thaana es una parte integral de la cultura e identidad maldivas. Se utiliza en diversos ámbitos, incluyendo la educación, el gobierno, los medios de comunicación y la señalización pública. La escritura se ha adaptado a las tecnologías modernas, con diseños de teclado y fuentes thaana disponibles para la comunicación digital.

ENCICLOPEDIA DE LA ESCRITURA UNIVERSAL

ENCICLOPEDIA DE LA ESCRITURA UNIVERSAL

ไทย

Thai

La escritura tailandesa, también conocida como thai noi, se utiliza para escribir la lengua tailandesa, que es la lengua oficial de Tailandia. El tailandés es una lengua tonal de la familia de lenguas tai-kadai, con más de 60 millones de hablantes nativos. La escritura tailandesa es un sistema de escritura abyugida, lo que significa que cada consonante tiene una vocal inherente que puede modificarse o silenciarse mediante signos diacríticos. La escritura se escribe de izquierda a derecha.

La escritura tailandesa consta de 44 letras consonantes, 15 símbolos vocálicos y 4 marcas de tono. Las consonantes se escriben horizontalmente, mientras que las vocales se colocan encima, debajo, antes o después de la consonante que modifican.

Aquí están las 44 letras consonantes de la escritura tailandesa, junto con sus transliteraciones y pronunciaciones aproximadas:

ก - k - /k/
ข - kh - /kʰ/
ฃ - kh - /kʰ/ (obsoleto)
ค - kh - /kʰ/
ฅ - kh - /kʰ/ (obsoleto)
ฆ - kh - /kʰ/
ง - ng - /ŋ/
จ - ch - /t͡ɕ/
ฉ - ch - /t͡ɕʰ/
ช - ch - /t͡ɕʰ/
ซ - s - /s/
ฌ - ch - /t͡ɕʰ/
ญ - y - /j/
ฎ - d - /d/

ฏ - t - /t/
ฐ - th - /tʰ/
ฑ - th - /tʰ/ (obsoleto)
ฒ - th - /tʰ/
ณ - n - /n/
ด - d - /d/
ต - t - /t/
ถ - th - /tʰ/
ท - th - /tʰ/
ธ - th - /tʰ/
น - n - /n/
บ - b - /b/
ป - p - /p/
ผ - ph - /pʰ/
ฝ - f - /f/
พ - ph - /pʰ/
ฟ - f - /f/
ภ - ph - /pʰ/
ม - m - /m/
ย - y - /j/
ร - r - /r/
ล - l - /l/
ว - w - /w/
ศ - s - /s/
ษ - s - /s/
ส - s - /s/
ห - h - /h/
ฬ - l - /l/
อ - a - /ʔ/
ฮ - h - /h/

La escritura tailandesa también incluye 15 símbolos vocálicos y 4 marcas de tono, que se combinan con las consonantes para crear sílabas. Las vocales se pueden escribir encima, debajo, antes o después de la consonante, dependiendo de la vocal.

Palabras de ejemplo en tailandés:

สวัสดี - sawatdi - "hola"

ขอบคุณ - khopkhun - "gracias"

ไทย - thai - "tailandés"

ภาษา - phasa - "lengua"

อาหาร - ahan - "comida"

  La escritura tailandesa tiene una larga historia que se remonta al siglo XIII, con las inscripciones conocidas más antiguas encontradas en el reino de Sukhothai. La escritura ha evolucionado para adaptarse a las necesidades de la lengua tailandesa y se ha adaptado a las tecnologías modernas, incluyendo fuentes informáticas y métodos de entrada.
  Además de su uso en Tailandia, la escritura tailandesa también se utiliza para escribir otras lenguas habladas en la región, como el tai lü, el tai dam y el tai khün. La escritura es una parte integral de la cultura y la identidad tailandesas, y se utiliza en diversos ámbitos, incluyendo la educación, el gobierno, los medios de comunicación y la señalización pública.

ENCICLOPEDIA DE LA ESCRITURA UNIVERSAL

བོད་ཡིག

Tibetano

La escritura tibetana, también conocida como escritura uchen, se utiliza para escribir la lengua tibetana, que es la lengua oficial de la Región Autónoma del Tíbet de China y también se habla en partes de la India, Nepal y Bután. La lengua tibetana pertenece a la familia de lenguas tibetano-birmanas.

La escritura es un sistema de escritura abyugida, lo que significa que cada letra consonante tiene una vocal inherente que puede modificarse o silenciarse mediante signos diacríticos. La escritura se escribe de izquierda a derecha.

La escritura tibetana consta de 30 letras consonantes básicas, 4 signos diacríticos vocálicos y varios otros símbolos y signos de puntuación. Algunos grupos de consonantes se representan mediante ligaduras especiales.

Aquí están las 30 letras consonantes básicas de la escritura tibetana, junto con sus transliteraciones y pronunciaciones aproximadas:

1. ཀ - ka - /kɑ/
2. ཁ - kha - /kʰɑ/
3. ག - ga - /kɑ/
4. ང - nga - /ŋɑ/
5. ཅ - ca - /tʃɑ/
6. ཆ - cha - /tʃʰɑ/
7. ཇ - ja - /tʃɑ/
8. ཉ - nya - /ɲɑ/
9. ཏ - ta - /tɑ/

ENCICLOPEDIA DE LA ESCRITURA UNIVERSAL

10. ཐ - tha - /tʰɑ/
11. ད - da - /tɑ/
12. ན - na - /nɑ/
13. པ - pa - /pɑ/
14. ཕ - pha - /pʰɑ/
15. བ - ba - /pɑ/
16. མ - ma - /mɑ/
17. ཙ - tsa - /tsɑ/
18. ཚ - tsha - /tsʰɑ/
19. ཛ - dza - /tsɑ/
20. ཝ - wa - /wɑ/
21. ཞ - zha - /ʃɑ/
22. ཟ - za - /sɑ/
23. འ - 'a - /ʔɑ/
24. ཡ - ya - /jɑ/
25. ར - ra - /rɑ/
26. ལ - la - /lɑ/
27. ཤ - sha - /ʃɑ/
28. ས - sa - /sɑ/
29. ཧ - ha - /hɑ/
30. ཨ - a - /ʔɑ/

Signos diacríticos vocálicos:

- ི - i - /i/
- ུ - u - /u/
- ེ - e - /e/
- ོ - o - /o/

Palabras de ejemplo en tibetano:

1. བོད་ཡིག - bod yig - "escritura tibetana"
2. བོད་སྐད་ - bod skad - "lengua tibetana"
3. ཁ་བ་ཅན་ - kha ba can - "Tierra de la Nieve" (un nombre para el Tíbet)
4. ལྷ་ས་ - lha sa - "Lhasa" (la ciudad capital del Tíbet)
5. དཔལ་ལྡན་འབྲས་སྤུངས་ - dpal ldan 'bras spungs - "Monasterio de Drepung"

La escritura tibetana tiene una larga historia que se remonta al siglo VII d. C., cuando fue desarrollada por Thonmi Sambhota, un ministro del rey tibetano Songtsen Gampo. La escritura está estrechamente asociada con el budismo tibetano, ya que muchos textos religiosos importantes están escritos en tibetano. La caligrafía tibetana también se considera una forma de arte importante.

Además de su uso en la lengua tibetana, la escritura tibetana se ha adaptado para escribir otras lenguas como el dzongkha (la lengua oficial de Bután) y el ladakhi. La escritura es una parte integral de la identidad cultural tibetana y se utiliza en diversos ámbitos, incluyendo la educación, la religión y la señalización pública.

ENCICLOPEDIA DE LA ESCRITURA UNIVERSAL

Tirhuta (Maithili)

La escritura tirhuta, también conocida como maithili o mithilakshar, se utiliza principalmente para escribir la lengua maithili, que se habla en los estados indios de Bihar y Jharkhand, así como en partes de Nepal. El maithili es una lengua indoaria con aproximadamente 35 millones de hablantes. La escritura tirhuta está estrechamente relacionada con la escritura bengalí y tiene similitudes con otras escrituras del norte de la India, como la devanagari.

La escritura tirhuta es un sistema de escritura abyugida, lo que significa que cada consonante tiene una vocal inherente que puede modificarse o silenciarse mediante signos diacríticos. La escritura se escribe de izquierda a derecha.

Aquí están las consonantes y vocales básicas de la escritura tirhuta, junto con sus transliteraciones y pronunciaciones aproximadas:

Consonantes:

1. 𑒏 - ka - /k/
2. 𑒐 - kha - /kʰ/
3. 𑒑 - ga - /g/
4. 𑒒 - gha - /gʱ/
5. 𑒓 - ṅa - /ŋ/
6. 𑒔 - ca - /t͡ʃ/
7. 𑒕 - cha - /t͡ʃʰ/
8. 𑒖 - ja - /d͡ʒ/

9. ঝ - jha - /d͡ʒʱ/
10. ঞ - ña - /ɲ/
11. ট - ṭa - /ʈ/
12. ঠ - ṭha - /ʈʰ/
13. ড - ḍa - /ɖ/
14. ঢ - ḍha - /ɖʱ/
15. ণ - ṇa - /ɳ/
16. ক - ta - /t̪/
17. খ - tha - /t̪ʰ/
18. গ - da - /d̪/
19. ঘ - dha - /d̪ʱ/
20. ঙ - na - /n/
21. চ - pa - /p/
22. ছ - pha - /pʰ/
23. জ - ba - /b/
24. ঝ - bha - /bʱ/
25. ঞ - ma - /m/
26. য - ya - /j/
27. র - ra - /r/
28. ল - la - /l/
29. ব - va - /ʋ/
30. শ - śa - /ɕ/
31. ষ - ṣa - /ʂ/

ENCICLOPEDIA DE LA ESCRITURA UNIVERSAL

32. থ - sa - /s/

33. দ - ha - /ɦ/

Vocales:

1. ো - a - /ə/
2. িো - ā - /aː/
3. ো - i - /i/
4. ○ - ī - /iː/
5. ○ - u - /u/
6. ○ - ū - /uː/
7. ○ - ṛ - /ri/
8. ○ - ṝ - /riː/
9. ○ - ḷ - /li/
10. ো - ḹ - /liː/
11. ○ - e - /e/
12. ো - ai - /ɔi/
13. োো - o - /o/
14. ো - au - /ɔu/

Palabras de ejemplo en maithili escritas con la escritura tirhuta:

1. মঁথীন - maithil - "Maithili"
2. বামৌ - rābh - "ganancia, beneficio"
3. স্ন - sīnha - "león"
4. নঙত্র - nakṣatra - "estrella"
5. সূকঘ - surud - "principio"

Aunque la escritura tirhuta fue ampliamente utilizada para escribir maithili en el pasado, su uso ha disminuido en los últimos tiempos. Muchos hablantes de maithili han cambiado al uso de la escritura devanagari, que es más ampliamente reconocida y se enseña en las escuelas. Sin embargo, se están haciendo esfuerzos para preservar y revivir la escritura tirhuta como una parte importante del patrimonio cultural maithili. La escritura se ha incluido en el estándar Unicode, lo que permite su uso en la comunicación y la documentación digitales.

ENCICLOPEDIA DE LA ESCRITURA UNIVERSAL

ENCICLOPEDIA DE LA ESCRITURA UNIVERSAL

Turco Antiguo

El turco antiguo, también conocido como alfabeto Orkhon-Yenisei o alfabeto Göktürk, se utilizaba para escribir el idioma turco antiguo hablado por los Göktürk y otras tribus túrcicas primitivas en Asia Central, Mongolia y partes de Asia Oriental entre los siglos VII y XIII d. C. El alfabeto lleva el nombre del valle de Orkhon en Mongolia y del río Yenisei en Rusia, donde se encontraron las primeras inscripciones.

El alfabeto turco antiguo es un alfabeto escrito de derecha a izquierda, que consta de 38 letras. Se cree que se derivó o fue influenciado por varios alfabetos, incluyendo los alfabetos arameo, sogdiano y pahlevi.

Aquí están las letras del alfabeto turco antiguo, sus transliteraciones, pronunciaciones aproximadas y ejemplos de palabras:

1. ∫ - a - /a/
2. ✝ - ä - /æ/
3. X - i, ï - /i/, /ɯ/
4. ୮ - o, u - /o/, /u/
5. ┝ - ö, ü - /ø/, /y/
6. ⵝ - e - /e/
7. ⟩ - ë - /e/
8. ⋉ - b - /b/
9. ⋈ - p - /p/
10. ⌀ - ß - /β/
11. ⟩ - t - /t/

12. ⸰ - d - /d/
13. ⸰ - g - /g/
14. ⸰ - k - /k/
15. ⸰ - q - /q/
16. ⸰ - ŋ - /ŋ/
17. ⸰ - γ - /ɣ/
18. ⸰ - s - /s/
19. ⸰ - š - /ʃ/
20. X - č - /tʃ/
21. ⸰ - z - /z/
22. ⸰ - y - /j/
23. D - n - /n/
24. O - m - /m/
25. ? - l - /l/
26. P - r - /r/
27. ⸰ - ṭ, ḍ - /tˤ/, /dˤ/

Ejemplos de palabras en turco antiguo:
1. ⸰⸰⸰⸰ - täŋri - "cielo, dios"
2. ⸰⸰⸰⸰ - balbal - "piedra conmemorativa"
3. ⸰⸰⸰ - beg - "señor, gobernante"
4. ⸰⸰⸰⸰⸰ - seβüg - "alegría, deleite"
5. ⸰⸰⸰⸰ - erin - "soldado"

Las inscripciones en turco antiguo se encuentran principalmente en estelas de piedra, paredes rocosas y otros objetos. Las inscripciones más famosas son las inscripciones de Orkhon, que incluyen las inscripciones de Kül Tigin, Bilge Qaghan y Tonyukuk. Estas inscripciones proporcionan información valiosa sobre la historia, la cultura y el idioma de los pueblos túrcicos primitivos.

El alfabeto turco antiguo cayó en desuso después de la adopción del alfabeto uigur y, más tarde, del alfabeto árabe por los pueblos túrcicos. Sin embargo, sigue siendo una parte esencial del patrimonio cultural túrcico y es estudiado por académicos interesados en la historia y la lingüística de los idiomas túrcicos.

ENCICLOPEDIA DE LA ESCRITURA UNIVERSAL

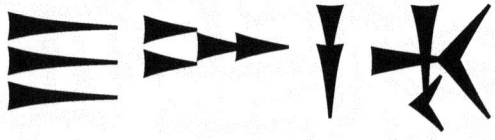

Ugaritico

La escritura ugarítica es un antiguo sistema de escritura cuneiforme utilizado para escribir la lengua ugarítica, que se hablaba en la antigua ciudad-estado de Ugarit, situada en la actual Siria. La lengua ugarítica es una lengua semítica noroccidental estrechamente relacionada con el hebreo y el fenicio. La escritura estuvo en uso desde alrededor del siglo XV al XII a. C., y es uno de los primeros sistemas de escritura alfabéticos conocidos.

La escritura ugarítica consta de 30 signos cuneiformes, cada uno representando un sonido consonántico. Las vocales no se escribían normalmente, aunque había algunos signos que podían representar ciertas vocales largas o oclusiones glotales. La escritura se escribía de izquierda a derecha.

Aquí están los signos cuneiformes ugaríticos, junto con sus transliteraciones y pronunciaciones aproximadas:

1. ⊢ - ʼ - /ʔ/
2. 𒐊 - b - /b/
3. 𒁹 - g - /g/
4. 𒐊 - ḫ - /ħ/, /x/
5. 𒐉 - d - /d/
6. 𒂊 - h - /h/
7. ⊳ - w - /w/
8. 𒐊 - z - /z/
9. ⊀ - ḥ - /ħ/
10. ⊀ - ṭ - /tˤ/

461

11. ⊬ - y - /j/
12. ⊨ - k - /k/
13. ⟨⫿ - š - /ʃ/
14. ⫿⫿⫿ - l - /l/
15. ⊣ - m - /m/
16. ⟨⫿ - ḏ - /ð/
17. ⊯ - n - /n/
18. ⊨⟨ - ẓ - /ðˤ/
19. ⊽ - s - /s/
20. ⟨ - ʿ - /ʕ/
21. ⊨ - p - /p/
22. ⫿⫿ - ṣ - /sˤ/
23. ⊰ - q - /q/
24. ⊨⊳ - r - /r/
25. ⟨ - ṯ - /θ/
26. ⊽ - ġ - /ɣ/
27. ⊢ - t - /t/
28. ⊫ - i - /ɛː/
29. ⫿⫿⫿ - u - /uː/
30. ⦃⫿⦃ - ṡ - /s/

Palabras de ejemplo en ugarítico:
1. ⫿⫿⫿ ⊥ ⊯ - lbn - "blanco"
2. ⊣ ⫿⫿⫿ ⊨ - mlk - "rey"
3. ⊫ ⫿⫿⫿ ⊨ - ilw - "dioses"
4. ⊥ ⟨ ⫿⫿⫿ - bʿl - "Baal" (una deidad)
5. ⊨⊳ ⊥ - rb - "grande"

La escritura ugarítica se utilizaba para diversos fines, incluyendo textos religiosos, documentos legales y correspondencia diplomática. El descubrimiento y desciframiento de los textos ugaríticos a principios del siglo XX han proporcionado valiosos conocimientos sobre la religión, la historia y la cultura del antiguo Ugarit y el antiguo Cercano Oriente en general.

La escritura y la lengua ugaríticas dejaron de utilizarse tras la destrucción de Ugarit alrededor del 1180 a. C. Sin embargo, el estudio del ugarítico ha sido crucial para comprender el desarrollo de los sistemas de escritura alfabéticos y para la lingüística semítica comparada.

ENCICLOPEDIA DE LA ESCRITURA UNIVERSAL

ئۇيغۇر

Uigur

La escritura uigur, también conocida como uigur ereb yéziqi, se utiliza para escribir la lengua uigur, una lengua turca hablada principalmente por el pueblo uigur en la región autónoma uigur de Xinjiang en China, así como en partes de Kazajistán, Kirguistán y Uzbekistán. La escritura uigur moderna se deriva de la escritura árabe, con letras y signos diacríticos adicionales para representar sonidos exclusivos de la lengua uigur. La escritura se escribe de derecha a izquierda.

La escritura uigur consta de 32 letras, incluyendo 8 vocales y 24 consonantes.

Aquí están las letras de la escritura uigur, junto con sus transliteraciones y pronunciaciones aproximadas:

Vocales:

1. ئا - a - /a/
2. ئە - e - /æ/
3. ئې - é - /e/
4. ئى - i - /i/
5. ئو - o - /o/
6. ئۇ - u - /u/
7. ئۆ - ö - /ø/
8. ئۈ - ü - /y/

Consonantes:

1. ب - b - /b/
2. پ - p - /p/
3. ت - t - /t/
4. ج - j - /d͡ʒ/
5. چ - ch - /tʃ/
6. خ - x - /χ/
7. د - d - /d/
8. ر - r - /r/
9. ز - z - /z/
10. ژ - zh - /ʒ/
11. س - s - /s/
12. ش - sh - /ʃ/
13. غ - gh - /ʁ/
14. ف - f - /f/
15. ق - q - /q/
16. ك - k - /k/
17. گ - g - /g/
18. ڭ - ng - /ŋ/
19. ل - l - /l/
20. م - m - /m/
21. ن - n - /n/
22. ه - h - /h/
23. ۏ - w - /w/
24. ي - y - /j/

Palabras de ejemplo en uigur:

1. ئۇيغۇر - uyghur - "Uigur"
2. ياخشى - yaxshi - "bueno"
3. ئۈرۈمچى - ürümchi - "Ürümqi" (ciudad capital de Xinjiang)
4. كىتاب - kitab - "libro"
5. مەكتەپ - mektep - "escuela"

    La escritura uigur ha experimentado varios cambios a lo largo de la historia, siendo la actual escritura basada en el árabe la más utilizada. A principios del siglo XX, se hicieron esfuerzos para crear una escritura basada en el latín para el uigur, y se utilizó una escritura basada en el cirílico desde la década de 1950 hasta la de 1980. Sin embargo, la escritura basada en el árabe sigue siendo el sistema de escritura oficial y más utilizado para la lengua uigur.

    Además de su uso en la comunicación cotidiana, la escritura uigur se utiliza en la literatura, los medios de comunicación y los documentos oficiales en la región de Xinjiang. La escritura es una parte esencial de la identidad cultural uigur y ha desempeñado un papel importante en la preservación de la lengua y la literatura uigur.

ENCICLOPEDIA DE LA ESCRITURA UNIVERSAL

Vai

El alfabeto vai es un sistema de escritura silábico utilizado para escribir el idioma vai, hablado por el pueblo vai en Liberia y Sierra Leona, África Occidental. Este alfabeto destaca por ser uno de los pocos sistemas de escritura indígenas africanos creados por un pueblo subsahariano. Fue desarrollado a principios del siglo XIX por Momolu Duwalu Bukele, un erudito y gobernante vai.

El alfabeto vai consta de más de 200 símbolos, cada uno representando una sílaba en lugar de sonidos individuales. Los símbolos se escriben de izquierda a derecha en líneas horizontales.

Aquí hay algunos ejemplos de símbolos silábicos vai, junto con sus transliteraciones y pronunciaciones aproximadas:

1. ꔀ - a - /a/
2. ꔆ - be - /be/
3. ꔘ - bo - /bo/
4. ꔉ - de - /de/
5. ꔌ - do - /do/
6. ꔎ - fa - /fa/
7. ꔐ - fe - /fe/
8. ꔜ - ga - /ga/
9. ꔞ - ge - /ge/
10. ꔠ - gbo - /gbo/
11. ꔤ - ha - /ha/
12. ꔦ - i - /i/

ENCICLOPEDIA DE LA ESCRITURA UNIVERSAL

13. O͟ - ka - /ka/
14. ⵯ - ke - /ke/
15. ℈ - ko - /ko/
16. ⅙ - la - /la/
17. ⸳ǀ⸳ - le - /le/
18. ℃ - lo - /lo/
19. ↺ - ma - /ma/
20. Ƕ - me - /me/
21. S - mi - /mi/
22. I - mo - /mo/
23. ⸵ - na - /na/
24. ⅙ - ne - /ne/
25. E - ngo - /ngo/
26. ⸴ǀ - ni - /ni/
27. ⵞ - pa - /pa/
28. ːC - pe - /pe/
29. píbí - pi - /pi/
30. ℅ - po - /po/
31. ⅊ - ro - /ro/
32. ✤ - sa - /sa/
33. ⸴ɤ⸳ - se - /se/
34. ⸱ᵰ⸱ - so - /so/
35. ⅌ - ta - /ta/
36. ⸙ - te - /te/
37. ⼁⸱F - to - /to/
38. ⵟ⸴ - u - /u/

470

ENCICLOPEDIA DE LA ESCRITURA UNIVERSAL

39. ꖀ - wa - /wa/
40. ꖂ - we - /we/
41. ꖃ - wi - /wi/
42. ꖄ - ya - /ja/
43. ꖅ - ye - /je/
44. jResponse - yo - /jo/

Ejemplos de palabras en vai:
1. ꕪꘉ - kane - "aquí"
2. ꕊꖀ - uwa - "tú"
3. ꔆꖜ - belo - "hermano"
4. ꕌꘂ - lafe - "amor"
5. ꕮꗋ - mato - "jefe"

  Aunque el alfabeto vai no se utiliza ampliamente en la actualidad, sigue siendo una parte importante del patrimonio cultural vai. Se han realizado esfuerzos para preservar y promover el alfabeto, incluyendo su inclusión en el estándar Unicode, lo que facilita su uso en la comunicación digital. El alfabeto todavía se enseña en algunas escuelas en Liberia y Sierra Leona, y se utiliza en contextos culturales, como la narración de cuentos tradicionales vai y el mantenimiento de registros.

ENCICLOPEDIA DE LA ESCRITURA UNIVERSAL

L⅂ᑎƨϿ

Warang Citi

El alfabeto Warang Citi, también conocido como Varang Kshiti o Hō Ciki, es un sistema de escritura utilizado por el pueblo Ho en India, principalmente en los estados de Jharkhand y Odisha. El idioma Ho pertenece a la familia lingüística austroasiática, específicamente a la rama Munda. El alfabeto fue desarrollado en la década de 1950 por Lako Bodra, un erudito y escritor Ho, con el fin de crear un sistema de escritura único para el idioma Ho.

Warang Citi es un alfabeto abyugida, lo que significa que cada consonante tiene un sonido vocálico inherente, que puede ser alterado o silenciado mediante el uso de diacríticos. El alfabeto se escribe de izquierda a derecha.

Aquí están las letras del alfabeto Warang Citi, junto con sus transliteraciones y pronunciaciones aproximadas:

Vocales:

ꢳ - a - /a/
ꢴ - ā - /aː/
ꢵ - i - /i/
ꢶ - ī - /iː/
ꢷ - u - /u/
ꢸ - ū - /uː/
ꢹ - e - /e/
ꢺ - ai - /ai/
ꢻ - o - /o/
ꢼ - au - /au/

ENCICLOPEDIA DE LA ESCRITURA UNIVERSAL

Consonantes:

Π - k - /k/
ϑ - kh - /kʰ/
ccc - g - /g/
Ɛ - gh - /gʰ/
ℊ - ṅ - /ŋ/
ℕ - c - /c/
ŕ - ch - /cʰ/
ɔ - j - /ɟ/
ɿ - jh - /ɟʰ/
ѡ - ñ - /ɲ/
Ϭ - ṭ - /ṭ/
ℨ - ṭh - /ṭʰ/
◊ - ḍ - /ḍ/
ᴜ - ḍh - /ḍʰ/
ᴨ - ṇ - /ṇ/
ᴲ - t - /t/
Ƨ - th - /tʰ/
ਰ - d - /d/
ਖ - dh - /dʰ/
ਖ਼ - n - /n/
ჩ - p - /p/
0 - ph - /pʰ/
ƨ - b - /b/
ƅ - bh - /bʰ/
Ⅲ - m - /m/
4 - y - /j/

27. Ꞁ - r - /r/
28. W - l - /l/
29. ꝺ - w - /w/
30. ʔ - ś - /ʃ/
31. ꞔ - ṣ - /ʂ/
32. ɗ - s - /s/
33. ꟸ - h - /h/

Ejemplos de palabras en Ho escritas en Warang Citi:

1. ЛLႸ - kiṅ - "¿qué?"
2. ȸ7ႸL - gedhi - "grande"
3. ⅿꞙOꞙ - bāphā - "padre"
4. Ꝺ7ɗʔꞙ - ñeśśā - "luna"
5. ϿИꝺИ - tudu - "montaña"

Aunque el alfabeto Warang Citi no se utiliza ampliamente, tiene un significado cultural para el pueblo Ho como un sistema de escritura único que representa su idioma e identidad. Se han realizado esfuerzos para promover y preservar el alfabeto, incluyendo su inclusión en el estándar Unicode, lo que permite su uso en comunicaciones y medios digitales. El alfabeto también se enseña en algunas escuelas en áreas donde se habla Ho.

ENCICLOPEDIA DE LA ESCRITURA UNIVERSAL

Yi

El alfabeto Yi, también conocido como Cuan Wen o alfabeto Lolo, se utiliza para escribir el idioma Yi, un idioma sino-tibetano hablado por el pueblo Yi en el suroeste de China, principalmente en las provincias de Sichuan, Yunnan, Guizhou y Guangxi. El idioma Yi tiene varios dialectos, y el alfabeto Yi se ha adaptado para escribir muchos de estos dialectos. El alfabeto es logográfico, lo que significa que cada símbolo representa una palabra o morfema, similar a los caracteres chinos.

El alfabeto Yi tiene una historia que se remonta al siglo XIII, con los ejemplos más antiguos conocidos encontrados en inscripciones en piedra y sellos de bronce. El alfabeto ha sido objeto de varios esfuerzos de estandarización, siendo el estándar más reciente el Alfabeto Estandarizado Yi de Liangshan, que fue reconocido oficialmente por el gobierno chino en 1980.

Existen varios miles de caracteres Yi, pero el número exacto varía según el dialecto y la estandarización. Los caracteres están compuestos de trazos y radicales básicos, similar a los caracteres chinos.

Aquí hay algunos ejemplos de caracteres Yi, junto con sus transliteraciones y pronunciaciones aproximadas en el dialecto Nuosu Yi:

1. ꀀ - a - /a^{33}/ - "pato"
2. ꀈ - i - /i^{33}/ - "no"
3. ꀉ - u - /u^{33}/ - "agujero"
4. ꀊ - e - /e^{33}/ - "salir"

5. 𐎟 - o - /o³³/ - "bambú"
6. 𐎟 - p - /p/ - "hacer"
7. 𐎟 - m - /m/ - "soldado"
8. 𐎟 - f - /f/ - "campo seco"
9. 𐎟 - v - /v/ - "izquierda"
10. 𐎟 - t - /t/ - "morder"
11. 𐎟 - d - /d/ - "vestir"
12. 𐎟 - n - /n/ - "tú"
13. 𐎟 - k - /k/ - "aire"
14. 𐎟 - x - /x/ - "oveja"
15. 𐎟 - h - /h/ - "pelo"
16. 𐎟 - g - /g/ - "amar"
17. 𐎟 - l - /l/ - "mano"
18. 𐎟 - z - /z/ - "hijo"
19. 𐎟 - c - /ts/ - "este"
20. 𐎟 - s - /s/ - "morir"
21. 𐎟 - r - /ɹ/ - "carne"

Ejemplos de palabras en Yi:

1. 𐎟𐎟𐎟 - abi - "no es un pato"
2. 𐎟𐎟𐎟 - ueo - "salir por bambú"
3. 𐎟𐎟𐎟 - mfv - "soldados a la izquierda"
4. 𐎟𐎟𐎟 - dnk - "tú vistes aire"
5. 𐎟𐎟𐎟 - glz - "el hijo ama"

El alfabeto Yi es una parte importante del patrimonio cultural Yi y se utiliza en diversos contextos, incluyendo la literatura tradicional, los textos religiosos y la señalización pública. Se han realizado esfuerzos para promover y preservar el alfabeto Yi, incluyendo su inclusión en el estándar Unicode y el desarrollo de programas de educación del idioma Yi. Sin embargo, el uso del alfabeto ha disminuido en los últimos años, y muchos hablantes de Yi han optado por utilizar caracteres chinos o Yi romanizado para la comunicación escrita.

Epílogo

Muchas gracias por revisar los sistemas de escritura en este libro. Les deseo lo mejor en su estudio del lenguaje y cualquier aplicación para la que utilicen esta enciclopedia como ayuda.

Una vez más, si disfrutaron de este libro, por favor consideren dejar una reseña en el mercado donde lo encontraron, ya que eso realmente ayuda a que el libro sobreviva y ayude también a otros.

Con cariño en el amor por el lenguaje,
Daniel Dinkelman
Autor de la *Enciclopedia de la escritura universal*

ISBN: 979-8-89760-020-5

©

Copyright 2025 Cineris Multifacet
Todos los derechos reservados

www.ingramcontent.com/pod-product-compliance
Lightning Source LLC
Chambersburg PA
CBHW060027180426
43195CB00050B/1336